Ermite en forêt mayennaise

Collection « Connaissance des Régions »

Cette collection accueille des monographies régionales

Claude Cretin, *Deux siècles d'additions et de soustractions. Une histoire financière de Saint-Étienne 1790-2012*, 2015.

Franck Buleux, *L'unité normande. Réalité historique et incertitude politique*, 2015.

Éric Fabre, *Laine et drap en haut Verdon. Une haute Provence textile (fin XVII*[e] *– milieu XX*[e] *siècle)*, 2015.

Guy Penaud, *Dictionnaire des sénateurs de la Dordogne*, 2015.

Christine Belcikowski, *Les chemins de Jean Dabail ou la dissidence d'un fils du petit peuple de Mirepoix au temps de la Révolution française*, 2014.

Cédric Carré, *1805, Napoléon revoit l'Aube*, 2014.

Raoul H. Steimlé, *Francs-Comtois célèbres et moins connus*, 2014.

Serge La Barbera, *Trilogie Périgourdine*, 2014.

Christian Ferault

Ermite en forêt mayennaise

Essai

L'Harmattan

Du même Auteur
(depuis 2009)

- *Une Histoire des agricultures* [collaboration Denis Le Chatelier], Editions France Agricole, 2009.
- *Printemps et été 1944 à Lignières-la-Doucelle et Orgères-la-Roche* [collaboration André Robert], Éditions de Géradé, 2010.
- *Stories of Lignières-Orgères, pre and during the war*, Editions Simon R. Walton, 2010.
- *Une Histoire de pomme de terre : la variété "Institut de Beauvais"*, Éditions d'En Face, 2012.
- *Nouveaux rapports à la nature dans les campagnes* [collaboration François Papy et Nicole Mathieu], Éditions Quae, 2012.
- *Une Histoire des agricultures* [collaboration Denis Le Chatelier], seconde édition complétée et illustrée, Editions Campagne et Compagnie, 2012.
- *Les plantes génétiquement modifiées* : menace ou espoir [collaboration de 19 Académiciens, coord. Jean-Claude Pernollet], Éditions Quae, 2015.
- *Le Frère Eugène-Marie, un grand agronome picard du XIXème siècle*, Éditions L'Harmattan, 2015.

5-7, rue de l'École-Polytechnique ; 75005 Paris
http://www.harmattan.fr
diffusion.harmattan@wanadoo.fr
harmattan1@wanadoo.fr
ISBN : 978-2-343-07871-7
EAN : 9782343078717

À toutes celles et à tous ceux qui ont vécu ou sont passés sur ce petit coin de terre depuis des milliers d'années et lui ont trouvé – ou non – un goût de paradis.

« … quel est l'intérêt de se confier à un diaire
si c'est pour se retenir ? »
Amélie Nothomb, Journal d'Hirondelle, 2006.

Avant-propos

J'aime tellement ma commune du nord-est mayennais – un amour déraisonnable ? – que j'ai voulu passer une année entière dans l'absolue solitude d'une cabane spartiate à l'orée d'un bois qui domine toute cette haute région.

Afin d'y être confronté d'abord à moi-même dans un cadre admirable et me placer en symbiose maximale avec ce que j'avais trop rapidement jusqu'alors vu, perçu et vécu.

Grâce à un temps libre et libéré devenu infini, j'ai à la fois ressenti chaque moment et aussi essayé d'imaginer ce dont ces lieux avaient été les témoins directs ou rapprochés.

Je voulais également tenter de faire la part, dans mon profond attachement, entre ce qui ressort du terrain, de la nature et des paysages et ce qui dépend des Hommes dans leur vie courante.

Pour mener à bien cette expérience que je pense unique, j'ai dû longuement préparer ma venue afin de la rendre la moins dépendante possible des contingences inhérentes à une telle entreprise et l'organiser suffisamment avant pour me permettre de m'abstraire ensuite de ce qui n'était pas l'essentiel.

Afin de témoigner de cette vie originale en ces temps de rassemblements de toutes sortes, j'ai décidé d'écrire un Journal relatant ce qui m'avait paru, au fil du temps, important, dans une grande diversité d'approches.

Prologue

Entreprendre cette aventure implique une certaine préparation avec des étapes dont la longueur varie selon les contraintes, naturelles en premier lieu, ainsi que calendaires.

Venons-en d'abord au terrain.

De quoi disposais-je, au départ, au sein de ce bois d'une superficie de 2 ha 30 ? D'un conservatoire de plantes, c'est-à-dire d'un lieu où, pendant plus de quarante ans, j'ai installé des végétaux dont j'ai ensuite noté les évolutions. Le sol n'en avait pas été modifié au préalable : il est resté très acide, très pauvre en éléments fertilisants, spongieux en période humide et très sec en dehors. Une vraie « terre de bruyère » sur une trentaine de centimètres, en décomposition lente, carencée en certains oligo-éléments, au-dessus d'un sous-sol siliceux constitué de grès plus au moins fracturé. Avec une concession cependant pour faciliter et rendre plus fiables les interventions, la pose préalable d'une clôture afin d'éliminer les interventions des animaux, notamment des chevreuils, si nombreux dans cette zone. Et c'est tout.

Pour séjourner en ce lieu ainsi que je le souhaitais, il me fallait donc préparer les choses en tenant compte de ce contexte assez hostile.

Afin de disposer d'un potager, j'ai choisi un espace sans gros arbres, au nord-est de mon installation, puis en ai coupé la végétation arborée alentour afin de faciliter l'accès direct du soleil et tout simplement de l'air. Je ne devais pas voir trop grand mais suffisamment pour pourvoir partiellement mais nettement à mon alimentation.

Cette opération a été conduite durant l'hiver 2011-2012. J'ai ensuite retourné à la bêche environ 200 m² sous la forme d'un rectangle de 20 m de longueur, en ménageant une allée centrale parallèle à ce grand sens.

Sur un tel sol, on ne peut cultiver avec succès que quelques espèces, notamment des polygonacées comme la rhubarbe, l'oseille et... le sarrasin. Pour le reste, la récolte serait trop maigre voire nulle. Aussi avais-je pris la décision d'améliorer un peu ce substrat, non en matières organiques dont il regorge mais en « bonne terre » qui lui donnera du corps et fera remonter son pH. Une opportunité s'offrait : mon étang, situé à La Touche, était très envasé et j'avais décidé de le vidanger avec l'aide de mon ami N. : quatre voyages de 5 km ont permis de déverser une quinzaine de tonnes de terre argilo-sableuse accumulée pendant quinze ans, c'est-à-dire depuis la création de cette pièce d'eau. À l'automne 2013, j'ai à nouveau bêché grossièrement afin de mélanger ces apports à l'existant puis ai laissé faire le roi hiver en matière d'ameublissement. Et comme cet hiver fut rude et enneigé, le « travail » naturel a été bien fait.

Installer un poulailler et un clapier a été chose facile, sur une partie un peu dégagée au nord. Je ne les ai pas construits mais achetés en « kit », en ajoutant une solide paroi défensive constituée d'un grillage enterré de 50 cm et en préparant un parcours pareillement protégé d'environ 50 m². Les sorties en pleine liberté se feront en ma présence ! Cet ensemble fut réalisé à l'été 2013 et les pensionnaires installés au début de l'automne afin de les acclimater à leur nouveau milieu avant d'éventuels grands froids.

Les deux ruches en bois, surmontées de paille, m'ont été fournies au printemps 2013 par C., puis mises en place de suite, avec également une bonne protection. Au cours de leur première année d'installation, je peux dire que mes butineuses se sont bien adaptées puisqu'à l'issue de deux récoltes, j'ai récupéré environ 12 kg de miel clair (pins et surtout colza du voisinage) puis une petite dizaine de miel ambré et consistant, recueilli fin septembre, à la saveur de callune et de bruyère cendrée que j'affectionne particulièrement.

Restait la cabane qui allait m'accueillir et me protéger, ainsi que ses accessoires. Je la voulais bien sûr exposée à la vue sud/sud-ouest et à flanc de pente. Avant sa construction – autorisée en bonne et due forme par les autorités ! –, j'ai dû défricher et donc abattre une dizaine de pins et quelques bouleaux, afin d'assurer autour d'elle une zone de protection en cas de tempête.

Je souhaitais un futur intérieur de taille à la fois modeste et raisonnable compte tenu du long temps que j'allais être amené à y passer. D'où le choix d'une construction sur pilotis, de 4 m par 3, tout en bois, avec une fenêtre de chaque côté et une porte ouverte à l'est, au soleil du matin, vitrée dans sa partie haute.

Cette construction me prit trois bons mois, au printemps 2013, le plus difficile ayant été d'enfoncer et d'ancrer solidement les pilotis dans ce sol si pierreux. Au total, j'ai abouti à une cabane en planches bien jointives, surmontées d'un toit du même matériau mais doublé puis copieusement enduit de lasure. Avec une cheminée à droite en entrant destinée à évacuer les fumées de mon futur poêle. Puis à l'avant, c'est-à-dire face au spectacle de la Haute-Mayenne, j'ai installé une terrasse, également en planches, sur trois mètres de largeur, entourée sur les côtés ouest et sud d'une balustrade sur laquelle je compte m'appuyer souvent pour observer et méditer. Une vraie cabane de « trappeur »... sans les rondins !

Les quelques meubles et appareils ont été apportés progressivement : un lit, déposé pas trop loin du poêle, côté nord, une table pliante, derrière la fenêtre, deux placards, l'un pour mes vêtements et documents, l'autre pour mes provisions, un tapis-brosse à l'entrée, un petit réfrigérateur à gaz de type « camping » et quelques recharges, ensemble devant me permettre de passer sans trop de difficultés cette année à venir, tant espérée puis attendue.

Côté « fluides », comme on dit, deux questions devaient être réfléchies puis traitées.

L'eau d'abord, pour mes besoins propres et ceux de mon domaine. J'ai la chance de disposer à faible distance d'un petit étang avec ses 1 300 m^2 de superficie et une profondeur de 50 à 60 cm à cause de son envasement progressif, mais dépassant 1,50 m sur un bon tiers. Il se situe au sud-est de la cabane, au début d'une zone argileuse et se trouve alimenté par une source débouchant du massif gréseux. Une aubaine ! À la belle saison, son niveau baisse mais son alimentation ne cesse que rarement. Disons que son niveau oscille de 30 cm. Une barque y est amarrée avec laquelle j'aime bien me déplacer, pêcher ou encore, allongé, rêvasser. J'ai donc là une réserve d'un bon millier de m^3 dans laquelle je pourrai faire des prélèvements pour mes animaux et mon potager, dans les limites toutefois de la charge de portage sur une pente d'abord rude. Ce sera mon lieu de lavage en été – je m'y baigne souvent – ainsi que de celui de mes vêtements. À cette dernière fin, j'ai aménagé, après son évacuation, un petit lavoir avec une grande dalle de grès lisse sur laquelle je pourrai opérer. J'ai voulu cet endroit de décantation en disposant du sable au fond, sous 50 cm d'eau.

Il pleut souvent dans le Nord-Mayenne et plutôt régulièrement, mais une période de sécheresse ne peut être exclue en 2014. Aussi, ai-je décidé de récupérer l'eau de mon toit qui mesure environ 16 m^2. Comme sur ma longue période d'observation, la pluviométrie se situe autour de 1 000 mm, je pourrai compter sur une quinzaine de m^3 pendant mon séjour. Une ressource à récupérer au moyen de gouttières, certes inesthétiques ici, et d'une citerne de 500 l.

Cette eau « du ciel » servira à mes besoins quotidiens de toilette et de cuisine. Je l'utiliserai également pour la boisson non sans l'avoir filtrée sur une bougie de porcelaine à l'ancienne, comme on faisait jadis aux colonies...

L'énergie ensuite, avec trois gros besoins : le chauffage, la cuisine et l'éclairage.

Je penchais au départ pour un « insert » qui permet d'observer la beauté des flammes et des braises. Mais même les petits modèles étaient trop puissants pour ma pièce, pourtant mal isolée. D'où le choix d'un poêle qui devait présenter à mes yeux deux avantages indispensables : me permettre de cuisiner et me laisser voir le feu. Recherche pas simple mais couronnée de succès avec un « Godin » ancien et haut.

Qu'allais-je consommer pendant une année ? Mieux valait voir large. Aussi avais-je préparé sur place, en 2011, une vingtaine de stères, essentiellement de pins maritime et sylvestre, avec un peu de châtaignier. Les rondins d'un mètre furent ensuite recoupés une fois puis apportés avec ma « Dyane » à proximité immédiate de mon futur logis et recouverts d'un film isolant. Fin 2013, ce bois était bien sec, prêt à être utilisé.

Je disposais ainsi de bois produit sur place, certes fort émetteur de dépôts (les résineux) ou générateur d'étincelles (le châtaignier) mais sans conséquences en raison de ma courte cheminée et du poêle fermé. Par prudence, je pourrais faire appel à une réserve d'environ cinq stères correspondant à ce qui avait déjà été coupé pour l'établissement du potager et de la cabane.

Et pour l'énergie électrique ? J'allais avoir deux besoins d'inégale ampleur : le rasage et l'éclairage de ma future demeure.

Pour le premier – car je ne souhaitais pas me laisser pousser une barbe d'« homme des bois » – l'achat d'un rasoir basse tension fit l'affaire. En matière d'éclairage, il me fallait une production continue, tout au moins très fréquente, ne serait-ce que pour affronter les longues soirées de la mauvaise saison. Je décidai de ne pas avoir recours à un système de batteries et j'installai un panneau solaire sur le toit, côté sud bien sûr, et une petite éolienne, achetée d'occasion, dont je ne conservai que la pale de 80 cm et le rotor. Avec la fourche de N., j'étêtai un pin à proximité et en bordure du bois et y fixai l'ensemble, relié par un fil à mon logis, dans lequel j'avais placé un onduleur. J'allais ainsi profiter des vents fréquents, souvent forts au sommet de la butte. J'installai ensuite deux points d'arrivée et une prise sur chacun. Par nécessité, je faisais une provision de pétrole destiné à une lampe apportée, ainsi que de bougies. On ne sait jamais !

Enfin, en décembre, j'apportai des stocks de boissons et de nourriture conservables : eau de source, bière et vin en quantités limitées, boîtes de conserve au contenu varié.

Pour les autres provisions, à renouveler, je me suis mis d'accord avec mes amis L., de Carrouges pour leur venue discrète chaque jeudi : dans un emplacement proche de la route ils trouveront ma commande et déposeront ce qui a été demandé la semaine suivante. Un système idéal pour moi car respectant mon isolement.

Merci à eux.

Et voilà, les opérations préalables à mon installation avaient été effectuées ! Place maintenant à la vie de tous les jours, et de chacun en particulier !

Mercredi 1er janvier 2014

Après ma première nuit dans mon nouveau logis, j'entame la première journée complète d'une série de 366 car je cesserai (peut-être) cette expérience aux aurores de la prochaine nouvelle année.

J'ai donc été déposé ici hier soir par des membres de ma famille avec ce qui me restait d'affaires encore non apportées. Il faisait nuit depuis longtemps et je suis monté jusqu'au bois. Curieuse impression et sensation que d'ouvrir la serrure – toute symbolique – de la cabane qui va maintenant m'héberger.

Comme il faisait doux – presque 12° cet après-midi – j'avais décidé de lancer le chauffage en arrivant, ce que je fis tout de même en premier ! Une heure après, je note 18° au voisinage de ma table. J'ai pris le temps d'installer un couvert de fête. M., V. et Mt. m'ont remis deux paquets lorsque nous nous sommes séparés : l'un contenant ma part de leur dîner de réveillon, l'autre « à n'ouvrir qu'à minuit ».

23 heures, j'attaque mon festin composé de saumon fumé, foie gras « à ne consommer qu'à minuit », petit plateau de fromage et bûche décorée de lutins et d'outils très colorés parmi lesquels je note une scie et un champignon – un ensemble de circonstance ! Le tout accompagné de vins blanc et rouge et d'une bouteille de champagne « Cordon rouge » qui sera ouverte bien après minuit qui arrive vite.

Je sors sur la terrasse : le temps est doux (8°) et sec. Je demeure assis dans l'obscurité jusqu'à entendre les fameux douze coups. D'où viennent-ils ? Probablement de La Pallu car le vent est au sud-ouest. J'aperçois vers Saint-Calais-du-Désert quelques fusées éclairantes qui paraissent bien petites et dérisoires vues d'ici. Rien d'autre, à part quelques phares de véhicules. C'est le domaine de Madame nuit, massif, assommant et si calme.

Je termine mon repas de fête puis ouvre le second paquet : il s'agit d'un beau et solide cardigan qui me sera sans doute bien utile, accompagné de mille mots gentils exprimant le soutien à mon expérience.

Je m'allonge. Difficile de trouver le sommeil et pourtant il fait bien chaud. Les bruits du dehors me parviennent sans cesse : ceux de branches qui s'entrechoquent malgré la faiblesse du vent au ras du sol, d'un oiseau, gros sans doute, qui a peut-être pris ses habitudes sur le toit, d'un rameau qui touche un angle de ma construction et qu'il faudra que je sectionne.

Dans le silence et l'obscurité totale, je cherche mes marques. Pas si simple une première nuit au cours de laquelle j'entends sonner une, deux puis trois heures. Après, plus rien jusqu'au petit matin. Il est près de neuf heures lorsque je me lève ; le ciel est gris plombé, la douceur persiste, je relance le poêle car c'est devenu bien nécessaire.

Journée calme, commencée par le tour de ma parcelle que je pratiquerai pendant si longtemps : un petit kilomètre avec les différents points d'observation, une excellente mise en jambes.

Mes volailles s'activent, elles sont les seules en cette journée habituellement endormie. De ma terrasse, j'imagine les lendemains de fête dans les villages, hameaux et maisons isolées, et les vœux abondamment échangés. Exceptionnellement, je fais de même auprès des miens, avec mon téléphone « à n'utiliser qu'en cas de circonstances le nécessitant ». Le 1er janvier, après une première nuit ici, en est une.

La journée passe vite avec rangements et prises d'habitudes.

Le gris prononcé de la fin d'après-midi m'incite à rentrer vers 16h30.

La soirée sera longue mais j'ai aussi sommeil.

Jeudi 2 janvier

Lever avec le pâle soleil hivernal déjà entouré de nuages sombres tandis que d'autres arrivent de l'ouest. L'air est bien doux avec 8° à mon thermomètre de terrasse. Comme la pression a baissé durant la nuit, les ingrédients se trouvent réunis pour une journée qui va devenir pluvieuse.

C'est une bonne raison de ne pas attendre pour démarrer ma tournée : poules et coq sont très actifs et se ruent sur les restes de mon dîner que je disperse sur leur aire ; peu de mouvement du côté des ruches mais quelques butineuses vont et viennent, regagnent le trou d'entrée, ressortent ; je les sens impatientes, trompées qu'elles sont par la douceur et les jours qui passent.

La terre du potager se repose en attendant d'être mise à contribution par les premières plantules des semis de condimentaires dans deux mois. Seuls les topinambours ont été plantés avant mon arrivée : en novembre, j'avais disposé une trentaine de tubercules de chacune des trois variétés choisies pour leur goût. Il faudra attendre avril pour apercevoir les premières pousses qui, ensuite, mettront peu de temps à atteindre 1m50 ou 2 m... au moins si des sangliers en visite ne viennent pas les perturber. Je mesure bien d'ailleurs la fragilité de cette implantation téméraire en plein bois, sans protection extérieure aucune qui sera, un temps au moins, à l'abri des maladies et des ravageurs mais pas du passage des grands animaux. On verra bien et j'en tirerai sans doute des leçons quand on sait que les parcelles de maïs destiné à l'ensilage et situées près de la forêt sont systématiquement entourées de clôtures électriques.

Tout est calme sinon, les nombreuses feuilles de châtaignier craquent sous mes pas et mon tour ne me permet d'observer de près qu'un merle et une merlette en train de se guetter et de se repousser dans leur recherche de nourriture. Je leur jette un morceau de pain déjà sec... qu'ils dédaignent en ma présence. Lorsque je repasse à l'endroit peu après, il a disparu.

Vendredi 3 janvier

Première escapade autour de mon seul domaine.

Au nord et à l'est, il n'y a que des bois ou plutôt la continuation de la forêt de Monnaie. C'est une zone de transition entre celle-ci et la forêt de La Motte qui a dû être, après son défrichement, longtemps entretenue comme maigres parcours à animaux. En témoignent les prairies et maintenant quelques rares cultures dans les zones plus basses de part et d'autre de la petite route à l'ouest qui rejoint Fosse-Garnier puis Saint-Ursin. Les arbres les plus âgés – des pins maritimes – ont une centaine d'années et l'on n'y trouve aucun chêne de taille notable, le sol gréseux, très pauvre, ne se prêtant pas à leur développement. Des murets de pierre de grès, dont deux au sud et à l'est de ma parcelle témoignent de délimitations nettes et donc de propriétés et non de bien communaux.

Au sud-est, on trouve des prairies en bordure du bois et qui descendent jusqu'à la route actuelle de Couptrain. Installées sur de meilleurs terrains, elles paraissent beaucoup plus anciennes (*saltus*).

Au sud et dans les mêmes conditions que les près précédents se trouvent quelques taillis de châtaignier à faible révolution dont les produits servent à faire des poteaux de clôture. Ils sont parsemés de résineux. Une ancienne prairie maigre se situe vers l'ouest. Abandonnée depuis une dizaine d'années, elle porte des feuillus épars au-dessus d'herbes hautes.

Au sud-ouest enfin, on ne trouve que des grandes parcelles, issues de prés modestes, plus ou moins enclavés, et dont toutes les haies ont été détruites. Conduites par un agriculteur dynamique du voisinage immédiat, elles portent du maïs et du blé et maintenant du colza.

Autour de mon repaire se trouvent ainsi rassemblés tous les stades de l'agriculture depuis plusieurs siècles !

Samedi 4 janvier

Afin de terminer la description de mon environnement rapproché, il me faut évoquer mon petit étang situé au sud-est, à la limite du massif gréseux et au-dessus des prairies anciennes. Cette pièce d'eau, au niveau à peu près stabilisé mais baissant fortement au cours des étés secs avant de récupérer, constitue un milieu favorable à toute sorte de vie d'autant que c'est la seule du voisinage car bénéficiant d'une alimentation continue par une source, ce qui est plutôt rare dans cette situation géologique.

Jusqu'à il y a une dizaine d'années, toute sa périphérie était recouverte en fin d'hiver de nappes gluantes d'œufs de grenouille. Ces batraciens étaient ensuite très actifs durant la belle saison et leurs « chants » nombreux faisaient partie du décor.

Las et brusquement, tout a disparu, adultes, œufs et foule des têtards. Ce phénomène n'est pas localisé à cette pièce d'eau : j'ai observé la même chose à mon étang de La Touche et en ai entendu parler ailleurs. On accuse la diminution des zones humides et les pesticides, mais ici il n'y a eu ni changement de ce type ni apports de produits qui, il est vrai, traversent aisément la peau des batraciens.

D'autres causes sont citées comme une maladie : la chytridiomycose, favorisée par le changement climatique et la concurrence avec des espèces invasives.

Mes observations en ces sens ne m'ont rien apporté et je déplore la régression de ces rainettes et crapauds qui faisaient tant partie de ce milieu humide qui a été ainsi déstabilisé. Avec quelles conséquences ?

Dimanche 5 janvier

On manque bien sûr de données précises et fiables sur la répartition des espaces agricoles et forestiers précédemment décrits quant à leurs formes actuelles mais il est assez facile d'imaginer ce qu'ils devaient être lorsque les premières « paroisses » sont apparues dans la région, soit il y a un bon millier d'années.

En raison de son relief marqué et de la médiocre qualité des terres sur grès armoricain, la déforestation n'a dû toucher – compte tenu également d'une population clairsemée et dispersée – que les meilleurs milieux, peu pentus et sur formations granitiques ou schisteuses.

La répartition du territoire était alors faite en quatre fractions d'inégale importance : l'*ager* ou partie d'une exploitation ou d'un ensemble villageois, labouré ou au moins arairé, correspondant aux terres alors jugées les plus fertiles et le plus souvent cultivées en céréales ; le *saltus*, ensemble des pâturages ; l'*hortus*, comprenant les jardins et vergers et enfin la *silva* correspondant aux bois, forêts et groupes d'arbres.

Ce système, issu de la Révolution agricole de l'Antiquité, a duré en Europe au moins 3 000 ans, caractérisé par la vaste présence de la jachère ou friche travaillée associée à la culture légère qui cèdera très progressivement la place à la culture attelée lourde, devenue courante au cours des premiers siècles du second millénaire. Quant à la jachère, il faudra attendre les XVIIème et XVIIIème siècles pour qu'elle régresse nettement puis disparaisse.

Lundi 6 janvier

Analysons sommairement chacune des composantes du paysage agricole qui se serait offert à nos yeux il y a mille ou cinq cents ans.

L'*ager* est donc un terrain dégagé de façon permanente mais pouvant comporter, selon les goûts ou les besoins, des arbres fruitiers ou fourragers comme le frêne. Il a pour objet essentiel de fournir la ration calorique à ceux qui l'entretiennent et dans ce but il porte, un an sur deux, une culture de céréales qui seront consommées sous forme de pain, de galettes et de bouillies. Il s'agit le plus souvent de cultures d'hiver de seigle, de méteil ou de blé, plus rarement d'orge et d'avoine, occupant le sol neuf à dix mois. En cas de dégâts de gel sur les populations « de pays » alors cultivées, les paysans implantaient une culture de printemps, avoine, orge, voire millet ou pois. Compte tenu des besoins des attelées, une fraction était dans tous les cas réservée à l'avoine.

Le sarrasin, introduit beaucoup plus tard ne sera vraiment présent qu'à partir du XVIème siècle mais connaîtra le succès, son goût en bouillies et en galettes étant très apprécié et sa culture – nouvelle – subissant moins de prélèvements de la part des seigneurs.

Les parcelles étaient, le plus souvent, rectangulaires, leur longueur dépendant des contraintes du retournement de l'attelage. Un compromis était à trouver compte tenu des passages croisés d'araire.

La difficulté alors des transports conduisait à placer l'*ager* à proximité des habitations et comme les surfaces de qualité étaient ici limitées, on trouve l'une des explications à la dispersion de l'habitat.

L'alternance culture/jachère conduisait donc à deux soles. Celle dédiée à la jachère subsistait quatorze à quinze mois pendant lesquels elle était travaillée à l'araire, voire à la houe ou à la bêche.

La pratique de la culture attelée lourde fera évoluer ce système biennal.

Mardi 7 janvier

Le *saltus*, obtenu lui aussi par déboisement, est une zone prairiale assez grossière, maintenue sans végétation ligneuse par l'exploitation qui en est faite par les animaux s'y trouvant gardés. Son entretien devait être sommaire, limité à la fauche des « refus » et sa fertilité était entretenue médiocrement par les déjections d'animaux.

Il faut bien remarquer que la « fonction pâturage » n'était pas assurée par le seul *saltus* puisque, durant le long temps de jachère, les bêtes se trouvaient gardées, au piquet ou cernées de claies, sur l'*ager*.

Ce système se situait d'ailleurs au niveau du village et l'on a parlé de « vaine pâture » c'est-à-dire d'une organisation permettant aux habitants de faire paître leur bétail sur les terres non clôturées après enlèvement des récoltes. Il ne s'agissait aucunement de propriété collective comme on le croit souvent : le paysan cultivait ses propres parcelles et disposait de ses animaux. Le pâturage des jachères correspondait à une « propriété indivise temporaire » ou plutôt à un droit de disposer qui cessait avec le début des opérations de mise en culture.

Ces pratiques ont vécu longtemps en Europe pour s'éteindre progressivement il y a environ deux siècles. Elles bénéficiaient surtout aux propriétaires de troupeaux importants et, à l'opposé, aux très petits agriculteurs ayant très peu de bétail pour fumer leurs terrains.

Un cas particulier est celui des landes à bruyères si fréquentes ici sur sols très acides et à la végétation bien maigre : une fois les arbres abattus, leur végétation est demeurée rase sous l'effet de la présence d'animaux sur ces terrains souvent considérés comme « communaux » car non cultivés. Et ce n'est que depuis un demi-siècle qu'une végétation forestière spontanée ou plantée (résineux) s'y est développée car il n'y avait plus présence d'animaux… tout simplement !

Mercredi 8 janvier

L'*hortus*, très proche de l'habitation, est clos, cultivé en permanence et sa taille se trouvait limitée par les soins attentifs – fumure et façons culturales – qu'on lui appliquait. On y trouvait une grande variété de légumes (choux, *allium*, pois, lentilles…), de fourrages (vesce, trèfles…), d'oléagineux comme l'œillette et de plantes textiles (lin puis chanvre). Des termes spécialisés, car correspondant au développement de certaines cultures, sont d'ailleurs encore usités, par exemple chènevière, même si les plantes correspondantes ne s'y trouvent plus.

Toutes ces productions étaient obtenues selon un ordonnancement particulier qui revient à la mode aujourd'hui, et fournissaient aux populations une bonne diversité d'éléments complémentaires des apports céréaliers et de ceux des animaux. On pouvait parler d'une vie en quasi-autarcie pour l'alimentation. Mais elle était toujours « à la limite » et les disettes étaient fréquentes, par exemple lorsque de fortes gelées avaient détruit la céréale d'hiver.

La *silva* a joué des rôles essentiels au cours de cette longue période. À partir des reliques des peuplements primaires et des forêts secondaires reconstituées, on tirait du bois de feu et des bois d'œuvre nécessaires aux constructions, aux outils, aux ustensiles, à la confection des sabots… Chasse et cueillettes diverses étaient activement conduites, au moins lorsque les seigneurs le permettaient. Et il y avait matière à pâturage à différentes saisons (glands pour les porcs).

Mais, avec l'augmentation de la population, il fallut protéger et restreindre les prélèvements, ce qui ne fut pas simple pendant les périodes froides.

En y regardant bien, la disposition et la répartition sont les mêmes aujourd'hui mais selon des pratiques, des usages et des destinations qui – à part les jardins – n'ont plus grand-chose à voir, ici essentiellement depuis un demi-siècle.

Jeudi 9 janvier

Je n'ai pas encore évoqué la question de mes lectures.

Fort amateur de livres en temps ordinaire – une cinquantaine par an sans doute –, j'avais deux questions à résoudre avant mon installation : celle de la quantité et celle des contenus.

Pour le nombre, je savais que je ne pourrais disposer que de papier, les *e-books* m'étant inaccessibles. Il me fallait rechercher un compromis entre trop et trop peu afin que cette activité ne devînt pas excessive mais aussi que je ne me trouvasse pas en manque. Arbitrairement, j'optais pour cinquante-deux volumes…

Mais quels titres ? Je choisissais selon trois axes.

Tout d'abord celui de mes auteurs favoris, mais seulement ceux dont j'avais encore certaines productions à lire ou à méditer. Je rejetais ainsi Albert Camus car il ne rentrait plus dans ce choix. César subit le même sort. Mais j'emportais tout le Céline d'après-guerre et pour Chateaubriand, l'intégrale des Mémoires, le Génie du Christianisme et les Martyrs.

Une seconde catégorie était constituée d'auteurs partiellement lus et que je voulais approfondir : les intégrales d'Amélie Nothomb, d'Erik Orsenna, de Michel Houellebecq et, de F. Scott Fitzgerald formèrent en conséquence un gros contingent.

Enfin, je rassemblais une douzaine d'ouvrages récents traitant d'agriculture, d'histoire de cet art, et d'alimentation d'une population mondiale en forte croissance.

Voilà.

J'avais oublié les prix littéraires de l'automne que je rajoutais *in extremis*.

Vendredi 10 janvier

Dixième journée déjà, grise et assez douce.

J'ai voulu attendre un peu avant que d'évoquer les deux éléments qui me paraissent marquants dans ma solitude : le bruit et le silence.

Une banale promenade ou un parcours en forêt nous laissent une impression de paix car c'est précisément ce que nous venons chercher et nous évitons de nous y trouver lorsque les conditions sont très mauvaises.

Mais quand vous vivez en permanence dans cet environnement, il en va tout autrement. Passons sur les bruits non désirés, parasites mais au total peu nombreux : les véhicules aperçus mais que l'on entend bien peu, les engins agricoles opérant dans les environs, ou encore les voix bien transmises de chasseurs ou de promeneurs.

Ce qui compte, ce sont les bruits associés à la végétation qui bouge la plupart du temps, plus ou moins fortement, sous l'effet du vent même quand il est faible. En hiver, les feuillus ont perdu leur parure et ils comptent bien peu. Mais les résineux, dominants ici, ne font que se heurter et, en regardant le ciel à travers les branches, on est surpris de ces mouvements incessants dont on enregistre les sons en direct.

Les activités de la journée font que l'on s'y habitue… sauf en cas de grand vent. En revanche, la nuit il n'en va pas de même, loin de là, c'est-à-dire, en hiver, de 16h30 à 9h le lendemain ! Bien qu'enfermé dans la cabane – une tente renforcée ! – les bruits y arrivent comme amplifiés : branches entremêlées, troncs voisins différemment soumis aux mouvements et s'entrechoquant, froissements des fougères désormais desséchées et grandes feuilles de châtaigniers venant frapper mes « murs ». Même si vous vous en défendez, vous finissez par « écouter » dans le silence de la longue nuit.

Finies cependant les appréhensions des premiers jours associées à la chute d'un arbre ou d'une grosse branche : j'ai pu constater que l'endroit avait été suffisamment dégagé au préalable pour minimiser les risques.

Tous les bruits naturels sont devenus mes compagnons, un peu effrayants les premiers jours, mais maintenant je vis avec, à leur écoute de plus en plus distraite.

Samedi 11 janvier

« … le bruit que fait votre silence », Henry de Montherlant, Le Maître de Santiago.

Et le silence ? Celui auquel je m'attendais ou d'autres ?

Dans les rares moments sans vent à cette époque, il n'est pas profond, troublé de temps à autre par des aboiements lointains ou des bruits de camions qui ralentissent dans la montée de La Croix-Guillaume mais aussi et surtout par les craquements dans le sous-bois. J'ai beau observer, je ne vois pas les causes de ces derniers : passage de petits animaux, branches qui tombent, pierres chutant des nombreuses souches à terre… ? Parfois, l'origine est bien visible quoique discrète, comme ce matin avec le passage de trois beaux chevreuils, à moins de cinquante mètres. L'un d'eux a ralenti sa course et regardé dans ma direction puis a vite rattrapé le retard qu'il avait pris.

Le silence, au moins en cette saison, est donc fait de l'absence de mille et une choses : il n'est pas oppressant, est-ce parce que je sais qu'il ne va pas être troublé ? La nuit, quand cela arrive, surtout au petit matin, il est surprenant et je dors moins bien sans bruit !

Mais le silence, c'est surtout l'absence d'autres personnes, de nouvelles et informations diverses qui font notre quotidien et auxquelles on est sensible... même si l'on s'en défend !

Mon choix de vie fait que j'ai décidé d'éviter cet ensemble de messages qui, pour l'instant au moins, ne me manquent pas. Je voulais être face à moi-même, sans influences humaines et j'essaye de vivre et profiter de cette situation désirée.

Cependant, je sens bien déjà que ce sera la difficulté principale et un combat à gagner. Il me faudra éviter les rencontres, ne pas prolonger celles qui, inévitablement, se produiront et tenter de les rendre inconsistantes du point de vue des informations reçues, au risque, sinon, de perturber ce que je cherche d'abord.

Dimanche 12 janvier

Mon mode de vie m'oblige, et c'est heureux car faisant partie de ce projet, à économiser, en tous les cas à bien gérer mes ressources.

Côté bois nécessaire à mon chauffage et à ma cuisine, le stock est théoriquement illimité à mon échelle puisque les réserves sur pied alentour dépassent sans doute 600 stères... incombustibles même si j'abattais ! Dans la pratique, je ne peux compter que sur les vingt stères bien secs préparés à dessein, et éventuellement sur la petite réserve. Je devrais consommer peu entre mai et septembre, période pendant laquelle je serai alors bien habitué à des conditions plutôt rudes de vie et dans un milieu devenu favorable. Mais il y aura des passages humides et chaque jour la cuisine. Pour les sept autres moments, il me faudra « tenir » avec moins de deux stères par mois. Ce n'est pas gagné mais cela dépendra de la dureté des deux « mauvaises saisons » que je traverserai.

Pour le courant électrique, l'utilisation couplée de mon unique panneau solaire et de la petite éolienne me donne satisfaction pour l'usage d'un rasoir, la recharge du téléphone portable nécessaire en cas de survenance d'un événement auquel je devrais réagir, et surtout mon éclairage. Certes, une seule ampoule, pas très forte, brille le soir mais je me couche tôt. Il y a parfois des « sautes », dues sans doute à des arrêts de l'éolienne.

Quant à l'eau, ma citerne n'est guère remplie car janvier est, pour l'instant, sec. Mais mes modestes besoins actuels sont couverts et je filtre fréquemment sur ma « bougie coloniale ».

Par précaution, je viens de disposer au fond de la « cuvette russe » la plus humide une grande bâche qui sera bien nécessaire à l'arrosage futur de mon potager situé à proximité.

Lundi 13 janvier

Le temps a un peu fraîchi bien qu'il pleuve ce matin.

Ma sortie habituelle me conduit à déborder les limites de mon domaine car j'ai envie de faire un « tour de plaine » dans le voisinage afin d'observer l'évolution des cultures et des prairies qui entourent le massif forestier sommital au sein duquel je vis.

Les beaux jours de l'automne puis la douceur de l'hiver ont favorisé la croissance et le développement des céréales d'hiver au point qu'en des temps pas si lointains on aurait rapidement fait traverser une troupe de moutons afin de réduire l'exposition des jeunes plantes à d'éventuelles rudes gelées futures ! Les prairies permanentes sont vertes, à l'herbe encore dense et praticable par les bovins d'élevage qui s'y trouvent. L'hiver paraît fini mais...

En longeant la route qui mène vers Lignières par Fosse-Garnier, un tracteur s'arrête près de moi. Il est conduit par F., un ami agriculteur que j'ai beaucoup fréquenté lorsque son épouse était secrétaire au Comité des fêtes que je présidais alors. F. est la première personne que je rencontre depuis le début de mon exil. Il sait mon « enfermement » et paraît, par ses questions, sceptique quant à la durée réelle de mon séjour.

Il évoque, comme toujours depuis quelques années, ses difficultés qui sont bien réelles : leur exploitation, moins que de taille moyenne, est située sur une zone de captage d'eau dirigée depuis presque un siècle vers la cité thermale de Bagnoles-de-l'Orne pour ses besoins domestiques.

Aux contraintes environnementales auxquelles sont soumis les agriculteurs, s'en ajoute ici une autre, et de taille, qui l'a obligé à abandonner toute culture sauf celle de l'herbe à mener selon un mode extensif. Il a essayé un peu tout, a dû abandonner un élevage de lapins hors-sol et s'est tourné vers un travail salarié à temps partiel qu'il a trouvé sur la commune. F. est amer et désabusé – et je le comprends bien – car il sait qu'après lui, les terres sur lesquelles il aura œuvré toute sa vie iront à l'état de « réserves ».

Lundi 13 janvier encore

Parmi mes voisins, l'un des plus proches, à un kilomètre environ, est… un tas de pierres, vestiges d'un château dit « de la Croix Guillaume » dont ne restent debout que les anciens communs.

Ce bâtiment vaste et imposant, connu aujourd'hui par une carte postale du début du siècle, était situé dans le hameau éponyme, en retrait de la route qui relie Lignières à Couptrain et sur le chemin antique qui joignait les deux paroisses.

Construit au XIXème siècle par une famille du textile fertois (La Ferté-Macé) au temps de sa splendeur, et qui possède encore la vaste forêt alentour, ce château avait fière et surprenante allure dans ce lieu boisé et plutôt désert avec ses quatre étages dont deux mansardés, ses toits fort pentus, sa véranda très éclairée, sa girouette et ses autres objets aériens.

Mais les temps ayant changé, il n'a pu être maintenu en état d'usage et a été démoli à la fin des années soixante. En bord de route subsistent des vestiges de sa clôture en pierres et briques.

Dans ma jeunesse on racontait beaucoup de choses sur cette imposante bâtisse : son occupation par les Allemands pendant la guerre qui disposaient, en contrebas, d'un lieu attesté de stockage de véhicules, bombardé en 1944, des « événements » qui s'y seraient alors déroulés, et, plus tard, lorsque le bâtiment n'a plus été habité, la présence de fantômes… ce qui nous conduisait, bien sûr, à prendre nos bicyclettes et à chercher à les braver, il est vrai sans trop de témérité…

Plus sérieusement, ce surprenant bâtiment en ce lieu a été également utilisé dans les années 40 par le Parti social français pour y organiser des camps de plein air destinés à la jeunesse. Après-guerre des scouts y ont séjourné.

Comme pour la petite ferme voisine (bordage), l'eau courante n'a jamais été amenée jusqu'ici pour une raison de grand éloignement de son raccordement possible.

Mardi 14 janvier

Sicut nubes, quasi naves, velut umbra, Job

Fraîcheur et soleil m'incitent à rester, bien couvert, sur la terrasse. Et je ne le regrette pas car je vais faire, dans les heures qui suivent, une découverte.

J'ai toujours été sensible aux nuages, à leurs types, à leurs formes, extravagantes ou non, à leur évolution rapide, à leurs couleurs si changeantes, bref, au spectacle sans cesse renouvelé qu'ils offrent. Mais force m'est de constater que je ne leur avais pas, jusqu'à ce jour, consacré assez de temps en continu, me contentant de les observer plus ou moins furtivement ou comme le supérieur et suprême ornement des paysages.

Aujourd'hui, pas besoin de lever la tête, je regarde à ma hauteur ce qui s'offre mais je persiste aussi longtemps que ceux que j'ai fixés aient pris le temps de disparaître. Dans ma tête reviennent les classements inculqués d'abord par nos instituteurs et je tente de nommer ce que j'observe. Rapidement, cela me paraît inutile d'autant que j'ai de la chance car les températures remontent légèrement et le vent passe au sud, d'où des types différents et des colorations très changeantes. Cela me rappelle les images télévisuelles accélérées par lesquelles on voit très rapidement leur évolution. Mais là j'ai tout mon temps. Je prends un crayon, inscris une heure, fixe un groupe de nuages et fais un croquis. Dix minutes après, je recommence et je poursuis ainsi. Tellement captivé, j'en néglige de déjeuner et attends, transi malgré tout, le coucher du soleil sur Neuilly-le-Vendin et ses rougeoyances.

En cet heureux jour, j'ai cru mieux comprendre la beauté du monde.

Mercredi 15 janvier

Matin glacial sur la Haute-Mayenne. À 8 heures, le thermomètre indique -3°. Les précédentes semaines, clémentes, m'avaient fait oublier l'hiver.

La nuit a été remarquablement calme. C'est à peine si j'ai entendu quelques entrechoquements de branches de pins. Les feuilles des châtaigniers ne se sont guère décomposées et se déplacent au gré des vents.

Je m'accroupis et guette le sol : le gel est bien sûr de surface et tient attachées feuilles et aiguilles. Je m'enfonce plus avant : tout est humide et libre à quelques centimètres. Très lentement dans ce milieu, les débris se décomposent et assurent la stabilité d'un système difficile. Tout y est si fragile ! Preuves en sont les mouvements de la surface du sol lorsque les grands arbres sont agités. Leurs racines, restées en surface, ont du mal à s'agripper. Et elles renoncent parfois…

Une voiture « tout-terrain » passe sur le chemin, à cinquante mètres. Des chasseurs bientôt aux aguets ? Non, un exploitant forestier du voisinage qui vient sans doute examiner un prochain chantier. Je redescends et m'installe à mon poste d'observation : le soleil, pâle, mais déjà annonciateur du futur, inonde le paysage.

Aucun bruit, la campagne paraît inhabitée et en attente. Ses occupants se reposent… La nature semble également vide… et pourtant !

Jeudi 16 janvier

Isolement, jusqu'où ?

Une question m'a été souvent posée avant et surtout à l'issue de ma retraite, celle de la présence à mes côtés d'un animal familier, en fait d'un chien, traditionnel compagnon des « hommes des bois ».

Je ne l'ai, en fait, jamais envisagée, même si j'apprécie – dans des limites toutefois – les représentants si divers de la gent canine.

Pourquoi ?

Il y a une raison essentielle : je ne voulais pas remplacer la « civilisation » qui m'entourait avant par une autre compagnie. Quand on décide d'un isolement, il me semble qu'il ne faut pas le tempérer par autre chose. Je craignais de polluer ma nouvelle vie par un transfert partiel vers une contrainte extérieure, certes agréable, mais qui aurait partiellement pris le pas sur le but essentiel de mon expérience.

Certes, la construction de mon année s'est appuyée sur quelques animaux : des poules, des lapins et des abeilles mais, dans mon esprit, il s'agit là de productions agricoles largement comparables à celles de mon jardin, et auxquelles on voue un attachement qui doit rester modérément affectif.

Avec un chien, c'eût été tout différent car celui-ci aurait rapidement constitué le confident, le compagnon de chaque instant et le gardien du domaine, ce que je ne voulais pas.

Vendredi 17 janvier

En cette journée bien sombre, froide, humide et triste en sous-bois, je médite, dans mon confort relatif, sur ce que furent, au cours des siècles passés, les vies des ermites qui ont fréquenté ce pays du « Désert » et pourquoi pas les lieux où je me trouve.

Leur présence est évoquée par certains écrits et indiquée, en 1964, par Albert Durand dans son « Histoire des Croisiers au Maine ». Les lieux s'y prêtaient avec de grands espaces libres d'occupation humaine, un relief accentué, de profondes et vastes forêts, spécialement sur les hauteurs, un climat difficile – de mortification ? – à la mauvaise saison… mais aussi de nombreuses paroisses alentour dont la présence de beaucoup est attestée depuis un millénaire (sanctification ? nourriture ?...).

Comment vivaient ces personnes retirées du monde et axées sur une vie très simple ? Les renseignements font défaut, au moins pour la région.

On peut imaginer qu'elles passaient leur vie sous la protection de grottes ou plutôt de cavités sommairement aménagées ou de cabanes, et qu'elles s'adonnaient à des cueillettes, à des cultures sommaires et à l'aumône. Cela avec le froid et l'humidité de l'automne et de l'hiver.

Il est bien dommage qu'on ne dispose d'aucun témoignage, même de seconde main.

On ne peut en conséquence qu'imaginer ce que fut leur vie...

Samedi 18 janvier

À faible distance de mon ermitage, du côté nord de la butte qui porte le massif de la Croix-Guillaume, se trouve, de part et d'autre de la petite route qui rejoint La Vannerie puis le bourg de Lignières, le hameau de Saint-Ursin aujourd'hui modeste groupement de quelques maisons mais qui comptait, au recensement de 1898, 22 habitants.

Saint-Ursin est largement connu par son prieuré dont il ne reste aujourd'hui que le pignon à fenêtres géminées de sa chapelle, au-dessus de la source éponyme, et une bonne partie de la maison priorale.

Ce prieuré fut un lieu de prière, de dévotion et de charité durant environ 470 ans. Auparavant, les lieux avaient accueilli des ermites pendant une longue période, de l'ordre de huit siècles, ainsi qu'en attestent des allusions écrites anciennes et la toponymie par le hameau voisin de l'Ermitage.

Pourquoi ici ? Alors que les « paroisses » du voisinage remontent à un bon millénaire (Lignières-la-Doucelle : 940-960) ou un peu moins (Saint-Calais-du-Désert : vers 1100 ; Couptrain : vers 1140...), la région immédiate, boisée et à l'écart des voies romaines et gallo-romaines, a dû rester longtemps très peu peuplée.

Son relief relatif, ses vastes perspectives, son climat plutôt marqué ont dû ajouter des intérêts au choix de ceux qui voulaient se retirer du monde dans ce pays appelé, comme d'autres, « Désert », et réfléchir au calme sur le sens de leur vie en s'infligeant de sérieuses mortifications.

Dimanche 19 janvier

« Quel profit en effet aura l'homme, s'il gagne le monde entier, mais perd son âme ? » Inscription [en latin] peinte, figurant sur une cheminée à l'étage de la maison priorale, sous une croix-croisier.

À l'origine de la création de ce prieuré il y a l'Ordre des Croisiers ou « Chanoines réguliers de la Sainte-Croix » fondé en 1211, en Belgique actuelle, par Théodore de Callas à son retour de la troisième croisade. Ces religieux, dont certains ne sont que frères, méditent sur la Passion du Christ. Avec bien des vicissitudes à certaines époques, ils s'étendent puis régressent et sont aujourd'hui présents dans plusieurs pays mais pas en France d'où ils ont disparu à la fin du XVIIIème siècle, balayés par la Révolution.

Auparavant, ils avaient progressivement créé dix-huit prieurés dépendant de trois centres dont Caen d'où provinrent les religieux qui s'installèrent à Saint-Ursin.

La fondation et l'existence de ce prieuré sont intimement liées à la famille de Doucelle, puissante ici avec d'importantes propriétés à Lignières (la-Doucelle jusqu'à sa fusion avec Orgères-la-Roche) dont la seigneurie et le moulin de Resné, l'église mais aussi à Saint-Calais et sur la forêt de Pail.

Le fondateur est Guillaume qui en appelle au couvent de Caen et « obtient » quatre religieux, et achète le domaine et ses dépendances (qu'existait-il concrètement ?) à l'abbaye de Beaulieu (Haut-Maine). L'accord est conclu le lundi 10 septembre 1302 et les Croisiers y habitent de suite. Ils seront ensuite dotés d'animaux sur les 25 « journaux » (environ 10 ha) de terre, près du chemin de Couptrain à Ecouché, c'est-à-dire la route actuelle.

L'existence canonique n'est obtenue que le 5 novembre 1316.

C'était le début d'une longue histoire...

Lundi 20 janvier

Il existait alors à Couptrain – mais déjà sur Saint-Aignan-de-Couptrain – une maladrerie ou caquinerie, c'est-à-dire un lieu pour soigner les lépreux alors si nombreux. La maladie, introduite par les armées romaines, s'était beaucoup développée à la suite des pèlerinages en Terre Sainte de la seconde moitié du premier millénaire puis des Croisades. Elle ne s'éteindra dans nos régions qu'autour du milieu du XVIème siècle.

Cet « hôpital » auprès duquel existait une chapelle dédiée à Sainte-Madeleine, au bord du ruisseau au Ladre (un nom significatif !), appartenait à la famille de Lamboul, seigneur de Couptrain.

Guillaume de Doucelle l'acquiert et la confie dès 1302 aux religieux de Saint-Ursin qui reçoivent aussi quelques avantages en forêt de Monnaie... et des services religieux supplémentaires à rendre à leur seigneur. La chapelle leur est également donnée mais en 1308 seulement.

Il semblerait que les lépreux disparurent de l'endroit au début du XVe siècle et que la chapelle devint une dépendance du prieuré distant de 5 kilomètres.

En 1362, le testament de Tiphaine, fille du fondateur, confirme ces dotations, non modifiées à son décès, par son mari, un an plus tard.

Ces établissements et attributions sur Saint-Ursin seront confirmés par le pape Jean XXII en 1319, par le roi Philippe de Valois en 1327 et, pour la chapelle de la Madeleine, par le pape Grégoire XII en 1408.

Ainsi progressivement doté, le prieuré va vivre et se développer près de cinq siècles.

Mardi 21 janvier

La communauté qui vit, prie, travaille et mendie est sous la responsabilité d'un prieur. Entre la fondation et la fin de Saint-Ursin en 1770, il y en aura trente-six dont les passages furent brefs ou plus longs, importants voire marquants, certains regrettables.

Le premier prieur retenu fut Guillaume de Fontenay, à partir de 1316.

La chapelle semble avoir été élevée sous le septième, Jehan de Hallaine, présent dans la fonction de 1461 à 1480. Guillaume Onfray, responsable de la communauté entre 1504 et 1510, nous a laissé un document de première valeur nommé « quartenier » qui indique la réalité des présences à son époque (quatre religieux dont deux prêtres), les services auxquels Saint-Ursin est tenu, les rentes et cens dus, les charges et la présentation du domaine deux siècles après sa création (environ 80 ha, soit une grande propriété pour l'époque). « Ce livre est un trésor pour cette maison... » écrira l'un de ses successeurs.

Dès l'installation, les rapports avec le curé de Lignières ont été tendus, pour des questions de redevances et, sans doute, de pouvoir temporel. L'évêque du Mans est forcé de s'en mêler et de jouer les arbitres ce qui n'empêche pas les procès.

Au XVIème siècle, la famille de Rohan vend ses terres et biens de Resné aux Le Veneur, seigneurs – entre autres – de Carrouges, dont dépendent désormais les religieux.

Au siècle suivant, quatorze prieurs vont se succéder et les effectifs sont faibles (deux en 1611, trois en 1618). En 1675, la chapelle s'enrichit de douze belles stalles en chêne, ornées de feuilles d'acanthe, qui seront transportées vers 1820 dans l'église de Couptrain où elles se trouvent encore.

À l'examen des évolutions notées, il semble que Saint-Ursin soit tombé en décadence – au moins en relatif sommeil – au cours de la seconde moitié de ce siècle : faibles effectifs, acquisitions limitées, absence d'indications sur son rayonnement.

Mercredi 22 janvier

Le trente-deuxième prieur Michel-Denis Feydeau de la Lande, présent dans la fonction entre 1691 (1689 ?) et 1727, va créer les conditions d'un certain renouveau et remettre en état la chapelle de la Madeleine tombée en ruine, la dotant d'une cloche et permettant la reprise des célébrations. La carte de Cassini la mentionne. À la fin des travaux, sera gravée sur granite, avec de grandes lettres en relief, une longue et magnifique inscription sur les débuts du mouvement et sa restauration. La chapelle sera détruite en 1824, un siècle après sa reprise totale, et l'imposante pierre transportée, à la fin du XIVème siècle, pour servir de soubassement au calvaire polychrome de Saint-Aignan-de-Couptrain situé sur la route de Javron.

Les premiers qui suivent laissent peu de traces sauf le dernier, Pierre-Nicolas Besnier (1746-1769), qui entreprend, autour de 1746, la construction de la maison priorale. C'est sous son mandat qu'a lieu l'épisode dit du « Marquis de Flers », jeune noble placé de force en religion par son père, arrivé ici en 1766 et qui finira, après des démêlés avec les autorités ecclésiastiques, par se marier puis terminer sa vie ruiné.

De façon plus large, le priorat du trente-sixième prieur est un nouveau moment de décadence : il réside peu sur place où sont présents des personnages ne possédant pas toutes leurs facultés ou que l'on cherche à éloigner. Selon une source, il aurait essayé de faire cultiver à des ménages nécessiteux hébergés dans des cabanes une surface de douze arpents. Avec quels résultats ?

Dans ces conditions, il est obligé de quitter les lieux en 1769 avec révocation l'année suivante par l'évêque du Mans qui supprime aussi la conventualité et ses revenus.

Jeudi 23 janvier

Un long conflit a alors lieu entre l'évêque du Mans et la puissante famille de Rohan tandis que sont nommés des responsables différents de Saint-Ursin par le Provincial de l'Ordre et l'ancien prieur ! Des accords sont trouvés puis remis en question. L'affaire dite du « Collier de la Reine » met à mal la position du cardinal qui est dépossédé de Saint-Ursin, alors rapproché du séminaire de Domfront, mais qui reçoit des compensations financières.

L'histoire de la fin du prieuré est donc particulièrement troublée, fonction de luttes de pouvoir entre puissants et de prieurs contestables.

C'est la fin de près de treize siècles de présence d'ermites puis de religieux qui ont sanctifié ce pays du Désert et notamment la forêt de Monnaie où se seront rencontrées diverses obédiences : les Croisiers bien sûr, les religieux de Saint-Maurice, les bénédictins de Couptrain et les religieux de Saint-Vincent du Mans à Saint-Calais.

À la Révolution, le Cahier de doléances de Lignières (vers 1789) demande l'attribution des biens de Saint-Ursin à un hôpital. La vente a lieu à Villaines-la-Juhel en 1791. L'acheteur principal, Jean-Baptiste Juliot-Lérardière, habitera peu de temps sur place et son successeur installera une verrerie dans la maison priorale, entreprise éphémère.

Après revente, une famille restera sur place près de 150 ans dont les derniers représentants ont été Arsène Sassier et son épouse, née Victorine Ripault.

La partie ouest de la maison a été abattue en 1848. Quant à la chapelle, qui servait depuis longtemps d'étable et de fenil, elle s'est effondrée –sauf un pignon – dans la nuit de Noël 1929.

Le lieu de culte a été progressivement abandonné mais l'assemblée et le pèlerinage du 11 juin (fête de Saint-Ursin et Saint-Barnabé) ont longtemps perduré de même que la coutume locale de venir, à jeun, plonger, dans l'eau issue de la source, la chemise des nouveau-nés ou celles des enfants atteints de maladies de peau ou de convulsion, afin de les en préserver. Cette coutume cessera avec la captation de la source vers 1925.

Vendredi 24 janvier

Dans ce coin perdu et si bucolique où subsistent (pour combien de temps ?) quelques vestiges bâtis, il y a donc eu très longtemps une vie intense menée par ces religieux utilisant les chemins – dont celui près duquel je me trouve – pour solliciter l'aumône, surveiller l'état et la vie des biens du prieuré, se rendre à leur « annexe » de Couptrain et jouir de la beauté de ces endroits et de ces vues splendides si propices à la réflexion et à la prière.

Je me suis souvent posé la question du lieu de leur sépulture. Sans doute plus d'une centaine de religieux ont été inhumés, et aucune information n'est fournie par le cimetière de Lignières : toutefois, les 21e et 22e prieurs sont signalés « en l'abbaye ». Ils ont probablement été enterrés sur place, peut-être près des jardins qui entourent la maison. Nulle trace n'en subsiste en tout cas.

Autre fait marquant en ces lieux isolés : le passage d'un roi de France, Louis XI, accueilli le 17 août 1743 par la famille Le Veneur en son château de Carrouges. Le roi était en partance pour le Mont-Saint-Michel, compte tenu des voies d'alors, il est à peu près certain qu'il sera passé par Lignières et que son convoi aura, peut-être, marqué un arrêt à Saint-Ursin... avant de s'éloigner vers l'ouest en découvrant les magnifiques échappées sur le Haut-Maine que je contemple ce soir.

Samedi 25 janvier

Il a beaucoup plu cette nuit, encore un peu ce matin et lorsque je fais mon tour habituel, feuilles de châtaignier et aiguilles tombées collent à mes sabots.

En regardant ces vestiges végétaux qui se décomposent lentement, je pense à toute la vie qui les entoure et dont l'ensemble est aujourd'hui nommé d'un terme explicite mais surprenant, « biofilm ».

Les recherches ont fait de grands progrès dans ces domaines, maintenant que l'on s'intéresse enfin davantage, grâce aux moyens modernes, au sujet difficile constitué par « les sols » dans leur extrême diversité et leur grande fragilité.

Ainsi, quelques données chiffrées m'ont marqué qui sont des moyennes arrondies destinées à s'inscrire dans la mémoire.

Un gramme de sol contient un milliard de bactéries appartenant à un million d'espèces et aussi un million de champignons (spores, filaments) correspondant à de 10 à 100 000 espèces.

Exprimé autrement, ce sont 1 500 t/ha respectivement qui constituent la majeure partie du « microbiote », acteur majeur des services écosystémiques des sols. De ce fait, ceux-ci constituent à la fois un réservoir de diversité biologique et un patrimoine naturel qu'il est judicieux de ménager dans un nécessaire contexte de développement durable.

Les « bonnes recettes » sont connues... mais loin d'être toujours appliquées, d'où des dérogations qui ne touchent pas seulement les sols tropicaux.

Sous mes pas, la population est moins nombreuse car contrariée par le pH très bas mais encore considérable. Mes premières enjambées sont du coup plus légères...

Dimanche 26 janvier

Assis sur ma terrasse quand il fait doux comme en ce début d'après-midi, j'ai souvent tendance à imaginer le parcellaire et les pratiques agricoles tels qu'ils se présentaient avant.

Le plus ancien cadastre dont nous disposons est dit « napoléonien » car il a été commencé sous les instructions de ce Grand homme et achevé progressivement au cours des décennies suivantes en conservant le même nom.

Les feuilles constituant celui de Lignières-la-Doucelle remontent à 1813 et celle du bourg est datée de 1836. Il s'agit de beaux documents, écrits comme on savait le faire à l'époque et coloriés avec les bois et forêts en vert bleuté. La « feuille d'assemblage » manque un peu de précision vu la taille, et c'est normal, mais ce qui apparaît le plus nettement par rapport à aujourd'hui, ce sont les voies d'alors, chemins et chaussées plus ou moins empierrées qui desservaient chaque hameau et évitaient les obstacles naturels.

Quant au parcellaire, son échelle indique avec une précision extrême les limites, donc les haies pour l'essentiel, et surprend par la très petite taille des parcelles dont certaines de niveau de jardins potagers. La main-d'œuvre était nombreuse et les familles comportaient le plus souvent beaucoup d'enfants qu'il fallait nourrir. Et la mécanisation n'existait pas.

Il reste d'ailleurs fréquemment des traces de certaines haies aux talus élevés encombrés de souches qui ont mis des décennies à pourrir. Au moins lorsqu'elles n'ont pas été arrachées. Mais à l'époque, lorsque ce travail était effectué, il réclamait beaucoup de peine aux hommes et aux chevaux.

Lundi 27 janvier

Entre les milieux des XVIIIème et XIXème siècles et selon les prescriptions des physiocrates, il y a eu une volonté d'augmenter la production d'autant que la période révolutionnaire, et celle qui la précédait un peu, avaient traversé des crises frumentaires aggravées par les redevances et les dégâts et besoins associés aux guerres.

Face aux disettes et aux mécontentements populaires, les instances révolutionnaires raisonnent en quantité de céréales – d'abord de blé – nécessaires et ne tiennent pas compte des possibilités des sols pourtant très variables en l'absence d'engrais autres que le fumier et de moyens puissants.

La loi du 10 juin 1793 invite au partage des « communaux », une initiative appréciée par le monde rural, mais qui ne fait pas de distinction entre les aptitudes des terres. La mise en culture des territoires communs aux collectivités doit être générale même s'il s'agit de parcelles boisées, rocheuses, escarpées, en landes ou marécageuses.

Pour les porteurs de cette loi, le seul but est une production très accrue de céréales. D'où des réticences et des résistances, notamment là où c'est manifestement impossible. Néanmoins les défrichements iront bon train entraînant en zone montagneuse une grande fragilisation de l'environnement.

Ici même où je me trouve, la mise en culture a dû être tentée comme en témoignent encore des amoncellements de pierres en lisière, malgré la position superficielle du grès, la faible profondeur et la fragilité de la couche arable et les énormes efforts qu'ont dû déployer nos lointains aïeux pour extraire et retirer des souches et préparer le sol en vue de bien maigres cultures de seigle et de sarrasin. Et pour combien de temps ?

Mardi 28 janvier

On s'aperçoit bien qu'à cette époque, les pâturages étaient considérés comme à peu près sans valeur et il faudra attendre encore longtemps pour que les avis changent.

Durant la première moitié du XIXème siècle, de nouvelles terres sont conquises, souvent marginales avec recul marqué de la jachère dont la part dans la surface agricole utile décroît sensiblement : un tiers à l'orée de ce siècle, un quart quarante ans plus tard et un cinquième seulement au tournant du milieu des années 1800. Ainsi, les terres dites « incultes » ne représentaient-elles plus que 18 % du total en 1840.

Le recul des jachères bénéficie surtout aux plantes fourragères et sarclées.

Compte tenu de l'isolement de nos contrées, on peut estimer que ces évolutions se sont produites avec un certain décalage (15 à 20 ans ?).

Entre 1850 et 1860, plusieurs lois sont d'importance en ces domaines : sur les ayants droit aux « communs » bretons ; sur le dessèchement des terres marécageuses (Sologne) ; sur l'assainissement des Landes de Gascogne, enfin, sur la mise en valeur des marais et terres incultes des communes.

Elles ne touchent pas notre région.

L'accroissement des terres labourables culmine en pourcentage en 1852, selon l'enquête agricole, avec plus de 26 millions d'hectares sur 53, soit près de la moitié avant de décroître légèrement.

Les espaces boisés augmentent sensiblement avec près d'un million d'hectares en supplément entre 1840 et 1862. Des premières conséquences de la déprise des terres très médiocres et des besoins pour les mines et la métallurgie alors très dispersée et utilisant des minerais pauvres comme à Lignières, au Moulin-Lassue.

Mercredi 29 janvier

Au cours du XIXème siècle, d'autres évolutions essentielles ont lieu avec le Code forestier de 1827 dont des dispositions ont pour but de restaurer des forêts très dégradées pendant la Révolution et de pouvoir faire face aux nouveaux besoins.

Il est désormais interdit aux populations de prélever du bois en forêt et d'y placer des bêtes.

On imagine les réactions qu'ont dû susciter – lentement en raison des difficultés de communication – de telles obligations alors que, depuis des siècles, les populations rurales, agricoles au premier chef, furetaient en forêt, c'est-à-dire recherchaient les arbres qui convenaient à leurs impératifs du moment et s'approvisionnaient, peu ou prou, en bois de chauffage.

Quant à l'interdiction nouvelle de faire profiter leurs animaux des produits et de la végétation des sous-bois, elle produit une grave atteinte au fragile équilibre des fermes d'alors. On imagine les réactions...

Un peu plus tard, les premières lois protectrices de l'environnement, face à des inondations répétées et à la dégradation des pentes montagneuses, modifièrent à nouveau l'ordre établi. Mais, intervenant autour de 1860, elles se situèrent dans un contexte d'augmentation des rendements et des échanges, ce qui réduisit les disettes et leurs conséquences catastrophiques, d'autant que l'exode rural commençait à produire ses effets.

Jeudi 30 janvier

C'est à cette époque qu'intervint seulement une nouvelle conception de l'espace productif. Avec l'accroissement du niveau de vie, la demande urbaine en viandes et produits laitiers devient sensible et pour y répondre, des surfaces en plantes fourragères et en herbe sont nécessaires. Il en résulte que les pâturages représentent progressivement une « valeur » dont témoigne l'accroissement des superficies dédiées qui passent de 4,2 M ha en 1840 (près de 8 % de la surface) à 5,8 en 1882 (11 %).

D'ailleurs, sous le Second Empire, on comptabilise enfin comme « productive » toute terre en pâturage, fût-ce sous un mode collectif.

Un peu plus tard, vers 1880, les cours des céréales chutent et l'on parle de crise due notamment à la concurrence des productions des « pays neufs » et à l'amélioration des transports, alors que les revenus de l'élevage se maintiennent. La prise en compte de tout ce qui contribue à la nourriture des animaux devient une réalité.

Dans notre région, cela correspond au développement de l'élevage bovin laitier et à viande et à une grande extension des Surfaces toujours en herbe (STH). La « spécialité » est trouvée d'autant que le contexte agrologique et climatique convient très bien. Les herbages sont recherchés et l'on ensemence ainsi des terres précédemment labourées.

Cela va durer autour de 120 ans, avec une spécialité affirmée appuyée sur des races adaptées qui évolueront quelque peu.

Ce n'est que depuis une quinzaine d'années, avec la disparition des petits producteurs de lait, les cours bas de la viande et les prix attractifs des céréales et oléo-protéagineux, qu'une évolution inverse interviendra. Nous la vivons encore... Pour combien de temps ?

Vendredi 31 janvier

Je termine mon premier mois de présence ici. C'est l'occasion d'un rapide bilan.

Du point de vue climatique, je n'ai pas eu à me plaindre avec cette période, certes, très arrosée, mais peu froide et souvent douce. Bien sûr, les jours étaient courts comme il se doit en ce mois et leur progression, entamée le matin depuis le 17 décembre, est plus que tangible et, surtout, porte en elle l'espoir d'une amélioration à laquelle je suis sensible. Le soir c'est plus discret car décalé au début du mois mais cependant appréciable.

Côté matériel, je n'ai pas eu de grandes surprises : je me suis vite habitué à ma cabane dans ses faibles limites et à son confort relatif, d'autant que les soirées étaient longues. Mes installations diverses fonctionnent bien et je n'ai pas encore manqué de courant. Il m'a fallu rogner quelques branches qui tapaient par grand vent.

Mon système d'approvisionnement a bien fonctionné et me permet de varier la monotonie de mes menus. Quant à mes commissionnaires, déjà venus quatre fois, leur discrétion convenue fait que je ne les ai pas encore aperçus.

Mon quotidien est rythmé par des habitudes vite prises, encadrées par les tours complets et attentifs du domaine dès que je suis prêt le matin et une heure avant la nuit. J'observe et je consigne en rentrant.

Nulle manifestation d'ennui ou de désir de rompre ma solitude que je prends comme un réconfort, la cabane et son entourage constituant pour moi des lieux d'une enivrante félicité.

Et je commence déjà à trouver que le temps passe bien vite !

Samedi 1er février

Il fait bien froid ce matin et des flocons virevoltent, dont les trajectoires sont perturbées par les actions conjuguées du vent et des arbres. Mais la neige ne « tient » pas encore.

Les flocons qui arrivent sur la terrasse passent rapidement du blanc à rien ou presque, c'est-à-dire à une petite quantité d'eau. Mes yeux ne sont pas assez sensibles pour saisir la fin de cette évolution : on suit le blanc brusquement envahi par autre chose et c'est tout.

Après le déjeuner, la neige devient plus dense et s'installe. Je la laisse faire dans l'espoir de retrouver bientôt un tapis appréciable. C'est ce qui se passe, un peu avant 16 heures, avec une couche substantielle de cinq centimètres environ.

Je ne rate pas ma première sortie dans le domaine enneigé.

Le ciel est blanc laiteux ; on n'y distingue aucun nuage saillant. Cette uniformité annonce-t-elle de nouvelles chutes ? C'est probable.

En parcourant mon territoire, je retrouve la sensation que j'ai toujours eue en cette circonstance : une impression de paix, de repos et d'infini. Mais, ici, je me trouve au cœur du phénomène, seul, sans contraintes et pouvant y demeurer autant qu'il me plaira. Je progresse avec facilité, en entendant, à chacun de mes pas, le bruit feutré, un peu caverneux, de la neige écrasée.

Le spectacle est féerique : tout le sous-étage de houx et de châtaigniers est recouvert et ploie un peu, les pins sont largement blancs mais la chute a été insuffisante pour recouvrir les longues aiguilles qui dépassent, légèrement blanchies.

La vie semble arrêtée et le silence est bien différent : il est feutré et l'on a alors conscience de tout entendre, même au loin.

Je n'arrête pas d'aller et venir, déçu aussi d'abîmer par mes passages cette splendeur immaculée. La température remonte car le ciel vire au gris léger. Sous les grands arbres des gouttes frappent mon visage. La fin de ce merveilleux épisode approche… et j'en profite, ne rentrant qu'à la nuit, tardive. Tout reste gris clair dehors.

Dimanche 2 février

Fête de la Présentation de Jésus au Temple… et Chandeleur.

Ce sera, midi et soir, une journée consacrée aux crêpes… ou plutôt aux galettes à base de sarrasin. Pourquoi ?

La Chandeleur – ou Fête des chandelles – est une fête populaire païenne associée à la lumière et aussi une fête religieuse comme nous le rappelle notre éphéméride.

Il y a bien longtemps, la coutume était d'allumer des cierges à minuit en symbole de purification. Mais pourquoi des crêpes et des galettes ? Certains pensent que leur forme ronde et leur couleur dorée rappelaient le soleil au moment où les jours commencent à allonger rapidement. On a évoqué aussi l'utilisation des restants de farine après les semailles d'automne et d'hiver…

Dans nos régions, le sarrasin ou blé noir, mais plus connu sous le vocable de « carabin », introduit au XVIème siècle, s'y répandit très vite et pour diverses raisons. À une époque où les systèmes de culture accordaient une large place à la jachère, sa rapidité de croissance permettait une production supplémentaire, pratiquée de façon dérobée, après une récolte précoce, tout en ne contrariant pas la préparation du sol pour le semis ultérieur de « blé » (seigle ou froment).

Ses tiges et feuilles abondantes constituaient par ailleurs un apport organique intéressant. Ensuite, en ces temps de pénuries, de difficultés à assurer la « soudure » et de prélèvements multiples, le sarrasin, culture à la fois nouvelle et supplémentaire, n'était pas soumis aux dîmes et autres redevances ; le paysan conservait en conséquence toute sa production.

Apprécié pour son goût particulier, principalement sous forme de bouillie et de galette, il constitua rapidement une des bases de l'alimentation paysanne et rurale.

Les révolutions agricoles qui suivront laisseront progressivement à cette polygonacée une place de plus en plus marginale avec, par exemple, autour de 10 % de la surface céréalière en 1900, et aujourd'hui quelques hectares dans le département, sans compter les cultures destinées au couvert et à la nourriture du gibier.

Pour l'heure, je prépare des galettes avec œufs, fromage et tout ce dont je dispose. Mon poêle est d'ailleurs très efficace. En faisant « sauter » ces préparations, je tiens une pièce dans ma main gauche – on ne sait jamais !

Lundi 3 février

Vent très fort du nord-est en ce début de soirée et glacial.

Pour la première fois, j'entends distinctement – mais de façon hachée –, dans le grand lointain, des cloches que je connais entre mille : celles de Lignières-la-Doucelle. Je note l'heure : il est un peu plus de 19 h. C'est donc bien l'angélus si familier à mes oreilles. Mais ici, le recevoir à cinq kilomètres constitue un prodige.

On est bien renseigné sur ce monument imposant, seule église « classique » de la Mayenne, placée sous le vocable de l'Assomption et qui date de 1712 / 1713, trois siècles à peu près !

Il fut érigé sous l'autorité et aux frais d'Abel Maudoux, curé, installé le 21 mai 1707. Curieux personnage que ce responsable bâtisseur, né le 26 mai 1652 à Requiel dans la Sarthe. Séminariste à Paris aux « Missions étrangères », il sera affecté au Canada où il devint curé de Trois-Rivières. Il y jouera, comme plus tard en Acadie, un rôle aux multiples facettes tel que celui dévolu aux prêtres de l'époque au sein de cette Congrégation : évangéliser les « sauvages », les éduquer, les encadrer et… les surveiller !

Rappelé en France, il retrouve brièvement Requiel avant d'être nommé à la cure de Lignières au décès de François Chevalier « prestre fort pieux, prêchant fort bien et avec onction ».

Abel Maudoux découvre une paroisse importante (510 feux en 1696, 1 996 habitants en 1726) au sein de laquelle il demeurera curé vingt-neuf ans, jusqu'à son décès le 13 octobre 1736 « à six heures du matin ». Une vie bien remplie, partagée entre les tumultes de ses aventures américaines et sa longue présence, sans doute sereine, à Lignières. Il y aura bâti une église surprenante par son style et impressionnante par ses dimensions, celle dont le son des cloches m'est parvenu en cette soirée.

Mardi 4 février

Nuit glaciale, avec -6,5° au minimum. Ce sera d'ailleurs la température la plus basse atteinte cette année. Le vent aidant, mon poêle est presque éteint et, quand je me lève, il fait 8° dans mon abri ! Je le refais partir puis sors pour mon tour habituel. Le vent est toujours au nord-est. Est-ce la reproduction d'un miracle : je perçois à nouveau le son des cloches de Lignières. Il est 9 h et c'est donc l'angélus du matin. Une bonne raison d'évoquer l'église elle-même.

Les plans du futur bâtiment furent dressés par Abel Maudoux lui-même, qui décida de construire à la place de l'ancienne église sur laquelle nous disposons de fort peu de renseignements. En attendant la construction, il transforma la grange du presbytère en lieu de culte où il officia à partir du 3 février 1712. L'édification fut vite conduite, en quatorze mois, ce qui témoigne de la piété et de la volonté de l'époque et ce malgré l'absence de machines !

Le monument est classique, selon les préceptes de Jules-Hardouin Mansart, en forme de croix latine, à toit mansardé et à l'intérieur richement décoré : marbres, pierres, peintures, rosaces travaillées et pilastres corinthiens dorés à la feuille. Des pierres tombales récupérées dans l'ancien cimetière ont été reprises et insérées à la construction.

Le seigneur d'alors offrit le tableau de l'Assomption – vocable de l'église et thème important des « Missions étrangères – qui fut détruit pendant la Révolution et remplacé ensuite par la peinture actuelle. Il est dit que le curé la meubla convenablement et donna deux cloches en 1717. Une horloge, commandée à Conlie, sera installée en 1729 sur un « dôme peu gracieux, surmonté d'une flèche maigre ». Les portes latérales datent de 1753. Les deux confessionnaux « M. le Curé » et « Prédicateur » remontent aussi au XVIIIème siècle.

J. B. Hutin, curé de 1841 à 1865, fera exécuter de nombreux travaux de décoration intérieure ainsi que les trois autels.

La façade sera transformée selon les plans de l'architecte diocésain Hawke en 1900, avec la tour et la flèche que l'on connaît aujourd'hui. Les remaniements et modifications seront légers au XXème siècle mais l'édifice recevra un bon entretien.

Quant au cimetière, au voisinage immédiat de l'église et « planté d'ormeaux » en 1746, il fut transféré à son emplacement actuel en 1835. Des travaux d'aménagement de la place, dans la dernière partie du siècle dernier, ont d'ailleurs conduit à exhumer des vestiges de ce cimetière premier.

Mercredi 5 février

Le froid vif se maintient et ce matin des flocons apparaissent. Cette neige ne tient pas dans un premier temps mais elle devient vite plus dense et j'assiste à ce merveilleux spectacle de la disparition rapide de ce qui faisait mon quotidien jusqu'alors : fougères rousses, arbrisseaux, mousse, terre.

Je tente une sortie sur la terrasse puis décide de faire le tour de mon petit domaine. Quelle sensation d'être battu par les averses de neige qui redoublent tout en distinguant encore ma chaumière et sa cheminée qui fume : un vrai décor d'image du passé telle qu'on en voit sur certaines cartes de vœux, des calendriers ou dans un cadre au mur dans une maison ancienne !

Mes poules ont l'air surprises mais s'activent à rechercher leur nourriture. Peine perdue avec le sol fortement gelé. Silence complet du côté du rucher. L'eau de l'étang est totalement prise. Je casse la glace de bordure : son épaisseur dépasse 2 cm. Seule zone épargnée, celle proche de l'évacuation où le courant important empêche la glaciation... au moins pour l'instant !

La neige continue de tomber en abondance. Mes pas sont de plus en plus feutrés. Quel bruit agréable à l'oreille !

Çà-et-là des oiseaux cherchent leur nourriture, surtout des merles, notamment près de la cabane car l'habitude d'y trouver quelques morceaux de pain a été vite prise.

Je regagne mon logis où il fait bien bon. Et je pense comme souvent à ceux qui m'ont précédé sur ces hauteurs isolées, en y passant leur vie dans des conditions beaucoup plus rudes.

Ce sera une journée d'observation par mes fenêtres et de méditation.

Jeudi 6 février

En ce début de second mois, j'estime que mon installation et mon ameublement sont bien suffisants. Jusqu'ici je n'ai pas eu froid. Deux stères de ma réserve ont été consommés et, en étant un peu attentif à la recharge, la température ne varie pas trop, sauf les nuits de fort tirage par grand vent.

À ma table de travail autant que de contemplation, la température tourne autour de 18-20 °. Dès qu'il fera bon, je la sortirai sur la terrasse. Mais ce temps n'est pas encore venu !

Je me suis vite adapté à cette vie simple et frugale, certes répétitive, entre le lit, le placard, le poêle et le réfrigérateur mais AVEC l'extérieur.

Je passe beaucoup de temps assis à mon bureau rustique. Que me manque-t-il ? Je n'ai pas encore réussi à répondre à cette question, mais me la suis-je vraiment posée ?

Déjà dans ma vie antérieure, je me contentais de peu mais je trouvais toujours une raison pour justifier un achat ou trouver un usage. Ici, de telles envies ne viennent tout simplement pas car elles seraient impossibles à mettre en œuvre, vu mes choix. Et surtout, mon contentement s'arrête à ce dont je dispose. Ces idées sont devenues absentes de mon fonctionnement cérébral : je ne vague plus car je pense disposer de tout.

Aucune information ne me parvenant, je me contente de faire mon ordinaire et, à cette table, de rêver et de noircir les feuilles qui composeront mes deux livres en cours, à achever dans moins de onze mois ! Or le temps passe déjà très vite...

Vendredi 7 février

« Montagnes russes ».

Situées dans la partie sud-est de ce territoire, elles furent ainsi nommées, il y a plus de trente années, par nos enfants, V. et Mt., petits, qui y ont beaucoup joué, autour et dedans. Que de poursuites par tous les temps !

Il s'agit d'une dizaine de cratères, groupés et plus ou moins rapprochés jusqu'à être contigus pour certains. Leur profondeur est limitée à moins de deux mètres aujourd'hui.

La végétation alentour tranche avec celle du voisinage : il y a là une concentration de petits chênes à la croissance bien lente et quelques arbustes de la lande à bruyère. Une mousse épaisse tapisse parois et fonds.

Leur origine est simple : lors de l'avancée des Alliés depuis Couptrain vers Lignières-la-Doucelle le 12 août 1944, les Allemands en déroute remontaient vers le nord et, pour échapper aux bombardements qui appuyaient l'infanterie, se réfugiaient dans les haies et les bois du voisinage.

Or, à La Croix-Guillaume, il y avait aussi un rassemblement de véhicules militaires et quelques voitures civiles volées à la population. Les troupes présentes dominaient par l'altitude la route de progression et tiraient. D'où une opération aérienne avec bombardement réussi qui mit d'ailleurs le feu en cette époque sèche de l'année. Toute la nuit, les flammes furent bien visibles depuis des hameaux et villages du voisinage.

D'où ces nombreux trous d'obus dans cette zone en contrebas d'où partaient les tirs car la visibilité y était excellente. Les batteries furent en tout cas neutralisées.

Samedi 8 février

Revenons à ces chênes dont l'âge maximum est aisé à évaluer, les semis naturels de glands ayant au plus 69 ans. Les arbres qui en sont issus ont un port torturé et un diamètre qui n'excède pas 15 cm, dominés qu'ils sont par les pins maritimes qui ont crû beaucoup plus vite qu'eux.

Pourquoi ce succès des chênes ? On se perd en conjectures car il s'agit du même sol qu'ailleurs issu d'un substratum gréseux comparable.

Privilégions l'hypothèse suivante : le grès, qui est sous-jacent aux 20 à 30 cm de « terre » de dégradation et surtout de décomposition, a été retourné sur une bonne profondeur, au-delà de deux mètres, avec mélange des petits débris au milieu dit « de bruyère ». Une couche bien filtrante en est résultée, au-dessus de la roche-mère non dégradée par les explosions. L'été, les fonds sont beaucoup plus humides alors que le niveau de surface est très sec. Ce qui peut expliquer la venue, certes lente, des chênes, bien rares ailleurs. Mais de quels éléments vivent-ils en ces zones très pauvres et carencées ?

En hiver, l'une de ces excavations, aux parois assez abruptes, contient et concentre de l'eau de pluie et de ruissellement. C'est le « trou d'eau » rendu plus permanent par la mise en place d'une bâche en plastique.

D'autres cratères sont présents dans cette zone. Au sein de l'un d'eux, un agriculteur-forestier a mis en évidence, il y a une vingtaine d'années, un obus non explosé. Les démineurs mayennais s'en sont de suite occupés ! Il en reste peut-être d'autres à mon voisinage immédiat...

Dimanche 9 février

« La pluie qui l'entourait de toutes parts lui ménageait une intimité sans pareille », Luis *Sepúlveda,* Le vieux qui lisait des romans d'amour.

Même en vivant seul, et sur une longue période, l'attention se disperse facilement et je dois faire des efforts pour persister à méditer sur un sujet que j'ai pourtant choisi. On le remarque tous en cheminant ou en vaquant à ses occupations habituelles, alors, au sein d'un bois peuplé de mille choses qui incitent à la dispersion !

Rien ne vaut, pour progresser sur un sujet qui tient à cœur, un endroit restreint, uniforme ou presque, accompagné d'une barrière de pluie qui incite à n'en pas franchir le seuil.

C'est bien le cas aujourd'hui : il a plu beaucoup cette nuit et, depuis mon lever, le ciel continue avec générosité de déverser cette petite pluie fine si caractéristique de la région.

Bien protégé, j'ai effectué mes visites, plus rapide que de coutume, à mes animaux et plantations. En contrebas et sur les hauteurs avoisinantes, de petits nuages, passant vite, escaladent les pins puis s'effilochent.

Je rentre, m'enferme et m'installe à ma table aujourd'hui de travail, bien décidé à me concentrer tout le temps restant sur le sujet complexe et passionnel constitué par les Organismes génétiquement modifiés sur lesquels j'ai un peu travaillé à leurs débuts expérimentaux il y a trente ans et beaucoup réfléchi avec des collègues.

Là, ainsi isolé, doté d'une littérature abondante, je vais reprendre à zéro pour me forger une opinion par la lecture et la réflexion non parasitée, et avec le recul du temps qui a passé et de l'introspection nécessaire.

Ma lampe risque d'être allumée très tard ce soir…

Lundi 10 février

Dans un ouvrage récent, je tombe sur le concept de « naturalité » servant à indiquer la propension plus grande qu'auraient nos concitoyens aujourd'hui à rejoindre, en installation principale, le milieu rural.

Quel vilain mot que ce néologisme traduisant un penchant certain et affirmé, disent les rédacteurs, pour retourner vivre dans la nature !

Les données chiffrées sont éloquentes : les humains sont désormais plus nombreux à vivre en ville qu'à la campagne et nous courons vers 80 % d'urbains.

Et pourtant, au moins dans les pays très développés comme le nôtre, on repère des comportements individuels et collectifs qui, en s'écartant de l'équivalence faite communément entre campagne, paysage et belle et bonne nature, sont des indices d'une évolution de la manière de penser et de pratiquer, c'est-à-dire d'habiter la nature dans les campagnes aujourd'hui.

On trouve ainsi de nombreuses études de cas ayant trait entre autres à l'énergie éolienne, aux micro-turbines, à la méthanisation, au tourisme rural, à l'accueil à la ferme, en gîte ou en chambres d'hôtes, au partage du territoire pour des utilisations diverses mais simultanées… témoignant de la prise de conscience qu'il faut reconsidérer les rapports de la société à la nature. Des initiatives qui relèvent le plus souvent des biens communs et nous concernent donc tous.

Quel sera le futur de ces initiatives dans leur principe et trop souvent difficiles à mettre en place ? Les mentalités évoluent cependant comme en témoigne la perception des « agriculteurs biologiques » pris pour de doux rêveurs il y a trente ans et qui ont souvent montré par leur persévérance qu'une autre voie était possible.

Mardi 11 février

Je ne dirais pas que nos campagnes ont « leur avenir devant elles » mais je suis persuadé qu'elles se repeupleront vraiment dans 10 , 20 , 30 ans…, bien sûr de façon non uniforme – ne serait-ce que pour des raisons climatiques, balnéaires ou sportives –, plutôt par noyaux successifs. Il n'y a d'ailleurs qu'à noter ce qui se passe au voisinage de nos plus gros bourgs encore dynamiques car ayant réussi à conserver des activités industrielles et de services pourvoyeuses d'emplois.

Lorsqu'on examine l'évolution récente de la population des petites communes voisines, c'est-à-dire suffisamment proches pour que la distance à parcourir demeure modeste en termes de coûts et de temps, et ne constitue pas un obstacle aux questions scolaires et de santé, on est surpris de constater un accroissement sensible pour peu que le paysage, le « caractère », le sentiment de « bon vivre » et les prix des terrains et du bâti soient au rendez-vous.

C'est un peu à la manière du cristal qui croît lorsque les conditions favorables au phénomène persistent...

Ne cherchons pas toutefois des raisons « idéalistes » : la question fondamentale est celle de l'emploi. Or, le pays, comme d'autres nations développées – mais pas toutes – a laissé faire quelles que soient les tendances des gouvernements, jusqu'à ce que cela devienne une réalité dramatique.

Je persiste à penser qu'il n'est pas encore trop tard pour créer les conditions d'un nouveau développement basé sur les besoins futurs, les contraintes et oublieux des recettes traditionnelles. Des expériences positives existent qui expliquent, partiellement au moins, pourquoi les taux de chômage sont si différents selon les départements. Et notre Mayenne demeure bien placée selon ce critère. Raison de plus pour faire mieux !

Mercredi 12 février

Avec toutes ces questions d'importance essentielle pour notre avenir, se pose celle de la « taille » donc de combien d'habitants doit-on disposer en un même lieu et aux alentours proches pour constituer une communauté viable en matière d'emploi, de services, d'éducation et de santé ?

Dit autrement, quelles sont les limites – non administratives car celles-ci ne signifient rien – entre le rural... et l'urbain ?

Il est bien certain qu'en deçà d'une certaine densité de population, les charges générales telles que les voies de communication, les réseaux et tout ce qui permet d'être de plain-pied dans la modernité, ont un coût exorbitant que les instances supérieures à la commune ne voudront pas – ni ne pourront – assumer dans l'avenir.

J'ai souvent écrit que la situation de Lignières-Orgères est exemplaire à ce titre : avec un très vaste territoire, supérieur à 4 000 ha, un relief marqué, des espaces forestiers inhabités ou presque, un réseau routier conséquent et en bon état, une position quelque peu isolée au nord-est du département, ses 750 habitants en moyenne depuis pas mal d'années maintenant, lui conférant une densité très faible – mais pas unique dans la région – d'environ 18 habitants par km^2, posent de nombreuses questions.

Il y a encore peu, on était persuadé que l'effectif de la population continuerait de chuter. Or, il s'est stabilisé. L'abondance des logements locatifs offerts et un cadre de vie protégé, beau et attractif en constituent des causes. Mais l'emploi sur place fait cruellement défaut.

Il nous faut montrer que cette situation présente des avantages dont nous sommes convaincus.

Mais « les autres », que nous réservent-ils ?

Jeudi 13 février

« Le passé demande qu'on parcoure une certaine distance pour l'aborder », Alice Munro, Du côté de Castle Roch.

En cette fraîche mais ensoleillée matinée, je parcours mon petit territoire en repensant à certains Anciens de la commune, connus dans ma jeunesse et qui représentaient un capital historique et mémorial considérable.

Il y avait deux moments privilégiés pour les rencontrer et les écouter, surtout quand j'accompagnais mon Oncle, né comme eux avec le siècle et copain de leurs enfances : l'occasion du café après la première messe et aller chez eux pour « manger le dessert » et surtout « se faire payer l'café ».

À l'époque, il y avait deux messes le dimanche matin. La première débutait à huit heures, était plus que basse et expédiée en une demi-heure. Il n'y avait pas de chants et la tradition voulait que l'on n'y communiât pas.

Sitôt finie, les hommes, nombreux à ce premier office, se rendaient au café Fresnay et s'installaient par tables de quatre, voire huit en en juxtaposant deux. Le café était vite servi par la patronne avec sa cafetière qui chauffait sur un réchaud à butane – après l'avoir longtemps fait sur une cuisinière à bois. La bouteille de « goutte » se trouvait toujours sur la table et l'un des présents la saisissait à un moment puis disait à son voisin « Fais de la place ». Le café – calva était la règle et rares étaient ceux qui vidaient d'abord leur tasse avant de se faire servir en alcool, souvent avec un sucre au fond de ce récipient.

La conversation allait rapidement bon train autour du temps, des souvenirs, des récoltes à venir et des plaisanteries, certaines plutôt grivoises.

J'entends, comme si je m'y trouvais encore, les « Pères » C., D. et G. pour ne citer que les plus assidus. Mais à l'époque, je n'ai rien noté comme je le fais systématiquement aujourd'hui. Et la précision de ma mémoire est insuffisante pour que je puisse exprimer ce qui était rapporté sur les trente à quarante premières années du siècle dernier.

Vendredi 14 février

L'autre grand moment de ces rencontres chaleureuses et marquantes pour un enfant était l'accueil au domicile de ces figures lignièroises qui vivaient pour la plupart dans des hameaux et se trouvaient à la tête d'une exploitation agricole agrandie, au fil des années, des bonnes fortunes, et des événements du voisinage. Certains étaient déjà à la retraite mais, à l'époque, cela ne changeait pas grand-chose puisque « la rente » était minime et que peu était modifié en fait. Ce qui conduisait à faire coexister sous un même toit plusieurs générations avec des problèmes de promiscuité et d'évolution des idées, les nouvelles étant souvent mal acceptées car, en matière agricole, « on avait toujours fait comme ça ».

Il fallait venir vers la fin du repas (le « dîner ») qui avait commencé à midi pile. Le patron finissait son camembert tandis que la patronne, toujours debout et en blouse, essuyait souvent la vaisselle.

C'étaient des moments – pas si lointains – où la convivialité était la règle, sauf en période des foins. Sinon, on prenait son temps et on rentrait vraiment dans la vie et les rapports à l'extérieur sous le prisme de la famille, souvent nombreuse et cherchant, surtout pour les filles, de bonnes alliances.

Une tarte ou plutôt un bourdin [tarte aux pommes typique de la région] avait été préparé qui était accompagné de cidre bouché de la ferme, parfois de vin blanc ou rosé de la Loire.

La conversation prenait sur les mêmes sujets qu'au café mais avec une plus grande liberté de ton et d'étendue. Vers trois heures on en venait au café-calvados avant de se séparer en promettant de venir bientôt chez l'autre.

La traite des quelques vaches n'était plus très loin…

Samedi 15 février

Dans les années cinquante mais plus beaucoup après, la « famille » dans les fermes ne se limitait pas aux personnes issues des mêmes sangs. La main-d'œuvre était encore assez abondante – même si les « patrons » se plaignaient sans cesse de sa rareté et de son coût –, constituée d'une part des « filles de ferme » à la fois servantes et occupées au jardin potager et à la basse-cour voire à de plus gros travaux, d'autre part des ouvriers soit permanents soit saisonniers ou journaliers.

Ceux qui restaient en permanence, sans ou avec très peu de vacances et de repos sauf le dimanche entre les traites, étaient souvent célibataires et logeaient sur place dans des conditions plutôt précaires. Ils mangeaient à la table familiale à des places bien établies, les hommes assis, la servante surtout debout.

J'en ai connu qui ont passé toute leur vie chez un même patron. Au début, ils étaient embauchés pour un an, en général à l'automne, puis le contrat verbal était renouvelé tacitement… jusqu'à ce qu'ils ne puissent plus vraiment travailler. En échange d'une pièce dans la cour, ils continuaient à rendre service, parfois à s'occuper des chevaux.

Les saisonniers, peu nombreux ici, étaient recrutés pour les foins, la moisson et les battages. Quant aux journaliers, ils louaient leurs services pour des « journées » de bois, de récurage de l'étable ou d'autres gros travaux. En fait, la nuance entre les deux était ténue. Beaucoup disposaient d'une petite propriété (« bordage ») ou de si peu de terres qu'ils devaient occuper leurs bras par des tâches chez autrui.

Les années soixante ont sonné le glas de ce tableau. C'était une époque où chacun trouvait une activité, même ceux qui étaient qualifiés de « simples ».

Ce système générait une forme de solidarité basée sur des besoins et personne n'aurait eu l'idée d'être pris en charge par la collectivité.

Dimanche 16 février

Je suis réveillé par des rais de soleil passant au travers des interstices de mon volet de terrasse. Il fait doux dehors et l'astre lumineux a déjà un aspect printanier. Ce sera une journée « potager » et je décide de procéder à toute une série de semis compatibles avec l'époque.

Il y a une dizaine de jours, j'ai griffé et aplani une vingtaine de m^2 dans ce but, pensant que de grosses gelées ne faciliteraient plus maintenant mon travail.

Je commence par des poireaux, ayant remarqué que les semis de février lèvent certes lentement mais démarrent vite après. Deux lignes sont semées avec une variété hybride « F1 » Faraday et une de Bleu d'hiver au fût très long et résistante au froid. Si la réussite est au rendez-vous, j'aurai beaucoup de « porettes » à transmettre à mes ravitailleurs ce printemps, mes plantations personnelles ne dépassant pas 100 et 200 respectivement.

Côté échalotes, j'avais apporté une cinquantaine de bulbes de semence de la variété « Grisor » issue d'un croisement entre Griselle et un type Jersey, d'une remarquable qualité gustative.

Le côté réservé aux condimentaires reçoit des graines de persil géant d'Italie, de cerfeuil plat, de ciboulette – deux lignes pour pouvoir faire aussi des cadeaux – de sauge, de coriandre et je tente un premier semis, hardi, de basilic.

J'attends quelques jours avant d'effectuer les premiers semis de pois.

Il n'y a pas à arroser car le ciel s'est couvert vers midi et de premières gouttes commencent à arriver au sol.

Lundi 17 février

En classant des papiers il y a quelques années, j'ai retrouvé le contrat de fourniture d'électricité à notre maison, passé entre la Compagnie de l'Ouest et ma grand-mère. C'était en 1932 !

J'imagine assez facilement les débats qui ont dû agiter à l'époque les populations de Lignières et d'Orgères pour savoir s'il fallait ou non accepter l'arrivée de la « fée » chez soi. Certains ont d'ailleurs refusé, qui ont dû plus tard régler les frais d'acheminement. J'en ai encore connu à la fin des années soixante – dont mes cousins H. – qui s'éclairaient, bien peu d'ailleurs, à la lampe à pétrole et avaient toujours dans leur poche une lampe… électrique !

Je comprends bien sûr toutes les interrogations d'il y a bien plus longtemps face aux « dangers » et aux incertitudes associées au « courant ». On évoquait de nombreux risques, notamment de maladies et d'explosions, et un saut dans un total inconnu.

Et force est d'admettre qu'à l'époque, ces questions étaient légitimes même s'il ne s'agissait pour l'heure que d'accéder à l'éclairage extérieur et à celui des habitations.

Il en va ainsi de toute nouvelle découverte capitale et de ses conséquences prévisibles ou nées de l'imagination.

Aujourd'hui, chacun bénéficie, sans y penser ou presque, des immenses progrès de tous ordres associés à l'électricité. Toutefois, des questions restent posées, et, heureusement, comme celle des effets des lignes de transport à haute tension et d'autres induites par ce progrès décisif avec l'influence des ondes sur la santé. Et dans ces domaines, les résultats des expérimentations sont contrastés… et les *lobbys* puissants !

Mardi 18 février

Que de fois ai-je entendu ici et ailleurs évoquer avec regret l'alimentation saine de jadis et le goût qu'avaient alors les produits !

Deux questions différentes même si elles sont le plus souvent présentées de façon complémentaire dans les échanges.

On peut être nostalgique de la nourriture ancienne mais on doit relever des contre-vérités manifestes.

Dans nos contrées, disons que, jusqu'aux années cinquante, voire soixante, la qualité sanitaire des denrées qui nous étaient proposées laissait fortement à désirer.

Je me souviens, à titre d'exemple, de ma grand-tante P. qui élaborait, comme beaucoup, ses propres « camemberts » à partir du lait de son unique vache – une matière première jamais contrôlée –, fromages qui, après moulage et salage, étaient déposés sur une planche au-dessus de la porte d'entrée dont le va-et-vient laissait pénétrer toutes sortes de poussières de la route de Ciral, à l'époque non revêtue, et nombre d'insectes dont beaucoup de mouches qui, non collées sur le ruban classique, fréquentaient assidûment lesdits fromages qui étaient retournés fréquemment jusqu'à leur consommation. Et que penser des bactéries aussi nombreuses que potentiellement dangereuses pour certaines ?

C'est pourquoi, lorsque j'évoque cette période de mon enfance, c'est plus pour l'époque et ces gens aimés et depuis longtemps disparus que pour l'aspect d'abord « plâtreux » puis vite « coulant » et envahi de vers de ces fromages dont le goût ne m'a pas laissé un souvenir impérissable. En tout cas, j'ai alors échappé, comme ma famille, à des intoxications. D'autres, peut-être pas…

Mercredi 19 février

Que s'est-il passé il y a cinquante ans environ ?

Tout d'abord l'arrivée d'abord timide puis très rapide du réfrigérateur qui a remplacé avec succès « la cave » et « le garde-manger », et a permis de stocker sur une période tangible tous les aliments, en contenant le développement des flores néfastes.

Ensuite, des épidémies chez certains animaux dont la plus célèbre – hélas – au début des années cinquante, celle de fièvre aphteuse avec ses conséquences dramatiques, ont « révélé » au grand public la fragilité d'un certain « ordre établi » et mis en lumière l'absolue nécessité de prendre des mesures en amont afin d'éviter que les mêmes causes ne reproduisent les mêmes effets.

Je suis persuadé que ce moment de notre vie sociale et solidaire a joué dans notre pays un rôle capital de prise de conscience des dangers liés à la routine et au « bon vieux temps » avec ses pratiques inadaptées au monde moderne.

Enfin, l'adoption par les commerçants – on évoquait déjà les premières « supérettes » - de pratiques associées à ce qu'on appellera plus tard la « chaîne du froid » : on trouvait avant des yaourts et quelques crèmes conservés « à la cave », en fait, sans aucune assurance de qualité bactériologique. Très vite, des « paillasses réfrigérées » ont alors amélioré nettement la situation et aussi rendu les clients soucieux de conserver les produits qu'ils achetaient dans de meilleures conditions.

La boucle était bouclée et, avec elle, des progrès décisifs pour une alimentation beaucoup plus saine et des dangers fortement réduits.

Jeudi 20 février

Et les goûts anciens ?

Comme on l'a dit, chacun est persuadé qu'ils étaient « meilleurs avant ».

Vaste et complexe question ! Face à laquelle il faudrait être en accord sur des critères avant de respecter l'« intime conviction »... et surtout le peu qui reste de souvenirs, souvent fort anciens.

Il est cependant bien certain qu'au cours des milliers d'années qu'a duré – et qui se prolonge encore – la sélection végétale et animale, le goût a constitué un facteur important retenu par nos plus ou moins lointains ancêtres, qu'il s'agisse des procédés premiers, de la seule observation, ou de méthodes sophistiquées comme celles d'aujourd'hui.

Or, avec le temps, les goûts à maintenir puis rechercher ont évolué même sur une courte période : pensons à ce qui se passe avec des espèces comme le fraisier, le haricot, la pomme de terre, et la tomate ! Sans parler des goûts des viandes...

D'autre part, l'assortiment « variétal » offert, spécialement horticole, s'est considérablement élargi puisque nous disposons maintenant de types ciblés à un usage et que nous consommons toute l'année des produits jadis réservés à certaines saisons.

Et avec également les problèmes de mode, de « ligne » et tout simplement de transport des denrées avec les aléas induits : faire venir des fraises ou des tomates du Sud de l'Espagne ou du Maroc, des raisins du Chili n'est pas sans conséquences.

Disons plutôt que chaque époque est, là aussi, nostalgique de ce qu'elle croit se rappeler. Aujourd'hui, l'offre s'est élargie et adaptée à toutes sortes de situations avec des goûts présentés fort diversifiés... et pour la plupart des palais s'ils savent bien chercher !

Vendredi 21 février

Au total, force nous est de constater, si ce n'est d'admettre, que la situation présente de l'alimentation est la meilleure qui ait été dans l'Histoire.

Dans les pays développés au moins, l'offre est vaste, variée et le plus souvent de bonne qualité. Les contrôles aux différents étages de la préparation sont effectués avec le sérieux que les analyses permettent à l'heure actuelle et les entreprises, soumises le plus souvent à une forte concurrence, réalisent elles-mêmes la surveillance des matières et des process.

La « chaîne du froid » et son strict maintien constituent des garanties de premier ordre jamais connues auparavant.

Bien sûr, on ne peut – et on ne pourra jamais – empêcher des pratiques condamnables de producteurs, d'individus, de distributeurs et de... consommateurs. Certaines ont eu un retentissement médiatique immédiat comme la substitution de viande chevaline à de la viande bovine ou encore l'usage d'huiles frelatées. D'autres sont plus « discrètes » : il en va ainsi du non-respect des dates limites d'épandage de pesticides, de prises de risques sur les moments extrêmes de consommation, de la recongélation de produits ou tout simplement de réfrigérateurs au fonctionnement défectueux. Tout cela relève de comportements non citoyens contre lesquels on ne peut lutter que par l'information répétée et l'éducation.

Répétons-le : les garanties associées à l'alimentation sont excellentes. Ce qui n'empêche pas la plupart des ruraux et quelques urbains de vouloir obtenir « leurs » propres aliments « naturels » ! Un perpétuel retour aux racines de l'Homme ?

Samedi 22 février

J'ai mis à profit les longues nuits récentes pour poursuivre ma réflexion, loin du tumulte scientifique et politique, sur les Organismes génétiquement modifiés (OGM) et plus spécialement les Plantes (PGM) sur lesquelles j'ai travaillé et surtout beaucoup réfléchi.

On oublie trop, au moins dans les médias, que celles-ci s'inscrivent dans la filiation des méthodes traditionnelles de l'amélioration des plantes et que la transgénèse ne constitue pas une rupture car – et c'est fondamental – le transfert de gènes entre espèces différentes, hors reproduction, constitue un mécanisme naturel de l'évolution. Là, on élargit beaucoup les ressources utilisables, ce qui est positif, puis on sélectionne selon les techniques classiques auxquelles fait appel cette discipline.

L'enjeu est donc de réaliser des progrès génétiques plus vite et plus simplement qu'avec les technologies conventionnelles.

Mais dans les nations industrialisées, « l'opinion publique » se révèle en grande majorité très hostile à cette voie au nom de ses dangers supposés... et de ses propres besoins qui sont plus que satisfaits. En revanche, et assez curieusement, elle ne paraît pas opposée aux produits médicamenteux issus d'OGM ni à la thérapie génique. En témoigne d'ailleurs le succès des opérations d'appel à la générosité publique pour améliorer à terme des situations difficiles et souvent cruelles.

Implicitement, ce ne sont donc pas les techniques de transgénèse qui sont en cause, mais les utilisations faites en agronomie… « dans la nature » pour ses pourfendeurs comme si les humains ne s'y trouvaient pas aussi.

Dimanche 23 février

Les arguments utilisés par les « anti » mettent en avant des effets potentiels sur la santé.

Or, il faut souligner que, depuis maintenant près de vingt ans, aucun effet toxique n'a été avéré sur des bases scientifiquement solides et sous l'amont des essais très rigoureux d'homologation par les structures nationales en charge de ces questions. D'autre part et chacun le sait, un grand nombre de milliards de repas contenant des PGM autorisées ont été pris dans le monde sans révéler le moindre problème sanitaire. Symétriquement, les animaux d'élevage, largement nourris avec du soja transgénique – dont chez nous – n'ont jamais manifesté de troubles imputables à l'aliment.

Quelles sont les espèces transgéniques cultivées ? Dans l'ordre décroissant des surfaces, le soja, le maïs, le cotonnier et le colza qui représentent 99 % des PGM commercialisées. Aux États-Unis, les variétés transgéniques correspondaient à 94 % des cotonniers et 93 % du soja en 2012. D'autres espèces présentent des perspectives intéressantes en ce domaine, comme le papayer, la betterave à sucre, la luzerne ou le prunier pour ne citer que les principales.

Quant aux caractères mis en œuvre, ce sont les tolérances aux herbicides et aux insectes, ainsi que leur combinaison qui dominent largement. D'autres traits sont développés comme la résistance à des virus, l'amélioration des qualités nutritionnelles et l'adaptation au stress hydrique. De réelles questions d'avenir, spécialement dans le contexte des changements climatiques en cours et à venir.

Lundi 24 février

Une des principales critiques faites aux PGM est celle de la réduction de la biodiversité.

L'examen des études disponibles montre que c'est au contraire l'inverse. Il y a en effet confusion entre l'événement de transformation et la variété. Ainsi, la résistance au ravageur pyrale du maïs aux conséquences catastrophiques est présente dans plusieurs centaines de variétés ou, dit autrement, augmente la diversité.

Le risque est ailleurs, c'est celui de la concentration des entreprises de sélection, accentuée par le blocage des plantes transgéniques et une réglementation très contraignante et coûteuse.

Je pense quant à moi, que la position française et, plus largement, ouest-européenne est frileuse, ainsi qu'« hors-temps » dans la mesure où elle s'applique à des contrées privilégiées qui « peuvent faire sans ». Ce phénomène n'est pas nouveau et il s'est exercé dans les périodes de découvertes majeures qui, comme la machine à vapeur et l'électricité, ont bouleversé la société. S'en souvient-on encore ?

Plus près de nous, la révolution des communications a d'abord été mal perçue. Peu d'années après, Internet, grâce au haut débit, est accessible sans doute par un foyer sur deux à Lignières. Qui l'aurait pensé il y a vingt ans ?

Il en ira de même des PGM et OGM lorsque le pays se réveillera enfin.

Mardi 25 février

Délicieuse journée sous un fier soleil qui éclabousse toute la Haute-Mayenne. C'est la première au cours de laquelle je ressens l'arrivée prochaine du printemps.

Pas question d'être inactif et je pars, dès ce matin, pour un vaste tour forestier et agricole aux alentours un peu lointains de mon domaine de confinement. C'est ma première véritable sortie !

Comme le temps ne m'est pas compté, je me rends jusqu'au voisinage de Saint-Patrice-du-Désert et vers le sud-est aux approches de Saint-Samson. Un long périple qui me permet de rester immergé dans cette nature majestueuse en premier éveil, en évitant soigneusement les endroits habités et en franchissant vite les routes revêtues.

Cela fait moins de deux mois que je vis isolé mais je me sens vraiment intégré aux milieux qui m'accueillent. Mon retrait me semble déjà lointain…

Je vais de milieux fermés à des échappées dorées de soleil, de ruisseaux qui gazouillent abondamment, à des amas de rochers de grès, de couverts sombres et inquiétants de résineux à la promesse de jeunes pousses de chênes, de hêtres et de châtaigniers…

C'est un enchantement pour les sens, une forme de folie et de déluge de beauté !

Quelle chance j'ai d'accéder à tous ces trésors !

Mercredi 26 février

Je suis réveillé par un coup de feu lointain qui me fait me souvenir que l'on est jour de fermeture de la chasse… puis rien d'autre ensuite.

Dans la matinée, j'entends un véhicule emprunter le chemin, en provenance du nord. Il s'arrête à proximité et j'aperçois le « 4 x 4 » de mon ami P. J'entends des pas sourds et des froissements de fougères sèches. P. me rend une agréable visite et nous restons sur la terrasse éclairée d'un soleil timide.

J'ai connu P. par mon regretté ami R., deux grands chasseurs devant l'Éternel. C'est un garçon du pays, bien que de Carrouges dans l'Orne !, à six km de mon bourg ! Mais les coutumes et habitudes d'antan, qui ont largement perduré ici jusqu'aux années 70, sont ainsi faites. Il a épousé Pa., elle aussi originaire de ce village, avec laquelle il coule une vie heureuse, entourés qu'ils sont de leurs deux garçons pour lesquels ils ont formé plein de projets en cours de réalisation et pour certains achevés.

P. est gendarme ; grâce à ses qualités et à sa pugnacité, il a fait dans cette arme une brillante et rapide carrière jusqu'à devenir officier. Il privilégie cependant une future retraite active mais paisible sur place. Il possède la « maison » de Saint-Ursin et une bonne surface de bois attenant. Lorsqu'il s'y trouve, il est, de ce fait, l'un de mes plus proches voisins.

C'est un passionné de chasse qui opère avec respect, discernement et méthode pour gérer et préserver les ressources cynégétiques. Depuis qu'il occupe partiellement le coin, une nouvelle « morale » est revenue face à des pratiques de chasse d'un autre âge qui pourtant perduraient.

Nous devisons sur la fin de la saison qui le rend triste. Il a, comme toujours, beaucoup de projets en tête pour la future campagne…

Jeudi 27 février

La saison de chasse est enfin close ! Près de sept mois de tranquillité en perspective...

J'entends déjà des réactions du type : « Ah, vous êtes contre, et pourquoi ? ».

Au plan biologique, j'en suis bien sûr partisan car il faut réguler le gros gibier en l'absence de prédateurs afin qu'après février un équilibre nouveau mais difficile soit établi. Avec également cette question récurrente des « bracelets » dont les attributions pourraient dépendre davantage des relations et de l'entregent que de l'équilibre de la ressource...

Sur ce territoire, de quels animaux s'agit-il ? Des bécasses en bordure en raison du dénivelé important auquel s'ajoute la hauteur des arbres, et qui viennent souvent nombreuses, de rares lièvres et des passages de pigeons. Plus la moindre trace de lapins alors que de nouveau haies et jardins du bourg en sont remplis. Côté gros gibier, ce sont avant tout des chevreuils qui ont disparu au premier coup de feu en septembre et que l'on reverra très proches dans deux mois. Exceptionnellement, des biches et des cerfs qui n'affectionnent pas spécialement cette partie périphérique, mal protégée, du massif. Et, de façon très aléatoire, un ou quelques sangliers quand ils sont poursuivis par des chasseurs du voisinage. Je ne compterai évidemment pas les ravissants et craintifs écureuils, compagnons de promenade attachants mais devenus trop rares.

Ce qui ne me plaît pas dans ce « sport », c'est l'atteinte trop fréquente faite aux droits des autres, les dominés, marcheurs interdits d'accès sous la menace non directement révélée d'une arme, ramasseurs de champignons forcés à déguerpir, mais aussi la présence de voisins indélicats « à l'affût », en fait cachés dans l'attente de bonnes affaires en provenance de battues voisines... et devenant vite menaçants en réunissant effet de groupe, « 4 x 4 » dominateurs, voire tirs à faible distance des jugés importuns, ainsi que l'*omerta* entretenue par la maréchaussée sur un sujet tabou dès qu'il s'agit de déterminer des responsabilités.

L'endroit est d'ailleurs connu – même loin du nord-est mayennais – pour l'âpreté et la dureté des chasseurs entre eux et avec les autres. Le braconnage y est fréquent et les passages nocturnes de véhicules brusquement tous feux allumés pas rares. Rien de cela toutefois depuis deux mois.

Vendredi 28 février

Ce mois est presque fini, maintenant dans la douceur. Il aura beaucoup plu. En cumulé, j'atteins ici 158 mm contre une moyenne sur dix-sept ans proche de 85. La pression est élevée et j'estime qu'il ne pleuvra plus en février.

Ce midi, j'ai réussi à déjeuner sur la terrasse, certes fortement couvert. C'est mon premier repas complet à l'extérieur avant, sans doute, une longue série. Moment bien agréable à guetter les changements, les sons nouveaux, les premiers résultats des poussées de sève qui s'amorcent.

Le sous-bois est cependant très silencieux. Il en ira tout autrement dans quelques semaines !

Les couleurs, proches ou non, ont bien changé et laissent déjà entrevoir les aspects du futur.

Dans le lointain, j'entends des bruits de tracteurs : les sols se sont ressuyés précocement et les agriculteurs en profitent pour labourer – toujours tard ici – ou réaliser des façons superficielles avant les semis de maïs qui conduiront à la base majeure de la nourriture de leurs bovins. Quelle révolution ! Née dans les années 50-60 grâce à des travaux ambitieux conduits par une petite poignée de chercheurs français favorablement inspirés par des résultats nord-américains. Où en serions-nous sans ces avancées ? Le génie humain aurait sans doute trouvé une ou plusieurs voies afin de maintenir un élevage bovin laitier et à viande, faiblement rentable, mais indispensable à la région, à ses activités induites directes et indirectes, aux paysages et d'abord au maintien d'une population agricole appréciable sur des territoires fortement élargis à l'échelle de l'exploitation.

« 29 février »

Mon année de vie en ermite n'est pas bissextile et je célèbre aujourd'hui 28 ce jour ajouté tous les quatre ans aux 365 habituels.

J'en suis à 18 depuis ma naissance en 1944 mais sans avoir connu alors ce jour supplémentaire puisque je ne suis né que le 28 juillet (soit dix-sept jours avant la Libération de Lignières-la-Doucelle !).

Le terme bissextile vient du latin et signifie « deux fois sixième » soit deux fois le sixième jour avant les calendes de mars dans le calendrier des Romains.

En fait, il s'agissait alors d'aligner au mieux le calendrier avec celui de l'année tropique qui dure 365,242198 jours (!) pour un cycle terrestre. Le calendrier julien, qui s'étendait sur 365,25 jours, avait engendré un retard d'une dizaine de jours en quinze siècles.

L'instauration ensuite du calendrier grégorien a permis de rattraper ce retard en supprimant des jours et de ralentir le rythme en retirant trois années bissextiles tous les 400 ans. Reste une légère erreur car il est basé sur 365,2425 jours... soit une différence de 3 jours tous les 10 000 ans !

Comment savoir si une année a été, est ou sera bissextile ? Elle doit être soit divisible par 4, mais pas par 100, soit par 400. Depuis l'avènement de l'ère chrétienne nous en sommes à 503 années de ce type.

La prochaine sera donc en 2016. Me trouverai-je encore ici ? En tout cas, j'ai voulu célébrer cet événement dans ma solitude d'aujourd'hui.

Samedi 1er mars

« Accomplir un acte remarquable vaut mieux que d'être remarqué », Eric-Emmanuel Schmitt, Les dix enfants que madame Ming n'a jamais eus.

Que de fois ai-je trouvé juste cette phrase appliquée à la constitution progressive de nos paysages !

Combien de générations de paysans ont dû durement œuvrer pour aboutir à de telles réussites !

Un paysage est la résultante d'un grand nombre de facteurs, préexistants, comme les sols et le climat d'un lieu, et apportés par le génie humain qui sait si bien tenir compte des contraintes, des impératifs, de ses intérêts et de ses propres qualités artistiques.

Preuve en est qu'avec des bases semblables voisines, les résultats sont bien différents. Et cela s'applique également à nos villages et à nos ensembles urbains. On parle ainsi de « Plus beaux villages de France », de villes remarquables, mais aussi de cités laides et de villages « où l'on n'aimerait pas vivre ».

Face à moi, la Haute-Mayenne est d'une beauté qui m'interpelle chaque fois que je la contemple et qui m'amène à rester en arrêt sur un détail qui m'avait échappé ou à tenter de deviner plus que ce qui m'est si généreusement offert.

Ces paysages qui mêlent harmonieusement bois, haies, prairies et labours, tiennent compte de toutes les difficultés rencontrées, des abrupts, des ruisseaux, des terres ingrates, des rochers et aussi des sols profonds et riches.

Il y a là une superbe et remarquable harmonie… qu'il faut prendre la peine de remarquer !

Dimanche 2 mars

Je vais consacrer cette journée qui s'annonce douce à mon petit étang. Mais avant, je commence par observer les poissons qui s'y trouvent et la meilleure façon de le faire est de jeter sur l'eau mon excédent de pain rassis dans les lieux « stratégiques » que je connais depuis longtemps : la zone la moins profonde et qui descend en pente douce depuis le nord-ouest et celle au voisinage du ponton, au nord-est. Les carpes, grosses surtout, se déplacent dans la première, de même que les petits gardons. Au voisinage de la seconde on trouve des « carpeaux » et des gardons de toutes tailles.

Je m'assieds sur le ponton afin de ne plus perturber par mes pas sur les berges la vie établie de cette pièce d'eau.

Rien n'arrive rapidement comme à la belle saison, puis, au bout de dix minutes, j'aperçois de faibles ondes sur le haut fond. Je m'en rapproche à pas feutrés et vois de petits gardons aux prises avec, pour eux, d'énormes morceaux de pain. Le calme d'avant revient et j'en connais vite la cause : une des plus grosses carpes a quitté la vase et « attaqué » le pain avec des bruits caractéristiques – une grande ouverture de gueule au moins en partie dans l'air, et qui se termine par un « clac » qui résonne. Elle va et vient, retourne, change de cible, s'enfonce, réapparaît et je vois sa tête, dont un œil, à la surface de l'eau.

Assis sur l'herbe encore très humide je contemple son territoire. Au bout d'un bon quart d'heure plus rien de mes apports ne subsiste.

En ce début mars, les activités ont déjà bien repris ici !

Lundi 3 mars

Après mes observations d'hier matin, je n'ai pas résisté à l'appel d'un long tour en barque, essentiellement en me laissant dériver, me contentant de repousser la berge lorsque je reste coincé. Malgré la fraîcheur, j'ai adopté le plus souvent ma position favorite, allongé sur mon esquif pour contempler le ciel, les branches tout autour et la lumière si changeante à chaque instant. Peu de bruits alentour à part ceux venant de quelques merles curieux et de nombreuses mésanges jaunes allant, avec une activité fébrile, de branche en branche.

L'entretien que je projetais d'effectuer sera pour l'après-midi après un repas que je prendrai sur la terrasse.

Entretien est un bien grand mot. De quoi s'agit-il ?

D'abord d'arracher les plantes, surtout les joncs, qui envahissent les bordures là où l'eau est la moins profonde. Je n'ai toutefois pas à me plaindre car, depuis près de vingt ans maintenant, l'extension reste maîtrisée, aidé aussi que je suis par les grosses carpes qui viennent « fourrager » les après-midi chauds d'été et constituent de précieux auxiliaires. Ensuite, essayer de consolider les berges, attaquées en permanence par les ragondins et fragilisées par la disparition des racines des plantes qui meurent et les vaguelettes qui les heurtent, poussées par les vents.

Il est d'ailleurs frappant de comparer des photos du début à de plus récentes et à l'aspect actuel pour constater la vitesse du phénomène en vingt ans : ce qui est au nord a perdu plus d'un mètre et la terre tombée a puissamment contribué à l'envasement et donc à la réduction de profondeur.

J'essaye de prévenir : je tasse la terre et je déplace les mottes en équilibre. Près du déversoir, je réajuste des planches grossières tenues par des piquets courts.

Et il faudra bien un jour songer à vidanger puis retirer vase et terre du fond.

Mardi 4 mars

Mes activités à l'étang m'ont amené à réfléchir – et donc d'abord à lire – à un sujet qui n'est pas l'un de ceux qui me passionnent le plus : la pisciculture et son rôle dans l'alimentation humaine pour une population qui atteindra probablement 9,5 milliards de personnes dans trente-cinq ans, avec une proportion accrue de protéines animales. J'y ai trouvé beaucoup d'intérêt.

Aujourd'hui, les produits aquatiques représentent 30 % des produits carnés utilisés, ce qui est considérable et les projections à 2050 font état d'une hausse à venir proche de 60 % ce qui n'est pas sans poser de questions car la pêche, maritime pour l'essentiel, n'est plus apte à accompagner cette croissance, les captures déclinant depuis plus de trente ans.

Contrairement à celle-ci, l'aquaculture (culture de plantes et élevage d'animaux) est en pleine expansion au niveau mondial, notamment depuis le début des années quatre-vingts et représente aujourd'hui près d'un produit aquatique sur deux consommés par les humains. On s'en rend aisément compte en faisant nos courses, et pas seulement aux rayons saumon frais et fumé…

Toutefois, ce chantier est considérable car les connaissances sont encore lacunaires, même si les recherches se développent vite, et le nombre d'espèces de poissons utilisées est trop limité.

De façon générale, les développements à venir devront s'adapter à des exigences croissantes sur le plan environnemental avec deux défis majeurs : celui d'une alimentation aux performances optimisées et à des coûts compétitifs, et celui d'une meilleure intégration de la production avec l'épineux problème du rejet direct des effluents dans la nature.

Beaucoup de questions sont posées… sur un sujet majeur pour l'avenir de la planète.

Mercredi 5 mars

Vers dix heures ce matin, j'entends de la terrasse des voix d'enfants qui se rapprochent. Une petite troupe avance sur le chemin en provenance de la route de Couptrain. Ils sont maintenant très proches et je note une quinzaine de filles et de garçons d'âge scolaire guidés et escortés par trois dames.

Cela fait drôle toutes ces voix joyeuses à ma proximité immédiate…

Aussi je m'avance vers le groupe qui paraît surpris de ma présence près d'eux avec en fond la cabane. Que pensent-ils ?

Il s'agit, en cette période de congés, d'une sortie d'un centre aéré de La Ferté-Macé en « découverte nature ». Je propose mes services qui sont acceptés pour expliquer les caractères de l'endroit où le groupe se trouve.

J'essaye de me mettre à la portée de tous – à la manière d'un instituteur à classe unique d'il n'y a pas encore longtemps – pour présenter le pourquoi du relief, l'histoire agricole puis forestière de ces terrains, la flore si pauvre et la faune que l'on n'identifie pas au premier coup d'œil. Je reste bref mais déjà les accompagnatrices doivent faire un peu de discipline. Dommage !

Et point de questions…

Il est loin le temps des « leçons de choses » de notre enfance, si décriées ensuite par les didacticiens « modernes », grâce auxquelles on découvrait par la méthode expérimentale appuyée sur l'observation attentive…

Certes ces enfants me dépassent plus que largement en informatique… et en jeux vidéo, mais ont-ils encore les pieds sur terre ? Quelle est leur conscience des réalités qui les entourent ? C'est pour moi inquiétant. À suivre dans leur vie future… s'il en est encore temps !

Jeudi 6 mars

Ayant été une dizaine d'années enseignant agrégé d'économie dans le secondaire, j'estime assez bien connaître de l'intérieur l'énorme machine que constitue l'Education nationale en France.

J'ai retiré de mon passage – exclusivement en Zone d'éducation prioritaire, à ma demande – deux grands constats : tout d'abord, le système est accessible et profitable à tous ceux qui le souhaitent et constitue une réussite majeure et indéniable de la République ; ensuite, vu son étendue géographique et thématique, ses effectifs enseignants et autres, sa lourdeur et l'énorme poids des habitudes de celles et ceux qui y œuvrent (il n'y a pour s'en persuader qu'à écouter les échanges en « salle des professeurs »), les changements, qu'il y a lieu d'y opérer, ne serait-ce que pour accompagner, à défaut de précéder, l'évolution sociétale, sont très difficiles à « faire passer » puis à mettre en place. Ce second point est toutefois moins vrai dans le primaire.

Une anecdote entre mille : enseignant l'économie en première et terminale, j'ai un jour proposé de dispenser mon enseignement en espagnol en remettant préalablement des glossaires des mots et expressions de la matière. Mon objectif était de faire enfin parler des élèves plus motivés par la conversation que par l'âge de la belle-mère de Cervantes ! Tollé immédiat… des enseignants d'espagnol qui indiquent à l'Administration qu'ils accepteraient si je réussissais l'un des concours en la matière. Et pourtant, j'avais enseigné dans cette langue pendant deux ans à l'Université de La Havane !

J'ai en conséquence renoncé mais pas à intervenir fréquemment en espagnol et en anglais !

Sanction rapide au travers de l'appréciation annuelle de ma manière de servir sous les termes suivants : « Excellent élément mais quand même un peu dissipé ». J'avais alors 56 ans !

Et cet exemple est un détail, comparé aux tentatives de plus de conséquences faites spécialement par des Jeunes. Gare à l'avis et aux sanctions des Inspecteurs tout-puissants pour l'avancement !

Vendredi 7 mars

Matinée de travail au potager.

Même si le temps a été plutôt doux depuis les premiers semis, rien n'a encore levé. Aujourd'hui, je prépare cinq planches destinées à recevoir des graines sans attendre : des pois lisses « Serpette », ridés « Lynx » et mange-tout « Géant suisse », des fèves « Séville longue cosse » et « Aguadulce » pour moitié et de la mâche « Vitt » qui est l'une des variétés poussant en toute saison et résistante à la montaison. Par sécurité, et n'ayant pas de grillage, je dépose sur ces emplacements des branches basses de pins coupées au voisinage sur des sujets encore jeunes, sauf sur les pois lisses que je recouvre d'un tunnel plastique apporté avec mes bagages.

Il est temps aussi d'appliquer les façons superficielles aux emplacements où je planterai sous dix jours mes pommes de terre soit environ soixante mètres carrés. D'où un énergique griffage à la fourche qui permet de faire remonter des racines restantes et des pierres, suivi d'un ratissage soigné qui précède la formation de légères buttes en lignes destinées à recevoir bientôt les semences auxquelles il est préférable d'offrir un sol ressuyé.

J'avais apporté trois variétés : Early rose pour sa précocité, Ratte en raison de son goût et ma « chouchoute » « Institut de Beauvais », avec les inimitables purées et potages qu'elle me permettra de préparer à la mauvaise saison. Je dispose de cent tubercules de chacune des deux premières et de deux cents de la troisième, mis sur des cagettes à la mi-février et que je protège ou non selon la température extérieure en surveillant aussi d'éventuels dégâts de rongeurs lorsque les contenants sont placés sous ma cabane.

Je devrais ainsi disposer de pommes de terre de la mi-juin jusqu'au-delà de la fin de mon séjour.

Samedi 8 mars

Même si j'ai décidé, depuis peu il est vrai, de laisser mes bois en totale liberté naturelle – c'est-à-dire en réserve intégrale –, cela ne m'empêche pas d'y réaliser quelques travaux de propreté et d'entretien.

Après chaque hiver, des pins ont chuté sous des coups de vent et certains, surtout les hauts et maigres ayant poussé trop serrés, restent penchés avec leurs racines en partie arrachées. Leur nombre varie beaucoup selon les années, les tempêtes et leur propension à tomber. Cette année, il y en a eu cinq que je finis d'abattre puis de tronçonner en fragments de 80 cm laissés en tas sur place de même que les branches qui mettent au moins une dizaine d'années à être réduites tout en hébergeant une faune importante et utile à l'équilibre de ce milieu.

L'ensemble, effectué en deux journées, représente un petit cinq stères qui pourront servir à mes éventuels successeurs… ou à moi-même !

Placés en sous-bois, les résineux doivent être consommés sous cinq ans. Après, ils pourrissent vite mais la relative résistance, vingt ans après leur abattage, d'un ensemble d'une vingtaine de stères disposés pour construire un fortin avec des meurtrières à mon fils et ses amis, me surprend… Certes, ils ne brûleraient plus aujourd'hui et les tas s'affaissent progressivement tout en gardant leurs formes.

Quant à l'entretien, il se réduit à la coupe des branches basses des châtaigniers qui constituent, après de nombreuses plantations de jeunes arbres issus de semis locaux, un sous-étage important, et au dégagement de ronces et de fougères qui gênent mes parcours habituels ou de jeunes plants.

Dimanche 9 mars

Au cours des dernières semaines, je me suis livré à une tâche entreprise il y a longtemps mais loin d'être alors achevée : une cartographie de ma parcelle. Mon ambition de départ était grande : géolocaliser chaque arbre important en me servant de la fonction *ad hoc* de mon portable... et de mon mètre-ruban, mesurer sa circonférence à 1,20 m du sol et en déduire son diamètre, estimer sa hauteur par triangulation et dresser les contours de son houppier.

Devant la difficulté à obtenir des éléments fiables pour ces derniers, j'ai décidé de ne pas m'y attacher, au moins pour l'instant. Une fois les autres mesures réalisées, il y a un gros travail de report précis sur le plan cadastral, travail non encore achevé mais bien avancé.

Je disposerai en conséquence d'une cartographie très précise en essence, taille, volume et importance puisque j'ai ajouté une note comprise entre 1 et 5 pour la vigueur et le développement de chacun.

Il sera aisé, avec ces éléments, de suivre les évolutions futures, par exemple tous les cinq ans.

Outre les pins, maritimes et sylvestres, et les chênes pour l'essentiel au voisinage des trous d'obus, j'ai répertorié l'essentiel des châtaigniers ainsi que des bouleaux en notant les pousses d'avenir avec leur position.

Après calculs sur chaque arbre, j'en ai déduit très précisément les stocks sur pied. Ce qui m'a surpris c'est que le résultat global n'a été que légèrement en retrait de mon évaluation visuelle que j'avais établie à 280-300 m^3 par hectare.

Lundi 10 mars

Mes calculs des bois sur pied aboutissent à 580 m^3 sur 2,3 ha soit une moyenne toute théorique de 252 m^3 par hectare.

Les pins en représentent 82 % avec deux classes bien différentes : les maritimes, bien répartis, sont en fin de vie – environ un siècle – et présentent des volumes importants, de l'ordre de deux m^3 pour les plus grands, avec une forte proportion manquant de vigueur ; les sylvestres, denses à des endroits, âgés de 70 à 80 ans pour beaucoup, se trouvent en bon état végétatif et sanitaire. Les seconds représentent 70 % du volume total des pins.

Les châtaigniers sont modestes en taille : à part quelques spécimens à l'entrée nord-ouest, la plupart ont moins de vingt ans et serviront un jour à préparer des piquets. Ils sont inégalement répartis mais il y a beaucoup de jeunes et très jeunes issus de mes semis.

Les bouleaux sont fréquents et de diamètre limité, souvent sinueux car ils ont recherché la lumière sous le couvert des pins. Ils correspondent à 12 % de la réserve.

Quant aux chênes, leurs volumes cumulés sont anecdotiques. À noter que je n'ai pas compté la dizaine de gros et sans doute très vieux qui se trouvent au sud, en limite incertaine de propriété. Ils ont probablement été longtemps conduits en « têtards » et ébranchés en conséquence. On ne peut pas vraiment parler pour eux de fût car leur tronc utile cesse à trois-quatre mètres. Ils constituent les vestiges de la rencontre entre un ancien pré et un bois spontané.

Et puis, j'ai relevé un douglas coincé entre deux pins et quelques érables champêtres qui ont bien du mal à se développer ici.

Mardi 11 mars

Quelle devrait être la gestion forestière de cette parcelle si j'avais décidé de ne pas en faire une « réserve » ?

C'est très simple : faire pratiquer, comme récemment par mon voisin de l'autre côté du chemin, une coupe de tous les pins maritimes et d'une petite moitié des sylvestres. Puis replanter en résineux et châtaigniers là où les vides sont importants. On pourrait tenter des « Douglas » dont une plantation, plus haut dans le massif, remontant à une trentaine d'années, conduit à des arbres de qualité, régulièrement ébranchés et dont les individus mal venus et d'éclaircie servent à produire du bois d'industrie.

Disons, en arrondissant vraiment, que 300 m^2 de bois d'œuvre pourraient être obtenus… après un siècle de nature libre et sans feu subi… ou presque !

Sur une base moyenne de 20 euros le m^3, ce seraient 6 000 euros que je recevrais, soit un revenu annuel sur un siècle de 60 euros ou, en rapportant à l'hectare, de 26 euros ! Bien peu, mais avec un entretien très faible limité aux arbres tombés et avec quelques prélèvements au fil du temps comme ceux que j'ai opérés pour me chauffer en dégageant les surfaces nécessaires à mon potager et à l'implantation de ma cabane.

C'est un résumé ici des difficultés à entretenir puis exploiter des surfaces modestes au parcellaire souvent enchevêtré et à la population d'arbres venus spontanément et irrégulièrement, avec des espèces peu productives.

Une forme de « cueillette »... au résultat à très long terme.

Mercredi 12 mars

Je n'ai pas évoqué la possibilité d'exploiter le tout en bois d'industrie. Deux raisons à cela : il serait bien dommage d'utiliser de la sorte du bois d'œuvre qui représente une grosse moitié de l'ensemble et le coût de la main-d'œuvre pour une telle opération dépasserait le prix de vente des stères vendus « bord de route ». Le seul avantage serait la netteté du terrain permettant une plantation en conifères adaptés, ce qui n'est pas du tout mon option.

Soyons maintenant réaliste : peut-on vivre, au niveau énergétique, en circuit fermé sur un tel territoire ?

Compte tenu du sol, des endroits clairs et des peuplements actuels, on peut espérer une croissance annuelle de 2 % et c'est une hypothèse favorable, ce qui conduit à 11,6 m^3 que l'on arrondira à 10 m^3. Selon mon expérience de deux mois et demi, sans froids longs et importants, je suis plutôt dans une dynamique annuelle de consommation de 15... stères, ce qui fait nettement moins en m^3, autour de 10. Sont disponibles en plus les branches et arbres qui chutent, mais ces derniers sont compris dans le stock. Comme il n'est pas envisageable de transformer mon installation précaire en habitation nettement mieux isolée pour des raisons légales, l'affaire est donc tout à fait possible : sans toucher au volume total de bois, l'utilisation année après année de l'équivalent de la croissance naturelle permettrait de vivre sur ce plan en autarcie.

C'est ce que j'espérais antérieurement à mon installation et avant les mesures précises effectuées. Robinson pourrait perpétuellement se chauffer et faire cuire ses aliments !

Jeudi 13 mars

Il m'apparaît également que l'indépendance énergétique de ce lieu de vie pourrait être recherchée et complétée par les deux autres sources que j'utilise déjà : le photovoltaïque et l'éolien. Pour cette année de vie solitaire, je couvre mes besoins mais qu'en serait-il d'une famille qui voudrait tenter l'expérience avec des conditions de vie moins spartiates ? Il faudrait produire plus et plus régulièrement dans la complémentarité des origines. Avec quels investissements ?

Côté photovoltaïque, il y a deux possibilités : recouvrir entièrement le toit de la cabane face au sud, ce qui assurerait la fourniture d'eau chaude et permettrait une alimentation de nombreuses lampes, voire, pour le *fun*, de projecteurs éclairant la forêt afin de signaler – pourquoi pas – le potentiel d'une vie en autonomie ; installer sur une fraction du potager, là où la lumière pénètre le mieux, des panneaux au sol comme cela se pratique maintenant largement sur des terres agricoles de zones bien ensoleillées. Un simple fil à même le sol ou légèrement enfoui serait à tirer jusqu'à la cabane, ce qui ne constituerait pas un gros problème.

On pourrait choisir l'une ou l'autre des possibilités car les besoins seront limités par d'autres contraintes avec, au premier chef, celle de l'arrivée de l'eau pour, par exemple, installer un lave-linge.

Ce serait alors un passage insensible à une vie rentrant dans celle de la collectivité et de ses contraintes, ce qui n'est absolument pas le but recherché avec mon installation.

Vendredi 14 mars

Se tourner vers un recours à un éolien plus structuré est l'autre solution. Afin de ne pas être confronté aux questions d'autorisation et de respect de l'environnement, il faudrait faire appel à l'un de ces modèles qui atteignent douze mètres et que l'on voit fréquemment au voisinage des habitations ou portés par un mur latéral. Les mêmes que l'on trouve aujourd'hui dans les zones non desservies par l'opérateur national pour des raisons d'isolement ou de grandes distances comme en montagne.

Les engins offerts sont fiables, silencieux ou presque et aisément arrimables par quelques câbles.

Douze mètres, c'est une hauteur comparable à celle de la canopée des pins qui m'entourent, un peu en dessous toutefois. Deux lieux d'implantation seraient possibles : au sein de la zone de mon potager, avec pas mal de turbulences causées par le couvert forestier alentour, un peu plus élevé ; en bordure de mon territoire, là où la pente est grande. Il faudrait alors retirer quelques arbres afin d'éviter les risques de chutes éventuelles et de contrecarrer les tourbillons qui ne manqueraient pas de se produire. Je pencherais pour cette seconde possibilité, plus sensible aux vents si fréquents venant frapper ce rebord et plus proche du lieu de vie.

Des solutions existent donc, faciles à mettre en œuvre et complémentaires, autorisant une fraction au moins du chauffage nécessaire.

Avec quels coûts ?

Samedi 15 mars

Les investissements induits par la mise en œuvre de l'une ou l'autre des solutions sont peu comparables dans la mesure où le recours à une éolienne à rendement conséquent n'est pas fragmentable alors que l'utilisation de panneaux solaires dépend pour une large part du nombre d'unités retenues.

À périphériques équivalents – onduleur, câbles, installations – et en se limitant à la couverture de la cabane, la première possibilité s'élèverait autour de douze mille euros et la seconde vers six mille, assurant, outre un éclairage conséquent, la fourniture d'eau chaude et une bonne partie du chauffage, en demi-saison au moins. Mais, en dehors de la mauvaise période, il y aurait un excédent conséquent qui ne pourrait être revendu au Distributeur national pour cause de non-raccordement au réseau. Cette électricité produite serait perdue et aboutirait à une résistance enfoncée par exemple dans l'étang sans aucun profit.

Au total, pour mener une telle vie isolée, la meilleure solution consiste à utiliser la quinzaine de stères par an qui correspondent peu ou prou à l'accroissement naturel de la parcelle, et à ajouter quelques panneaux solaires sur le toit, permettant de sécuriser la production d'électricité lorsque le petit éolien mis en place avant mon arrivée ne fonctionne pas. Un investissement de deux voire trois mille euros, serait ainsi amplement suffisant.

Un ensemble fort simple, à la lumière de ce début d'expérience, sauvegardant une vie en autarcie avec un confort et une sécurité accrus.

Dimanche 16 mars

« Nous avons regardé le gazon en question – une ligne de démarcation très nette soulignait l'endroit où les mèches en désordre du mien cédaient la place à la coupe impeccable du sien », Francis Scott Fitzgerald, Gatsby le Magnifique.

Fitzgerald décrit des observations faites dans une banlieue huppée de New York, mais ces « mèches en désordre », c'est-à-dire un gazon mal entretenu viennent de me suggérer une nouvelle expérimentation sur place.

De quoi s'agit-il ?

D'étudier le comportement d'une pelouse-prairie implantée sur le sol de mon bois mais à découvert en notant son évolution et surtout sa colonisation par des végétaux herbacés puis ligneux afin de répondre à la question : quelle est l'évolution d'une prairie ni fauchée ni pâturée dans cet environnement plutôt hostile ? Ou, dit autrement, que s'est-il passé il y a un siècle au niveau de ce territoire lorsque mes prédécesseurs ont arrêté – avec puis après la Guerre – d'exploiter ce milieu pour et par leurs animaux ?

Je rencontre plusieurs contraintes : retenir un endroit non perturbé, et c'est pour cela qu'une partie de mon potager ne convient pas, disposer d'une surface au soleil, et réaliser un essai d'une ampleur suffisante que je situe arbitrairement à un are.

Les possibilités sont peu nombreuses et je me fixe sur la partie dégagée au nord-est du potager qui n'a reçu ni apport de terre complémentaire ni fumure minérale.

Vu la date, il me faut aller vite et, dès ce matin, je commence à bêcher cette relativement grande parcelle préalablement délimitée.

Lundi 17 mars

Comme je ne dispose pas de semences, je mettrai jeudi un mot à mes commissionnaires afin qu'ils me rapportent ce qui me convient – s'ils le trouvent – la semaine suivante. Il sera alors tout à fait temps de semer.

Quelles espèces choisir et en quelles proportions ? Un court déplacement m'est nécessaire vers le petit pré du voisinage récemment planté en châtaigniers. Évidemment, ce n'est pas le moment de l'épiaison et je dois chercher dans mes souvenirs pour relier les caractères de feuillages assez anonymes, au moins à des genres. Je suis aidé par quelques touffes de foin à la fois humide et desséché, restées en bordure lors de la dernière fenaison il y a deux ans.

Je note des fétuques (lesquelles ?), du mélilot, un peu de ray-grass et encore au sol du trèfle rouge.

À l'heure de la rédaction drastique du nombre d'espèces de plantes fourragères utilisées par nos agriculteurs, je pense qu'il sera difficile de trouver ce que je souhaite à la coopérative « Agrial » de Carrouges. Néanmoins je laisserai les noms précédents aux bons soins de ceux qui chercheront et se rabattront peut-être sur un mélange à gazon pour endroit moyennement ombragé. J'insiste sur des fétuques et du trèfle rouge.

En attendant, je poursuis mon labour et j'émiette bien, vu le moment, les mottes qui recevront bientôt ces « petites graines ».

Mardi 18 mars

Le protocole expérimental que je suivrai sera fort simple et essentiellement qualitatif : après le semis, sous dix jours, suivi de plusieurs roulages compte tenu de la légèreté du sol, je ferai, après épiaison, un décompte par tache et par espèce pour les poacées et une estimation de l'extension spatiale du trèfle et du mélilot, mais tout dépendra des semences que j'aurai reçues. Ensuite, je faucherai l'ensemble en effectuant une estimation du poids récolté après séchage.

Comme il y aura un « regain » et que je ne pourrai pas le faire pâturer par des animaux de rente, je libérerai autant que nécessaire mes poules qui feront vite la différence entre ce lieu et ses abords. Il y aura ainsi à la fois fumure en fin d'été - début d'automne et consommation de la seconde production.

Les années suivantes, j'effectuerai les mêmes mesures en notant les nouvelles plantes apportées par les vents et les oiseaux. Il n'y aura sans doute plus les poules !

Et ainsi de suite avec l'apparition progressive des bruyères et callunes, des ajoncs et de quelques semis d'arbres, pins et châtaigniers probablement, le tout accompagné de la dégradation progressive de la « prairie » initiale... et longtemps après sa disparition reconstituée.

J'estime aujourd'hui que, sous dix ans, le milieu naturel aura repris ses droits. On verra bien !

Mercredi 19 mars

Depuis bientôt trois mois, le seul lien qui me relie au monde – à part mes commissionnaires du jeudi que je ne croise jamais selon notre convention – est le téléphone portable dont je dispose mais à n'utiliser qu'en cas de nécessité impérative pour un motif de santé par ma famille ou moi-même, par exemple en cas de blessure ou d'urgence médicale.

Avant de m'isoler, j'avais prévenu mes relations amicales et professionnelles que je ne répondrais pas à leurs sollicitations au cours de l'année à venir et qu'elles ne recevraient pas de mes nouvelles.

Je recharge mon appareil régulièrement afin qu'il demeure fonctionnel et j'ai pris l'habitude de l'interroger chaque soir afin de connaître une importante difficulté éventuelle, ce qui n'a pas été le cas jusqu'à maintenant. J'ai supprimé, sans les écouter, les quelques messages reçus et je m'empresse, après consultation, de ranger dans mon placard ce téléphone dont la vue me rappellerait ce que je n'aime pas du tout dans cette révolution de la communication qui nous environne et nous rend dépendants : le fait de ne plus pouvoir se sentir sans lien immédiat avec le monde proche, le plus souvent, ou lointain.

Il n'y a d'ailleurs qu'à tendre l'oreille autour de nous, dans la vie de tous les jours pour s'en persuader : que de conversations tournant autour de choses de peu d'importance à mon sens comme des nuages qui arrivent, une « amie » qui a refusé de répondre ou un « chef » ayant fait une réprimande pour absentéisme répété !

Je ne nie pas, bien sûr, la nécessité en cas d'urgence et là, l'engin représente un précieux progrès... à utiliser avec modération !

Ici, je ne regrette absolument pas cette absence de « cordon permanent » et je constate chaque jour que je vis mieux ainsi, le réservant à d'éventuels événements plus importants.

Jeudi 20 mars

Cela fera bientôt dix ans que j'ai quitté mon activité professionnelle mais je rencontre au quotidien à l'Académie d'Agriculture – dont je me suis mis en « congé temporaire » en 2014 – ce qui a été depuis longtemps pour moi une source d'incompréhension et d'interrogation : l'usage raisonnable à défaut d'être raisonné des moyens modernes de communication face auxquels les personnes de ma génération ont du mal à trouver une position.

Résumons : lorsque commence une journée, je suis assailli – le terme n'est pas trop fort – par le téléphone fixe, les portables personnel et professionnel, le fax et la consultation de mes « mails » arrivés pendant la nuit, au bas mot une trentaine. Je ne suis peut-être pas d'une efficacité exemplaire mais la simple consultation de ces messages et les réponses auxquelles je dois procéder me prennent, au bas mot, une petite heure souvent perturbée par les sonneries des téléphones. C'est beaucoup... d'autant qu'il y a aussi ce bon vieux courrier pas composé uniquement de propositions publicitaires !

Et encore j'ai de la chance car je ne suis pas adepte – pour l'instant ? – des « réseaux sociaux » riches d'« amis » et de « murs » auxquels je ne devrais pas rester insensible...

Soyons sérieux : il n'est pas « normal » d'être immergé dans une telle frénésie dont l'« extrait sec » est souvent peu conséquent.

Ce soir, je médite sur la solution à trouver – mais en existe-t-il une ? – pour ne pas être projeté contre mon gré dans un tourbillon qui n'en finit pas... tout en restant « connecté » à la « réalité » qui, elle, s'en moque.

Des branches heurtent mon toit. Je retrouve le concret et la simplicité...

Vendredi 21 mars

Il fait doux en ce lendemain de printemps officiel et j'en profite pour effectuer la plantation de mes pommes de terre dont les germes sont maintenant bien développés mais demeurés trapus. L'opération me demande peu de temps car le terrain a été récemment préparé. Il ne me reste qu'à ouvrir les quatre cents trous à l'aide de la serfouette, à y déposer les plants et à recouvrir. Tout est achevé bien avant midi.

En plantant tôt pour la région, c'est un pari que je fais sur l'absence de gelées significatives durant la seconde quinzaine d'avril quand apparaîtront les premières tiges, car je ne dispose d'aucun moyen de protection à mettre en place le cas échéant.

Curieuse histoire que celle de ce tubercule – un fragment de tige protégé ensuite par le buttage – à l'usage vulgarisé il y a seulement un peu plus de deux siècles, mais arrivé à la fin du XVIème siècle en Europe et auquel on prêtait alors des vertus néfastes à la santé !

Et, en peu d'années, il a vraiment modifié les habitudes alimentaires et largement contribué à éloigner les disettes si fréquentes, au moins jusqu'à ce que la survenance du mildiou, dû à *Phytophthora infestans*, et ses effets catastrophiques obligent à trouver de relatives parades non sans avoir causé indirectement et au préalable un nombre considérable de décès, spécialement en Irlande, et entraîné une émigration conséquente vers les États-Unis.

Aujourd'hui, même si les « patates » sont souvent achetées, il n'y a pas un jardin potager digne de ce nom qui n'en comporte au moins une planche, leur culture demeurant en quelque sorte sacralisée.

Samedi 22 mars

Comment parler de pomme de terre sans évoquer la personnalité hors norme d'Antoine-Augustin Parmentier ? Grande figure de l'École républicaine, celui-ci a traversé les générations comme le découvreur du célèbre tubercule. Or, il n'en est rien, mais ce bienfaiteur de l'humanité, visionnaire et missionnaire de l'agriculture, aux compétences très larges, en aura été le propagandiste zélé et décisif.

On se souvient de ses expériences de culture de cette solanacée dans la plaine des Sablons et des gardes qu'il faisait placer autour le jour… mais pas la nuit afin que la population, intriguée et attirée, puisse venir dérober des tubercules pour les consommer, voire en replanter l'année suivante. Une réussite « *marketing* » extraordinaire, encouragée par Louis XVI lui-même qui portait des fleurs de pomme de terre à sa boutonnière et, avec lui, la Cour.

La voie était tracée et le succès du tubercule assuré.

Parmentier lui-même fuyait les honneurs et restait sur sa réserve. Travailleur infatigable, il expérimentait d'abord et puis confrontait ses résultats à ceux des autres avant de les publier. Il sera membre de l'Académie d'Agriculture de l'époque puis de l'Académie des Sciences. Ses nombreuses publications sont des prises de position, des plaidoyers, présentés sous un langage simple et direct, selon un plan « scientifique », et avec des conclusions argumentées et pratiques.

À la fin de sa vie, en 1813, il aura eu l'ultime satisfaction de constater l'introduction de la pomme de terre dans l'ordinaire des soldats de Napoléon !

Merci Monsieur Parmentier pour tous vos apports aux habitants de notre planète !

Dimanche 23 mars

« Tout est normal » !

La lecture des pages de « faits divers » de mon hebdomadaire favori me consterne tellement que j'ai décidé de ne plus m'attacher du tout à elles. Pourquoi ?

Je fais partie d'une génération, certes ancienne aujourd'hui, qui a été élevée et éduquée dans sa famille ainsi que par l'École républicaine, dans le respect de la Loi et de ses applications, ce qui équivalait à peu près à « non-respect égale sanction ». Dit autrement, des « règles du jeu » existent qui peuvent, certes, être transgressées mais aux risques et périls de la personne qui se le permet. Je dois constater que ce système fort simple, et je dirais « naturel », a bien fonctionné dans notre pays même si certains ont toujours voulu l'ignorer et si d'autres bénéficient de protections… révoltantes à divers titres.

Depuis une quarantaine d'années peut-être, on a pu noter un changement radical des mentalités sur cette question avec l'apparition de « Monsieur / Madame Jepermetstout » mettant systématiquement en avant le « Il faut comprendre… » et rendant la société responsable du divorce lointain des grands-parents, de l'incompréhension dont a fait preuve un jeune travailleur ayant déserté son poste, des raisons qui ont conduit un conducteur à boire beaucoup trop et à tuer ensuite des innocents, de ce qui pousse un chômeur à dérober des câbles électriques ou encore de vouloir « une vie meilleure » en se livrant à un trafic de stupéfiants…

En résumé, toute situation délictuelle, voire pis, a une ou des cause(s) qui justifie (nt) ce qui s'est passé. C'est sérieusement à méditer !

Lundi 24 mars

Morceaux choisis dans une édition régionale récente.

« En défaut de permis et d'assurance, le conducteur a percuté la voiture d'un fonctionnaire de police. […]. Le jeune homme a également présenté une fausse identité […]. Il écope d'une comparution sur reconnaissance de culpabilité. ».

« Condamné à 18 mois de prison […], l'homme s'était soustrait à la peine prononcée par le juge ».

« Le ferrailleur s'offre ainsi plusieurs maisons, motos, voitures… Il est accusé d'avoir écoulé jusqu'à [près d'un million d'euros] de métaux, le tout sans déclaration aux impôts ». « Il s'agissait d'une pratique assez courante avant que les règles ne se durcissent » plaide l'avocat.

« Alors qu'il circulait sur le [...], le jeune homme a été flashé à la vitesse de 164 km/h au lieu de 80 [...]. En conséquence, un arrêté de suspension va être pris par la Préfecture ».

« ... ce conducteur d'un ensemble routier [...] a perdu le contrôle de son chargement [?] [...]. Après avoir mordu la berne, le poids lourd a fini couché dans le champ voisin, la remorque en travers de la chaussée [...]. Le conducteur n'a pas été blessé ». C'est effectivement, et de loin, le principal !

Que de délits qui ont souvent des conséquences dramatiques de divers ordres, mais qui sont évoqués avec dérision et surtout indulgence contenue !

Et on nous annonce qu'en 2017 plus personne ne pourra être condamné puis retenu en dehors de la société pour de tels agissements qui vont des coups et blessures volontaires, aux trafics importants de stupéfiants en passant par la détention d'armes de guerre. Une perspective qui peut inquiéter...

Mardi 25 mars

Retour au potager en cette douce matinée de début de printemps.

Les premiers semis effectués en février commencent à lever : je distingue bien les lignes de poireaux avec leurs pousses verticales contrariées dans leurs parties hautes, les plantules de mâche et leurs pré-feuilles étalées et le cerfeuil qui forme un rideau continu d'un vert très tendre. Pour le reste, il me faudra attendre, notamment avec le persil pour lequel un dicton indique que quarante jours sont nécessaires. J'ai cependant maintes fois noté qu'avec un trempage préalable d'une journée, un petit mois à peine suffisait. Pour cette aromatique, c'est le semis à la bonne époque qui compte surtout.

Attendons les autres qui ont besoin de plus de chaleur !

Pour un jardinier, une telle « terre de bruyère » est une véritable aubaine : elle est légère, douce au toucher, très facile à travailler même trempée, réagissant bien au tassement... bref, toutes les façons culturales qu'on lui applique sont aisées à pratiquer et les récoltes n'y posent jamais problème.

Certes, ici, en l'ayant « amendée » avec la vase terreuse apportée de mon autre étang, elle est plus consistante, ce qui était le but recherché, mais reste facile à utiliser. Elle a de gros défauts en cas de sécheresse prolongée.

Je verrai bien cet été si les produits sont à la hauteur de mes espérances, d'autant que des arrosages conséquents, sauf ceux de nouveaux semis, seront difficiles pour une raison d'éloignement de l'étang.

En attendant, je suis heureux de constater toutes ces promesses d'avenir éclairées d'un soleil déjà fort.

Mercredi 26 mars

En descendant vers les « montagnes russes », je me trouve face à un petit rond de champignons blancs que je ne sais identifier. J'en coupe un que je hume : il sent « le champignon » et rien de plus et sa couleur nacrée ne change pas.

Je continue mon chemin en évoquant les fongi que l'on ne savait pas cultiver auparavant et qu'on offre aujourd'hui dans les jardineries sur des substrats simples à utiliser.

J'en viens à faire un rêve qui deviendra peut-être un jour réalité avec les changements climatiques : une extension jusqu'ici de la zone de production de truffes. Pourquoi pas ?

On sait que ces champignons mythiques, divers, magiques ou aphrodisiaques sont très appréciés des gourmets et que leurs prix, en Périgord, en Piémont ou ailleurs sont très élevés.

Ils ont été « Cultivés » de manière empirique depuis le XIXème siècle avec une production de 1 500 à 2 000 tonnes en 1910… et seulement de 60 actuellement, et on se perd pour expliquer cette chute vertigineuse entre les savoir-faire et les bons sens paysans oubliés, et les savoirs scientifiques si développés aujourd'hui. En effet, après l'empirisme de jadis, des organismes de recherche et universitaires, souvent associés, appliquent maintenant toutes les techniques modernes de mycorhization contrôlée et de la génomique. Grâce à des relais dirigés par des « *start up* », des plantations à grande échelle de plants truffiers (de l'ordre de 1 000 ha par an !) et l'amélioration des techniques de gestion concourent à une timide remontée de la production mettant en valeur des zones difficiles et souvent de déprise agricole.

Ici dans vingt ou trente ans ? Raison de plus pour conserver mes petits chênes et mes noisetiers !

Jeudi 27 mars

La notion de responsabilité individuelle a toujours été pour moi majeure et les personnages créés et idées développées par mes auteurs favoris, Chateaubriand, Céline et Camus vont dans ce sens. Et c'est pour cela que je les ai choisis, lus, relus et médités.

Je porte trop haut la liberté personnelle et le libre arbitre pour ne pas attacher un grand prix à ce qui en découle.

J'avoue être atterré par le comportement de trop de mes semblables qui noient leur irresponsabilité dans la structure qui les emploie et souvent même dans le système sociétal.

D'où le cri en réaction que l'on entend si souvent : « Alors, personne n'est responsable ! ».

Qu'il s'agisse d'une réparation avec pourtant obligation de résultats, d'un comportement qui met en péril autrui ou de l'utilisation d'un produit à une dose, à un moment ou selon une formulation inadéquats, c'est toujours la même racine que l'on retrouve : ne pas vouloir assurer les conséquences de ses propres actes et les reporter sur d'autres qui, par position ou anonymat, n'auront pas à en rendre compte.

Un exemple actuel : la fin des « vacances de neige » approche et, avec elle, la trop grande fréquence des accidents tragiques, graves ou moins que l'on retrouve notamment dans les zones où il y a danger manifeste. Au nom de la liberté individuelle, ces « pratiquants » mettent en péril la vie des sauveteurs et le sort des matériels. La Société, bonne fille, règle la facture... et a souvent droit à des critiques car « elle » n'a pas su prendre les précautions qui s'imposaient !

Vendredi 28 mars

Le temps est devenu très beau bien que frais le matin comme il se doit en ce début de saison. Aussi, après mon tour de surveillance, je m'installe sur la terrasse, suffisamment emmitouflé pour profiter calmement du spectacle qui s'offre à mon ouïe. Et quel spectacle !

En quelques jours, tout a changé : ce qui n'était que sortie de l'hiver, timide et fragile, se transforme en explosion. Il y a peu, le bruit dominant était surtout formé par le vent frappant la cime des pins et les réactions, les craquements de ceux-ci en réponse.

Aujourd'hui, c'est très différent. Ce matin, le vent a fléchi et les bruits qui me parviennent sont ceux d'une Nature décidément réveillée. Mais, même en faisant les efforts nécessaires pour distinguer différents sons et tenter de les identifier, je n'y arrive guère à part ceux de quelques bouvreuils, d'un pic-vert actif sur un châtaignier en limite et de pinsons de passage. Le reste, tout le reste, est un mélange de notes souvent basses, de sifflements faibles, de froissements, de mouvements d'élytres, de chutes, de pas timides dans les feuilles redevenues sèches, de reptations peut-être, sans doute de cavalcades, de fuites, de poursuites, que sais-je ? Chacun affirme sa position et sa place, gagne ou perd un territoire, conquiert ou capitule. Le grand jeu de la bataille pour la vie commence vraiment. Avant il n'éclatait pas au grand jour.

Place dorénavant à l'expansion ou, déjà, à la disparition !

Samedi 29 mars

Journée à marquer d'une pierre blanche : alors que je coupais des ronces en plein milieu de mon bois au voisinage de mon « jardin d'acclimatation », je sursaute en entendant très près une branche qui casse. Je redresse la tête pensant à la venue d'un promeneur ou d'une connaissance.

Nenni, cinq chevreuils sont à moins de dix mètres de moi et trois me regardent, indifférents semble-t-il, eux qui étaient encore chassés dans les parages il y a un mois.

Je n'ose me redresser afin de ne pas rompre un spectacle aussi marquant et sans doute très fragile. J'entends ma respiration que je retiens. Ces animaux mangent ici des ronces – et moi qui suis en train d'en détruire d'autres ! – et pour un d'entre eux des extrémités de branches de jeunes pins sylvestres, sentant sans doute la montée de sève et la venue des pousses dont ils seront si friands.

Ils vont et viennent en se déplaçant peu.

Nous restons sur nos positions respectives dix bonnes minutes pendant lesquelles je ressens ce que doivent penser les photographes animaliers : un spectacle magique dont la permanence dépend de si peu de choses.

En effet, un craquement étouffé et plus lointain fait se retourner la petite troupe qui se remet cependant à chercher sa nourriture avant de détaler brusquement vers le nord-ouest. Je me relève et contemple leurs sauts légers et leurs toupillons de poils blancs. Encore un peu et je les perds de vue avant qu'ils n'atteignent le chemin. Je suis bouleversé par ce qui m'a été offert ce matin dans ce renouveau printanier.

Dimanche 30 mars

En cette journée lumineuse, je décide de quitter un peu mon repaire pour me rendre, uniquement par des chemins de terre, jusqu'à Couptrain puis Saint-Aignan-de-Couptrain à la manière dont les Religieux de Saint-Ursin, mes lointains voisins, l'ont fait pendant des siècles afin de gagner la chapelle de la Madeleine et leurs quelques possessions du voisinage. Une distance d'environ dix kilomètres aller et retour par la route, un peu moins sans doute pour eux et pour moi puisque le principe des anciens chemins était de faire au plus court pour des gens qui marchaient alors beaucoup, par nécessité à l'époque.

Afin de me guider, j'ai pris avec moi la carte d'état-major la plus ancienne que je possède, non sans avoir tracé dessus au préalable une ligne droite joignant le débouché de la route de Saint-Ursin à l'endroit supposé, mais assez précisément connu des vestiges.

Depuis l'époque des moines, de nombreux chemins ont disparu, achetés par des riverains, détruits par les remembrements et les échanges amiables ou tout simplement annexés puis ensemencés.

Je marche vite jusqu'à La Croix-Cahin puis longe la route par un chemin plein sud qui me permet de rejoindre la rivière Mayenne, frémissante et plutôt pleine, que je traverse jambes et pieds nus ; elle est bien froide ! La montée vers Couptrain est très embroussaillée mais je réussis à franchir la distance. Après c'est plus facile pour me rendre à l'endroit supposé où se trouvait la chapelle dont il ne reste rien. Je poursuis jusqu'à Saint-Aignan afin d'admirer une nouvelle fois la magnifique pierre sculptée en relief formant le soubassement du calvaire polychrome.

Au retour, je me disperse un peu en empruntant sur deux bons kilomètres l'ancienne voie ferrée à partir de la maison vestige du café de la gare d'alors. Je rencontre beaucoup d'obstacles, la végétation n'ayant jamais été réduite depuis la fermeture de la voie. Inutile de guetter un sifflement et un « touf-touf » derrière moi !

Lundi 31 mars

Un trimestre déjà passé dans mon ermitage ! Malgré la mauvaise saison – un terme que je n'apprécie guère car chacune a ses charmes qu'il faut savoir découvrir, ce que je pense avoir réussi –, je n'ai pas vu le temps s'enfuir bien que je n'aie pas été très pris par des travaux physiques si ce ne sont quelques tâches de bûcheronnage et la poursuite de nettoyages, de ronces surtout.

Le système dans lequel je me trouve a bien fonctionné sans pannes de mon éolienne ni du panneau solaire ; j'ai eu suffisamment chaud et ma provision de bois s'écoule au voisinage de mes prévisions, il est vrai après un hiver remarquablement doux.

Me suis-je ennuyé ? Jamais, avec des activités, des habitudes devenues presque de la routine et qui m'occupent l'essentiel des matinées. Pour le reste de mon temps, il y a l'écriture, la réflexion ainsi que je le souhaitais, de nouvelles découvertes et beaucoup de contemplation de ce qui m'est offert, davantage encore que je croyais avant d'être ici.

Le petit mécanisme d'approvisionnement fonctionne à merveille grâce aux bons soins de mes amis A. et G. qui, à la manière d'un métronome, passent, déposent et retirent au matin de leur jour de congé, avec la discrétion demandée, ce qui n'empêche pas le dépôt réciproque de mots affectueux.

Côté dépenses et sans tenir compte de mes apports préalables, elles se limitent à un petit quatre-vingts euros par semaine compte tenu aussi de produits oubliés, de quelques médicaments nécessaires, de semences et de minuscules fournitures de bureau.

Place maintenant au printemps calendaire et à ses merveilles à venir dont je rêve !

Mardi 1er avril

En mémoire des « poissons d'avril » dont, enfants, nous ornions le dos de nos camarades d'école et les endroits les plus improbables de la maison familiale, je décide de consacrer ma journée à la poursuite de l'entretien de l'étang, surtout de ses berges.

Les pluies de mars ont parachevé l'œuvre de cet hiver très humide avec pour résultat un plan d'eau plus que rempli, déversant par son tuyau d'évacuation de l'ordre de trois cents litres par minute, ce qui assure un important et rapide renouvellement. Pas de poisson même « d'avril » en vue lors de mon tour des berges, mais un fort bruit d'eau qui saute dans le déversoir avant de s'enfuir puis de rejoindre, par ruisseaux interposés, la Mayenne entre Saint-Calais et Couptrain.

J'avais entreposé l'an dernier à ses abords une cinquantaine de piquets de résineux traités au sulfate de cuivre et une trentaine de mètres linéaires de planches sciées et demeurées grossières.

Comme il me faudra travailler en grande partie dans l'eau des bords, j'enfile ma tenue de caoutchouc qui monte jusqu'à la poitrine. Sage précaution car la température, prise en arrivant, est de 6 ° C. Le travail est simple : repérer les zones les plus fragiles, enfoncer un piquet contre la berge tous les 0,60 m environ, puis ajuster une planche ou un fragment en le plaçant en force contre la rive avant de terminer par un damage de la terre chamboulée et éclaircie par les ragondins et les courants.

À dix-sept heures j'ai terminé, au moins avec les matériaux à ma disposition, ce qui me permet de m'offrir un tour ou plutôt une contemplation du ciel, allongé au fond de ma barque.

Mercredi 2 avril

Chacun est inquiet face à la perspective des changements climatiques à venir. La quasi-totalité des « scientifiques » reconnaissent aujourd'hui qu'ils sont dus aux activités anthropiques. Il est loin le temps – environ quinze ans – où une phrase de « Tribune libre » dans mon hebdomadaire local favori avait été censurée car elle pointait la responsabilité de tout un chacun dans ces évolutions !

En matière agricole, les producteurs sont soumis à une double contrainte pas trop facile à concilier : augmenter nettement la production car en 2050 il faudra, pour répondre à la demande d'une population accrue d'environ deux milliards de personnes consommant plus de protéines animales, dépasser de 70 % ce qui est actuellement proposé, mais aussi alléger l'empreinte de ces activités sur l'environnement.

Or la hausse des températures, en se poursuivant seulement au rythme actuel, ce qui est loin d'être certain, affectera fortement la productivité dont le plafonnement déjà sensible et maintenant reconnu, touche en France notamment le blé et le maïs. Cet impact concerne ailleurs le riz et le soja. Par ailleurs, avec la montée continue et sensible du niveau des océans, beaucoup de terres de deltas, fortement productives pour des paysans nombreux et ayant faim, seront progressivement recouvertes, et pas seulement au Bangladesh, actuelle victime largement désignée.

Certes, le réchauffement favorisera des espèces dans certaines régions, mais globalement, les pertes en productivité dépasseront largement les gains, en tout cas pour les quatre végétaux déjà cités et essentiels à la survie et au développement de l'humanité.

Une situation très préoccupante…

Jeudi 3 avril

Le risque est très grand que les dérèglements entraînent de graves conséquences en matière d'alimentation hydrique des végétaux et des animaux d'élevage, et aussi de maladies et de ravageurs qui trouveront dans certains cas des conditions adéquates à leur expansion et à leurs dégâts. C'est déjà ce qui se passe sur nos vignobles méridionaux et sur le pourtour méditerranéen avec une rouille du blé.

Mais il ne faut pas oublier que l'agriculture est elle-même partiellement responsable du dérèglement climatique, de l'ordre de 20 % en France avec ses émissions de méthane (40 % du total) et d'oxyde d'azote (une moitié) notamment, trente et trois cents fois plus « réchauffants » que le gaz carbonique.

Depuis quelques années, des programmes de recherche nouveaux ont été démarrés par les organismes spécialisés en la matière car il y a urgence. Par exemple, en matière de meilleur usage de l'eau, de réduction des produits phytosanitaires, de développement des fertilisants organiques, de création de variétés adaptées et de méthanisation des effluents d'élevage.

C'est toute la question de l'agroécologie et d'une future agriculture « climato-intelligente » permettant à la fois de produire le nécessaire et de résister à des évolutions à subir qui seront rapides.

Quel sera le paysage dans trente-cinq ans ? Sera-t-il encadré de chênes verts et de bougainvillées ? Comment aura-t-on agi face à des sécheresses longues et dévastatrices ?... Que de questions auxquelles le génie humain trouvera sans doute des réponses et des parades !

Vendredi 4 avril

Mon inspection matinale du potager m'a conduit à constater que, parmi les plants de pomme de terre mis en terre récemment, une vingtaine ont déjà été chahutés et sortis, sans doute par des oiseaux, à moins qu'un renard curieux...

En les replaçant, je découvre quelques tiges qui commencent déjà à apparaître. Pourvu qu'il ne gèle pas !

J'ai donc planté deux variétés à peau jaune et une rose. Aujourd'hui, les variétés de couleur sont à l'honneur et pourtant la sélection pratiquée au cours des deux siècles précédents a nettement favorisé les « jaunes ».

On oublie trop que les « papas » des Incas ont toujours eu des couleurs – et des formes – très diverses et les 5 000 variétés conservées par le Centre international du Pérou le montrent bien.

En Europe, il y a eu deux courants d'arrivée : un de tubercules rouges par l'Espagne, vers 1570, un autre de jaunes par l'Angleterre. Et les deux ont longtemps dominé avec une prépondérance des seconds, souvent faciles à éplucher, par exemple parmi les 700 variétés décrites par Henry de Vilmorin en 1886.

Ce qui n'a pas empêché producteurs et obtenteurs de créer « Bleue d'Auvergne », « Bleue d'Artois » ou « Saucisse rouge » et la bretonne « Rouge de Caudan », ou encore la violette « Vittelotte » souvent nommée « Truffe de Chine ». La palette est large, due à des pigments contenus dans le tubercule, spécialement l'anthocyanine.

Et au plan du goût ? Tout est question de critères et de préférences personnels. Les « tests à l'aveugle » montrent que nos vieilles variétés sont des trésors de délicatesse, pourvu qu'on respecte leurs usages et qu'on différencie bien dans le quotidien les objectifs de consommation.

En remettant en ordre ma plantation, il me semble entendre les promesses de savoureuses récoltes futures... à déguster sans modération mais avec justesse quant à la destination des produits à venir.

Samedi 5 avril

« Une tempête berça mon premier sommeil », François-René de Chateaubriand, Mémoires d'outre-tombe.

Et après un trimestre qu'en est-il de ma santé ?

Je ne peux évidemment répondre que par mon ressenti et mon image renvoyée par la petite glace devant laquelle je me rase chaque matin, mais pas selon des analyses ou la position d'une balance.

Après trois mois de cette vie simple et réglée, rythmée par mes tâches et des habitudes vite prises, avec peu de contraintes, une alimentation sans excès et que je varie au maximum des possibilités, j'estime me porter très bien physiquement et avoir conservé mon poids.

Côté « mental », je ne dirai pas que mon adaptation a été immédiate d'autant que j'ai débuté mon séjour ici en plein hiver et sous des journées très courtes. Ma tête est bien occupée du matin au soir. La partie un peu difficile est celle de la nuit, longue et avec des bruits permanents amplifiés sans doute par ma sensation d'isolement. Même les moments sans vent sont bruyants ! Alors, que dire de ceux de tempête ou au moins de courants violents ! Et il faut à chaque fois, à chaque calme, tenter de redormir. Néanmoins, je m'y suis fait au bout de quelques semaines et comme je lis ou écris plutôt tard, mon besoin de sommeil se fait alors sentir. Lorsque le temps n'est pas agité, j'arrive à dormir six ou sept heures, ce qui est parfait pour moi.

Je redoutais un peu la solitude brutale et sa perspective au terme si éloigné : elle ne m'a pas posé problème... et sera au contraire, je pense pour moi, un puissant aiguillon positif.

Dimanche 6 avril

Avec la douceur de ces derniers jours, j'observe plus attentivement qu'avant la vie du rucher. Cette après-midi, il y a du monde sur la planche d'envol, ce qui est bon signe. Et pourtant, la température ne dépasse pas 10 à 12°.

Tout l'hiver j'ai veillé à l'absence de rongeurs en cherchant d'éventuels débris grossiers sous la ruche. En plus, j'avais placé deux « tapettes » aux appâts renouvelés qui m'ont permis de prendre une bonne douzaine de mulots et quelques campagnols, une preuve de leur présence à proximité, ce qui n'est pas étonnant.

En tout cas, cette activité manifeste montre que les deux colonies ont bien survécu aux – modestes – frimas.

Néanmoins, je ma pare de ma tenue d'inspection afin de procéder à quelques opérations de saison.

Le fond des ruches est relativement propre, signe de peu de dégâts de maladies. Par nécessité, je pratique un nettoyage soigné, puis j'inspecte les hausses qui me semblent en bon état. Par précaution, j'en ai apporté quelques-unes qu'il me faudra cirer le cas échéant. Comme j'ai aperçu l'été dernier des frelons asiatiques, je dispose déjà quelques pièges car on ne sait jamais...

En voyant les butineuses aller et venir, je ne note pas la présence de pollen sur leurs pattes. Ce sera à surveiller dans les jours à venir.

Comme tout apiculteur, je suis surpris et inquiet par toutes les menaces qui pèsent sur la vie d'un rucher, et je prends les précautions qui s'imposent et applique les parades qu'il est indispensable de mettre en œuvre.

Lundi 7 avril

En lisant mon éphéméride, je note que notre calendrier fête aujourd'hui Jean-Baptiste de La Salle, fondateur, en 1684, de l'Institut religieux des Frères des écoles chrétiennes. Même si les « lasalliens » n'ont pas été trop présents au voisinage, voici une occasion d'évoquer l'histoire de l'enseignement au sein des communes de Lignières-la-Doucelle et d'Orgères (à partir de 1921 – la-Roche). Ce survol comprendra des éléments attestés et des hypothèses.

Entre la fondation de ces paroisses et le XVIIème siècle, aucune mention n'est trouvée : il n'y avait, sans doute, aucune éducation donnée sur place. Cet état est à replacer dans un contexte de grande pauvreté générale, de voies de communication en très mauvais état, de travail précoce des enfants au sein des exploitations agricoles et de vie centrée sur la famille et les marchés, ainsi que les cérémonies religieuses au bourg, ce qui n'a pas dû empêcher des initiatives individuelles, religieuses ou laïques.

Dans le Bas-Maine, les « Petites écoles de garçons », fondées par des prêtres, souvent enseignants, avaient pour but l'apprentissage de la lecture, ce qui représentait beaucoup à l'époque... Celle de Lignières fut créée en 1751. Les « Petites écoles des filles », dirigées par les « Filles de la Société de Madame Thulard » (Perrine Brunet) eurent une bonne implantation au XVIIIème siècle dans la moitié nord du département. La création de celle de Lignières remonte à 1704.

Ces établissements durèrent-ils jusqu'à la Révolution ? On peut en douter car les « Cahiers de doléances » de 1789 émettaient le vœu de deux écoles par paroisse : une de filles et une de garçons.

La Révolution avait de grandes ambitions en ce domaine, mais les moyens financiers manquaient de même que les maîtres qualifiés.

Mardi 8 avril

Pendant le Consulat puis l'Empire et la Restauration, les communes ont pour charge de « se débrouiller » ! L'enseignement qui est fait se trouve dans les mains du clergé. On n'en a conservé nulle trace pour nos communes.

C'est la loi Guizot du 28 juin 1833 qui est la véritable fondatrice de l'enseignement primaire. Elle dispose que cette instruction est privée ou publique. Les écoles publiques – une par commune ou « école communale » – sont entretenues par la commune et le département. Le curé siège à son Comité de surveillance. Quant aux écoles privées, elles sont à la charge de particuliers ou d'associations. Les instituteurs doivent disposer du Brevet de capacité.

Le 15 mars 1850, la loi Falloux, qui traite de la liberté de l'enseignement secondaire, est aussi source de progrès pour le primaire.

Les écoles primaires publiques sont créées très progressivement en Mayenne et il faudra soixante-quinze ans pour que toutes les communes disposent d'une école de garçons ou d'une école mixte. Les écoles de filles resteront très peu nombreuses dans un contexte de lente évolution des mentalités, non sans heurts, et longtemps, de grandes insuffisances financières.

L'école de garçons de Lignières date de 1832. Et à Orgères ? Une école publique laïque sera créée en 1867, qui aura une longue existence.

Mercredi 9 avril

Un autre courant, très important, a existé en Mayenne au XIXème siècle : celui des Frères qu'il faut resituer dans le contexte post-révolutionnaire. Le clergé, resté favorable à l'Ancien Régime, était au cœur de populations rurales peu ouvertes aux changements. Les besoins d'éducation étant considérables, l'Eglise va inventer ou développer des Congrégations enseignantes (« Congréganistes ») pour l'instruction et l'éducation des Jeunes, avec notamment les Frères des écoles chrétiennes, évoqués plus haut, ou « Grands Frères », au service d'enfants d'ouvriers et d'artisans des villes et les « Petits Frères » pour celui des jeunes issus de la paysannerie des villages, avec les Frères de Saint-Joseph, de la Sainte-Croix, de Ploërmel et de Saint-Gabriel, notamment.

Les premiers – dont le berceau fut dans le Maine – fondèrent une école à Lignières, après 1824 mais on ne sait quand exactement, dont on ignore le public – probablement les filles (?) –, la localisation et la date de fermeture par manque de moyens et insuffisance de niveau des enseignants.

L'extension aux filles de la loi Guizot relève d'une Ordonnance du 23 juin 1836, mais l'obligation n'était pas mentionnée, ce qui fut fait par la loi Falloux (communes de plus de 800 habitants), et conforté par la loi Duruy du 10 août 1867 (500 habitants).

Les sœurs d'Evron et celles de Briouze jouèrent un rôle essentiel dans les créations qui suivirent après recherche de dotations et contributions.

Ces écoles publiques ou privées étaient qualifiées de « communales ». En 1837, une école congréganiste de garçons ouvre, à l'initiative des Sœurs d'Evron, ainsi qu'une école publique congréganiste de filles en 1881, et laïcisée en 1903.

Une école privée est créée le 2 octobre 1903, institution éphémère qui fermera ses portes le 9 juillet 1904.

Jeudi 10 avril

On entre ensuite dans une période charnière qui s'étend de 1881 à 1904, au cours de laquelle deux conceptions du monde et de la vie sous la IIIe République s'affrontent. En milieu rural – l'essentiel – l'église est le lieu de rassemblement du dimanche et à l'occasion des fêtes, habitudes et mauvaises communications obligent. En face, le vrai ciment du parti républicain, dans sa diversité de composition, est la volonté de séculariser l'Etat et la vie sociale.

La Mayenne est ainsi une zone de lutte vive contre le régime en place et ses lois scolaires : loi Ferry du 16 juin 1881 exigeant le Brevet de capacité pour tous les enseignants et loi Goblet du 30 octobre 1886 disposant de la neutralité scolaire et, en conséquence, de la présence de personnels uniquement laïques dans le public.

Des parades sont mises en place et éprouvées par le privé mais, au début du XXème siècle, le « Dehors les Congréganistes », les fermetures d'établissements et la loi du 7 juillet 1904 interdisant à tout Religieux l'enseignement tant public que privé conduisent à la sécularisation des personnels qui le souhaitent. On est au cœur des luttes, de cette période, sous des expressions diverses telles qu'attaques verbales, propagandes, pression des employeurs...

Chaque partie s'adapte, plus ou moins bien pour le privé. Une école libre de filles ouvre à Lignières en 1903. Celle de garçons ne sera constituée qu'en 1943 et fermera, après fusion, en 1966.

La première, sous le nom de Notre-Dame de Lourdes, sera sous contrat simple en 1960, en des temps enfin apaisés. Son centenaire sera célébré en 2004 mais elle cessera de fonctionner quatre ans plus tard.

L'école d'Orgères-la-Roche sera fermée dans les années soixante et, aujourd'hui, il ne reste plus qu'un seul établissement, mixte bien sûr, rue de la Libération, accueillant une grosse cinquantaine d'élèves de la maternelle au cours moyen deuxième année.

Une histoire mouvementée !

Mais au total, nos connaissances sont bien lacunaires, spécialement sous l'Ancien Régime et l'on peut noter que les schémas simplistes public / privé, souvent présentés, peuvent être parfois loin de la réalité...

Vendredi 11 avril

Avec la douceur des derniers jours, la croissance de la mâche ou doucette va bon train et l'on voit déjà se former les futures rosettes des plantes destinées à fournir une salade appréciée maintenant à tout moment. Au moins aujourd'hui car, grâce aux succès de l'amélioration des plantes en ce domaine, on peut maintenant cultiver cette valérianacée presque en toute saison, ce qui fait qu'on la trouve, le plus souvent, en provenance de la région nantaise (90 %), en vrac ou surtout conditionnée en barquette ou sous sachet dit de « quatrième gamme » dans chaque magasin.

Et pourtant ce n'était pas le cas avant puisque les semis devaient être effectués en seconde partie d'été et jusqu'à fin septembre pour fournir une récolte d'automne puis une de premier printemps avant une montée à graines rapide se produisant autour de la fin mars et rendant alors la plante impropre à la consommation. Les variétés de cette époque telles que « à grosse graine » ou « Coquille de Louviers », encore très cultivées, répondaient à cet usage de salade dite d'hiver au goût si agréable et caractéristique. Dans la nature et grâce aux semences du voisinage, on la trouve ainsi « sauvage » en bordure des potagers où elle se répand facilement.

Les progrès apportés à la sélection ont changé la donne en fournissant des variétés, comme « Vitt » entre beaucoup, qui peuvent être semées presque toute l'année et produire rapidement et beaucoup sans montée à graine intempestive. Un bon exemple d'adaptation à une demande importante en ce sens, au moins en production « industrielle », puisque les jardiniers amateurs préfèrent le plus souvent semer en période traditionnelle.

Riche en potassium et pauvre en sodium, elle est recommandée dans les régimes hyposodés... en faisant attention à la sauce qui l'accompagne ! Bien pourvue en vitamine C, acide folique et bêta-carotène, précurseur de la vitamine A, elle est naturellement riche en oméga 3, ce qui fait beaucoup d'éléments favorables à sa consommation.

Pour l'instant, elle semble croître de façon satisfaisante sur ce sol difficile et je me réjouis des récoltes à venir. Dans cette perspective, je réalise un nouveau semis de variété non sensible au photopériodisme afin de disposer, en fin de printemps, de cette délicieuse salade.

Samedi 12 avril

En cheminant pour mon tour quotidien, je passe au voisinage de châtaigniers dont les bourgeons foliaires commencent à bien se développer. L'an dernier j'avais eu un doute sur plusieurs d'entre eux quant à la présence du cynips, une petite guêpe originaire de Chine, détectée en France en 2006 et qui s'est largement répandue depuis. Cet insecte forme des galles sur les jeunes feuilles et les pièces florales, entraînant dessèchement et stérilité, d'où des productions de châtaignes et de miel par les abeilles du voisinage très compromises.

On ne dispose pas de méthodes de lutte efficaces, toutefois, des espoirs sont mis dans un parasitoïde en cours d'expérimentation.

Cette « apparition » n'est pas la seule car depuis une vingtaine d'années, des champignons et des insectes « nouveaux » sont devenus des fléaux avec, par exemple, la mineuse du poireau, la mouche de l'olive, la pyrale et la cylindrocladiose du buis, la mineuse du marronnier ou le très connu par ses dégâts charançon rouge du palmier.

En dehors du fait qu'on est mieux renseigné aujourd'hui sur ces pathogènes et ravageurs, et sur les dommages qu'ils causent, il y a trois origines principales à cette évolution inquiétante : l'adaptation à de nouvelles conditions de milieu associées aux évolutions climatiques, l'appauvrissement de la faune régulatrice comme les carabes ou les perce-oreilles entre mille autres, en raison d'effets de certains pesticides et de la disparition d'habitats, enfin, les introductions accidentelles dues à l'accroissement des échanges de produits sous toutes leurs formes.

Avec l'arrivée de multiples intrus dans de nouveaux écosystèmes, entraînant des conséquences, sensibles ou non.

Dimanche 13 avril

C'est le jour de Célébration par les catholiques de la Fête des Rameaux.

De ma terrasse en cette fin de matinée, en dénombrant les nombreux clochers dans le lointain, j'évoque pour moi-même ce qu'était cette fête il n'y a pas si longtemps et ce qu'elle est encore, là où des offices ont lieu : dans une église sur dix peut-être.

Les Rameaux précèdent d'une semaine, le renouveau et la belle lumière de Pâques mais en en offrant déjà un avant-goût après la longue période hivernale et sa lumière souvent faible, au moins tamisée. On se sent, croyant ou non, revivre avec l'annonce de la demi-année claire et chaude, au moins tiède, qui va suivre.

C'est un jour où l'assistance à la cérémonie est grande, à la manière de Pâques et Noël. Précédemment, les familles auront nettoyé les tombes, et ainsi préparé à un nouveau cycle. À l'église, chacune apporte des rameaux de buis qui seront bénis à la fin d'une liturgie de début qui précédera des phases de la Passion du Christ. Celles et ceux qui sont restés à l'extérieur – et les autres à l'issue de la cérémonie – observent le ciel et spécialement le sens et la force du vent qui, dit-on, donnent leurs marques à l'année.

À la sortie, chacun s'en va vers le cimetière enfoncer près de la tombe familiale un rameau tandis que d'autres remplaceront ceux de l'année précédente – brûlés et non jetés – au sein du foyer, souvent au-dessus de la cheminée ou près d'un crucifix.

Pour ma part, je vais détacher une branchette de laurier du voisinage et la placer au-dessus de ma fenêtre face à la Haute-Mayenne. Une façon de protéger ce si beau pays.

Lundi 14 avril

Le temps, devenu depuis quelques jours très ensoleillé, m'incite à procéder à de nombreux semis au potager. D'abord des carottes hâtives de type « demi-longue nantaise » qui devraient me fournir de tendres racines dès fin juin. Une planche de trois rangs suffira. Ensuite, deux planches de carottes d'hiver « Touchon » afin d'assurer mes besoins au quatrième trimestre. Je ne recouvre pas d'un voile afin de prévenir des attaques de ravageurs car j'estime qu'il y a peu de probabilités de survenance de dégâts sur ce potager si isolé. Nous verrons bien !

Ensuite, et bien que ce soit risqué, je tente un premier semis de haricots en utilisant la variété « Cordon bleu », rapide de développement et produisant de beaux filets réguliers et tendres. Une demi-planche suffira et j'attendrai début mai pour la suite.

Enfin, des betteraves rouges. J'ai un faible pour la vieille variété « plate d'Égypte » à la croissance rapide et à la racine de taille modeste ce qui m'évitera des heures de cuisson peu commode sur mon poêle. Elle est délicieuse en gros morceaux ou hachée finement en salade… avec de la mâche qui se développe bien au voisinage.

J'ai un drôle de sentiment en pensant que c'est sans doute la première fois depuis toujours que l'on trouvera ici tous ces légumes. Certes, à quelques centaines de mètres, mon voisin R-P., dispose d'un petit potager dont le sol a été constamment enrichi depuis qu'une habitation se trouve au voisinage. Mais ici, il n'y eut que forêt puis lande avec des animaux de rente de passage et enfin bois, au cours des millénaires ayant précédé ma venue.

Mardi 15 avril

« Les faits ne pénètrent pas dans le monde où vivent nos croyances », Marcel Proust.

Je reprends cette citation introductive dans un article récent de l'un des (rares) contestataires de l'origine anthropique du réchauffement climatique que nous traversons depuis plus d'un siècle mais dont nous mesurons les risques et évaluons les challenges à relever sur ces trente dernières années.

Comme en toute matière, il y a toujours un auteur – ici un enseignant d'Alabama soutenu par des scientifiques d'Oregon – pour aller à contre-courant d'idées largement entendues aujourd'hui. Mais ce peut être parfois utile...

Certes la Terre a connu quatre glaciations importantes depuis 100 000 ans et en conséquence, autant de réchauffements, un ensemble qualifié à juste titre de « naturel », mais de là à vouloir justifier de la sorte ce qui survient et nous environne, il y a un pas qu'il faut se garder de franchir : les phénomènes sont très rapides, les hypothèses émises ont donné lieu à un énorme nombre d'expérimentations, se trouvent solidement étayées et les origines des phénomènes notés – pudiquement rebaptisés « dérèglements » - ont été clairement identifiées.

Ces phénomènes ne seront pas linéaires bien sûr. Et la juxtaposition d'années « records » pour les températures témoigne du bien-fondé des modèles utilisés, tandis que la hausse régulière – pour des causes multiples et plus ou moins liées – du niveau des océans va s'amplifier.

Il y a vraiment de quoi inquiéter nos semblables et interpeller nos Responsables qui ont une fâcheuse tendance à prendre le train lorsque d'autres y sont déjà montés... Et ne nous perdons pas en querelles inutiles !

Mercredi 16 avril

Depuis un mois environ, mes deux poules ont repris leur ponte. Comme je tiens une comptabilité scrupuleuse de tout ce qui m'entoure, j'en suis aujourd'hui à quarante-deux œufs, ce qui me permet d'éviter tout achat et d'ajouter de la variété à mes menus en diversifiant mes ingestions de protéines animales.

J'ai bien fait de choisir une race locale rustique, tirant fortement sur le roux qui s'est vite et bien adaptée. Mes deux pensionnaires et le coq sont très actifs du matin au soir et, dès que j'ouvre le matin la porte du poulailler, tous trois gagnent rapidement l'enclos extérieur que je leur ai ménagé mais qui manque, il faut bien l'avouer, de l'herbe dense qui leur conviendrait davantage. Néanmoins, elles vont et viennent entre les touffes de bruyère et de callune, les quelques ajoncs... et les feuilles mortes. Cet été, lorsque l'implantation de la prairie sera bonne, je les y mènerai pour la journée en déplaçant la clôture légère à ma disposition. Je pense aussi, d'ici peu, à en faire couver au moins une, pour le plaisir et en ayant assez de temps pour laisser croître et profiter de la progéniture.

Si je n'ai pas encore évoqué les lapins, c'est que le clapier installé n'a que deux occupants très calmes et que je ne sacrifierai pas.

Je rejoins ici les Français dans leur ensemble qui ne consomment presque plus de cette viande pourtant délicieuse à mon goût. Mais le plaisir des yeux en les contemplant a une valeur qui justifie leur présence.

Jeudi 17 avril

« Les dieux ont caché ce qui fait vivre les hommes », Hésiode, Les Travaux et les Jours.

Combien de fois chaque jour, lorsqu'on est au sein du monde, entend-on utiliser le mot « nature », fréquemment à tort et à travers.

« Nature » fut le mot fort des soixante-huitards avec le retour vers elle, en elle, pour et par elle.

Depuis, il a été souvent remplacé, d'abord par « environnement » qui paraît aujourd'hui un peu antique et vague, puis « biodiversité » employé par les médias au travers de ceux qui « font l'opinion » mais auraient sans doute pas mal de difficultés à expliquer son sens se prêtant d'ailleurs à bien des interprétations.

Le terme « nature » renvoie à « ce qui est naissance » et englobe non seulement le vivant mais également tout ce qui fait notre biosphère comme les roches, l'eau, l'air, et finalement les paysages. Quant à la « biodiversité », elle correspond, au-delà des espèces, aux écosystèmes. La différence est donc importante bien que ces derniers s'appuient sur leur « environnement ». On constate bien que des limites ne sont pas si faciles à établir.

Certains développent l'idée de l'existence d'un état idéal de la nature, perturbée par les activités humaines et ainsi mise en danger, peu au début, énormément aujourd'hui. La nature dite « sauvage » est non anthropisée d'où l'existence de réserves – souvent dites « de biodiversité » –, au moins de surfaces protégées. La même logique renvoie à sa préexistence et à une hypothétique immuabilité, à un certain état de perfection [« Jardin d'Eden »].

Mais qu'en est-il vraiment à la lumière des connaissances actuelles ?

Vendredi 18 avril

« L'environnement c'est la nature, et la nature c'est la campagne », Nicole Mathieu et Marcel Jollivet, Du rural à l'environnement, la question de la nature aujourd'hui.

C'est une totale utopie que de croire, comme beaucoup, à un état d'équilibre de la nature que l'on qualifie souvent de « vierge » et applique par exemple à certaines forêts… qui ont évolué au fil des époques en fonction des conditions climatiques et autres. Or, il ne peut y avoir, par définition, de tels équilibres, de stabilité des écosystèmes ou encore de résilience pour employer un terme à la mode.

Tout écologue, et plus généralement tout individu de bonne foi, admet la dynamique de chaque système, sa transformation et son non-retour en arrière possible. L'idée d'immuabilité peut rassurer mais elle ne correspond à aucune réalité. Et, quand on parle de « nature », il ne peut s'agir que des paysages façonnés pendant des millénaires et résultant de la double évolution des humains et des milieux dans lesquels ils ont été et sont insérés.

C'est pourquoi le postulat de la dégradation de la nature par l'homme est discutable puisque celui-ci est aussi créateur de biodiversité, notamment dans des zones qu'il a aménagées comme d'anciens marais, si nombreux en France.

Retenons que ce qui est appelé « nature » est avant tout culturel et que ce qui est perçu comme « beau » correspond à un idéal que chacun s'est forgé et qui n'est pas forcément, loin de là parfois, dans un état écologique favorable à sa pérennité.

Samedi 19 avril

« Aujourd'hui, les sociétés ne se limitent plus à construire leur histoire contre la nature, elles construisent la nature elle-même : c'est leur nouvelle histoire… », Nathalie Blanc, Le paysage dans l'estuaire de la Seine.

À y regarder de près, la « nature » de chacun est celle de l'individu, et donc fort diverse selon ce qui prédomine chez lui et qu'il est d'abord mystique, naturaliste, artiste, idéaliste ou économiste. En sachant qu'il n'y a pas exclusivité et qu'au cours d'une vie, l'évolution personnelle incitera à changer de case ou à en privilégier plusieurs, et ainsi à relativiser des positions antérieures, ce qui est heureux pour le développement personnel et favorable au dialogue.

Il faut bien remarquer que les situations « indiscutables » de certains s'appuient souvent sur une nature qui n'a jamais existé – et qu'ils seraient bien en peine de décrire – et sur un refus d'accepter l'homme comme acteur de son milieu.

À l'image de beaucoup de situations – trop de neige, pas assez ; trop d'eau, pas suffisamment… – le rêve est souvent celui d'une nature jardinée, répondant aux attentes et avant tout sécuritaire. On retrouve l'Eden !

Peut-on concilier ce qui apparaît peu et qui est vraiment polyfactoriel ? On peut en douter. C'est aux décideurs de proposer des compromis, par nature peu glorieux mais qui permettent de faire avancer les choses qui, sinon, seraient bloquées, compte tenu de la radicalisation des postures, par exemple face à des questions telles une nouvelle retenue d'eau, l'évolution d'une zone « fragile », la construction d'un aéroport ou encore l'édification d'une ligne électrique disgracieuse et aux effets mal démontrés.

Dimanche 20 avril

Après un début assez gris, ce dimanche de Pâques ne déroge pas au mot « lumière » qui lui est associé. Pâques, la plus importante fête de la chrétienté, célèbre la résurrection du Christ, le second jour après sa Passion, mais en fait le troisième car on ne connaissait pas le concept de nombre zéro dans l'Antiquité.

Une fête qui ne tombe pas à date fixe puisqu'elle est établie au premier dimanche après la pleine lune suivant le 21 mars, d'où, souvent, des différences entre les églises occidentales et orthodoxes. Ainsi, en fonction du calendrier grégorien qui suit les mouvements du soleil et les saisons, cette fête aura lieu le 5 avril l'an prochain et dès le 27 mars en 2016. Serai-je encore présent ?

Des dates d'autres jours fériés en dépendent : l'Ascension, la Pentecôte et son lundi.

La liturgie spécifique à Pâques commence par la vigile pascale au cours de laquelle des croyants peuvent recevoir le baptême ou la confirmation ; le cierge est allumé et les fonts baptismaux sont bénis. Le dimanche, les fidèles, qui vont rarement à l'office, choisissent ce jour pour communier et ainsi « faire les Pâques ».

Depuis le Jeudi saint, les cloches sont demeurées silencieuses, en signe de deuil. On dit « qu'elles sont parties pour Rome ». Quand elles reviennent en ce jour, elles sèment des œufs sur leur passage... D'où la tradition d'offrir aux enfants des œufs... en chocolat, préalablement dispersés dans le jardin familial, en des lieux, derrière telle plante ou telle pierre, dont on se souviendra toute sa vie.

De mon côté, je me suis installé sur la terrasse dès son illumination par le soleil vers dix heures. Je suis baigné de lumière, de cette lumière pascale du renouveau. Je tends l'oreille une heure plus tard vers tous ces clochers qui m'environnent pour entendre les cloches de l'un d'entre eux, celui de Neuilly-le-Vendin je pense.

Lundi 21 avril

Second jour férié qui permet d'offrir à beaucoup un « week-end » prolongé synonyme d'encombrements sur les routes et surtout de réunions avant tout familiales. Un de ces moments de l'année où parenté rime avec plaisir de vivre, d'autant qu'il fait souvent beau et qu'à défaut, la perspective du cœur de printemps à venir réjouit.

Même si la société française, largement déchristianisée, ne fait plus correspondre ces moments à des fêtes chrétiennes, une question est régulièrement posée, celle du maintien en « jours fériés » de célébrations qui ne touchent plus qu'une faible partie de la population.

C'est l'opposition de fait entre une large majorité qui ne se reconnaît plus dans cette croyance et sa liturgie mais qui y a massivement recours à l'occasion des grands moments de la vie que sont la naissance puis le baptême, le mariage et les obsèques, et des minorités, dont une musulmane, active car pratiquante, dont beaucoup de ses adeptes possèdent la nationalité française et ne trouvent pas équitable de célébrer des fêtes auxquelles ils sont étrangers ainsi que de ne pas pouvoir le faire « officiellement » pour les leurs. Une question complexe, exacerbée dans certains départements d'outre-mer comme Mayotte où la quasi-totalité de la population d'origine locale n'est en rien catholique.

Une première entorse a été faite, il y a quelques années, avec le lundi de Pentecôte – une institution également – pour des raisons peu claires de solidarité entre les générations, traduite ensuite par une contribution obligatoire !

Il apparaît certain qu'une formule est à trouver qui devra respecter un équilibre forcément difficile à instituer.

Mardi 22 avril

La montée de température ces derniers jours a été très favorable aux semis effectués dans mon potager. Les pommes de terre ont toutes bien démarré, surtout les hâtives, et je profite de ce matin ensoleillé pour réaliser un premier buttage léger. Surprenante mais logique opération qui consiste à favoriser la venue de tiges souterraines dont les renflements formeront les futurs tubercules qu'il faudra à tout prix maintenir à l'obscurité, sinon gare aux alcaloïdes qui se formeraient et qui sont très toxiques.

Je procède également à d'autres semis : radis « de dix-huit jours » que j'ai préféré ne pas mettre en terre plus tôt, haricots « Contender » à venir en deuxième saison et poirées multicolores présentant l'avantage de leur goût délicieux avec une sauce blanche et offrant beaucoup de plaisir aux yeux du jardinier, des plantes à la limite du potager et du jardin ornemental.

Il me faut aussi butter les pois qui mesurent déjà une bonne quinzaine de centimètres et pour lesquels je devrai faire prochainement provision de rames facilitant leur développement et les récoltes futures.

Quant aux poireaux, minuscules et bien dressés, je procéderai à leur premier repiquage dès que possible, sous deux semaines je pense.

Dans mon installation, j'ai oublié de mettre en place un ou deux coffres avec châssis couverts de plastique qui m'auraient permis de hâter mes premières productions, précisément celles à repiquer avant plantation définitive. Dommage ! Ainsi mes laitues et scaroles semées en pleine terre végètent et elles risquent de ne produire que fin juin.

Au jardin, on en apprend tous les jours et toute sa vie. Quelle richesse !

Mercredi 23 avril

Depuis mon enfance, j'ai toujours eu la sensation qu'à identité de date, les journées du passé différaient pour le temps des actuelles.

Peut-être est-ce dû à ma naissance à la fin de la Seconde Guerre et aux images noir et blanc que l'on peut encore voir à la télévision ? J'ai à chaque fois l'impression qu'il faisait plus froid et que les journées étaient moins ensoleillées. En raison du contexte ?

De même, j'ai du mal à admettre que, dans trente ans par exemple, mes descendants vivront, de ce point de vue, les mêmes choses que moi et réagiront pareillement à la première « journée de printemps » de l'année ou à un moment très ensoleillé et encore chaud d'un automne avancé.

Et ne mettons pas là la reconnaissance des modifications climatiques qui, même sensibles, ne s'expriment pas de cette façon. En revanche, si l'on se reporte beaucoup plus loin en arrière, j'imagine sans mal les moments agréables qui ont accompagné la Renaissance et, à l'inverse, ceux, difficiles, qu'ont eu à ressentir nos aïeux lors du « Petit âge glaciaire ».

Raison de plus pour échafauder dans ma tête, *via* mes yeux, ce que ce paysage qui s'offre en permanence à moi a dû présenter d'aspects au cours de la vingtaine de siècles depuis qu'il s'est progressivement peuplé.

Avec une longue évolution sous des éclairages doux ou menaçants qui sont restés globalement les mêmes. Ce ne m'est pas facile de l'admettre.

Jeudi 24 avril

Le Bas-Maine fut d'abord recouvert de forêts dont la description, faute de fossiles suffisants en lieux différents et quantités, ne peut être faite. Cette grande forêt s'est peuplée plus lentement que les régions voisines en raison de ses difficultés d'accès, avec une vallée de la Mayenne étroite et encaissée, moins ouverte que celles de la Sarthe, de la Loire bien sûr ou encore de la Vilaine.

L'existence de quelques antéceltiques aux périodes paléolithique et néolithique est certaine mais sans doute limitée au bassin carboniférien de Laval et aux Coëvrons, avec des vestiges pour la seconde à Sainte-Suzanne, à Saint-Gemmes-le-Robert ou au Montaigu, entre autres.

À l'époque préromaine, les Celtes suivent également les rivières mais ils devaient être peu nombreux en raison de l'absence de voies aisées de communication : il en allait ainsi le long de la Mayenne et de ses affluents comme la Jouanne, l'Ernée et l'Aron.

L'établissement de loin le plus important est Jublains (*Noviodunum*) située sur un plateau fertile et semé d'étangs. Des noms de lieux de mon environnement immédiat sont certains à cette époque comme Champéon et Javron et probables à la manière de Neuilly-le-Vendin, dont je vois le clocher actuel en écrivant cette page et Ciral, à proximité mais dans l'Orne.

À l'ouest et au nord de la Mayenne actuelle, les forêts étaient sans doute épaisses et la population très peu nombreuse, voire absente. La première de ces deux parties constituait une sorte de « marche » précédant l'occupation par les Armoricains.

Vendredi 25 avril

Les Aulerques possédaient le Bas-Maine à l'exception de son extrême sud tenu par les Andes (Craonnais actuel). Les Cénomans, principale composante, avec pour capitale Le Mans, disposaient ici d'une bande est-ouest, pour faire simple entre Laval et Château-Gontier.

Toute la partie nord était occupée par les Diablintes, autre peuple Aulerque, dont le territoire atteignait la pointe nord-est avec Lignières et tout le sud actuel de l'Orne situé au nord de la Mayenne. Ces populations avaient défriché les plateaux les plus fertiles allant d'Ambrières aux Coëvrons, et y avaient leurs deux grands centres de peuplement : Jublains et Evron.

Avec l'époque gallo-romaine commence une nouvelle phase d'occupation du sol comprenant un développement de la propriété et une extension aux zones non encore habitées. Mais, au total, les restes ne se trouvent qu'au voisinage des voies et la civilisation romaine n'a pas eu le temps de se répandre dans les nombreuses parties demeurées forestières.

Ce qui est le plus spectaculaire ce sont les voies romaines : celles partant de Jublains étaient au nombre de neuf, destinées à réunir cette capitale de cité aux villes voisines. Deux franchissaient la Haute-Mayenne : une au voisinage de Lassay vers Vieux et une vers Évreux. Cette dernière longeait pour partie l'antique chemin de Rennes à Paris, les deux passant à proximité des débuts de la rivière.

Ces routes ont servi à la diffusion de l'influence romaine et aux progrès des peuplements mais en les précédant.

Ces évolutions seront interrompues ensuite par les invasions germaniques qui ruinèrent le pays.

Samedi 26 avril

« La compréhension nous est donnée avec la vieillesse, quand rien ne compte plus guère », Francis Scott Fitzgerald, La Sorcière rousse.

Je place volontairement en incipit cette phrase de l'auteur de « Gatsby le magnifique » afin de m'inscrire en faux de cette affirmation mélancolique.

Et j'en veux pour illustration le moment précis où j'ai ressenti ma vocation d'agronome naturaliste.

C'était il y a bien longtemps, début avril je crois, des dernières années cinquante. Je descendais alors de Carrouges accompagné de ma grand-mère, en direction de Lignières par ce que nous appelions le « raidillon », forte côte permettant d'accéder au bourg, à l'époque ouverte dans les deux sens et dont nous faisions fréquemment l'ascension à bicyclette avec mes copains du moment.

Comme nous arrivions à l'avant-dernière maison, j'ai été véritablement saisi par la vue des touffes de grands narcisses « jonquilles » éclatants sous le soleil printanier et qui n'étaient pas si communs en ces temps où le fleurissement se trouvait plus rare.

Je les vois encore, devançant l'ombre lointaine du Châtelet et la butte de Monthard : j'étais subjugué par leur jaune foncé intense luisant au soleil.

En peu de temps, je me suis dit que ce qui importait pour mon futur était de vivre au voisinage de telles merveilles qui reflétaient une certaine idée de la liberté. J'ai peu après abandonné l'idée de « faire médecine » et me suis renseigné sur les exigences des écoles d'agriculture et d'agronomie, en allant ensuite jusqu'au bout.

Depuis, ces touffes sont toujours en place et refleurissent chaque printemps avec une densité accrue. Je ne manque jamais, sauf cette année, de les contempler et de refaire brièvement mon cheminement ultérieur. Avec un peu de nostalgie.

Dimanche 27 avril

Une autre plante est pour moi emblématique du printemps, de la lumière et du renouveau visible de la nature : la primevère.

Ici, et en dehors des jardins où on la trouve partout, naturalisée, avec ses coloris jaune, blanc, mauve et rose dans leurs différentes nuances, elle occupe largement les talus bien exposés, sous forme de touffes nombreuses à fleurs jaunes. Il en va ainsi au long de la petite route qui se dirige, à deux cents mètres de moi, vers Saint-Ursin. Maintes fois, j'en ai extrait des plants en mai après floraison (oh, le vilain !) pour les replanter dans mon jardin où elles reprennent sans peine pour peu qu'il y ait de la lumière, mais pas trop, et de l'humidité l'été. Elles s'hybrident facilement avec les autres, déjà en place et offrent ensuite un camaïeu fort joli de couleurs, mettant en relief les tulipes surtout mais aussi les jacinthes qu'elles accompagnent.

J'ai plusieurs fois essayé de les acclimater à mon sous-bois, notamment au niveau des « montagnes russes » au ciel assez clair. Sans succès et j'y ai renoncé.

Il en va autrement, de mon point de vue, de ces primevères « améliorées », vendues en jardineries, aux tons profonds blanc, bleu, bleu-violet, jaune, rouge… que l'on dispose dans les plates-bandes des jardins publics et privés : elles m'apparaissent totalement artificielles, souffrant des pluies et des vents et sont la proie d'oiseaux alors que les primevères « sauvages » agitent fièrement leurs fleurs face aux intempéries et résistent comme elles l'ont toujours fait.

Lundi 28 avril

« … non seulement les paysans d'ici se plient à l'immuable, mais […] le chérissent considérablement, ils le chérissent comme ils chérissent le retour immuable des saisons… », Lydie Salvayre, Pas pleurer.

Cette citation d'un ouvrage récent et à succès évoque la vie et le sort des Espagnols pendant la guerre civile, en 1936 précisément, et traduit bien la réalité d'alors qu'il faut replacer dans son contexte.

L'Espagne du moment était restée globalement en matière agricole comme dans les siècles qui avaient précédé, situation que l'on retrouvera aussi dans plusieurs pays d'Amérique latine, avec l'existence de *latifundia* étendus, à la faible productivité, peu ou pas mécanisés, détenus par de grands propriétaires, souvent absentéistes, et tenant leurs ouvriers ou leurs métayers dans une grande dépendance que l'on qualifie souvent d'« esclavage ». La situation perdurera au début du franquisme, mais finira par s'ouvrir aux progrès de tous ordres, même si elle persiste partiellement sous certains de ses aspects, dans les vastes zones sèches et peu peuplées, vouées à la culture des céréales, avec heureusement des rapports humains modernisés.

En France, ce tableau a existé il y a fort longtemps et la paysannerie a conquis ses droits progressivement dans le souffle de la Révolution. J'ai toujours été surpris de sa faculté d'adaptation aux évolutions techniques et l'on peut affirmer que ce secteur est aujourd'hui à la pointe de l'innovation, appuyée sur une recherche et un développement conséquents et performants.

Quant aux saisons, elles demeurent immuables et sont craintes ou espérées. L'agriculture y trouve ses bases et ses contraintes…

Mardi 29 avril

J'ai peu parlé jusqu'ici de mon « conservatoire » si ce n'est pour le présenter. Ce terme est d'ailleurs mal choisi : il ne s'agit pas de conserver des végétaux mais d'essayer d'en introduire en ce milieu peu favorable à la diversité de la flore. Je devrais plutôt le nommer « Jardin d'acclimatation ».

En l'installant il y a une quarantaine d'années, mon objectif était d'y planter une grande variété d'espèces et d'observer leur comportement ultérieur : survie, croissance, développement, résistance aux ravageurs et aux maladies. La seule concession faite au tentant « débrouille-toi » fut la clôture de cet espace afin de ne pas faire intervenir systématiquement les effets sur de jeunes plantes des grands animaux... et des moins grands. Sinon, j'ai toujours laissé faire, écartant tout apport d'engrais, par exemple de cendres de bois là où manque tant l'acide phosphorique car à quoi bon modifier un facteur limitant quand il s'agit d'observer un comportement *in situ* !

Il y a eu tout de même une exception, celle de la mise en place de produits anti-mollusques, les petites limaces... et les grosses étant très abondantes dans ce sous-bois même si on ne note pas leur présence à la première observation. Et les jeunes plantes disposées étaient bien tentantes !

Je présenterai prochainement un bilan de mes apports et des observations qui ont suivi. Il n'est pas glorieux !

Mercredi 30 avril

Quatre mois déjà depuis mon arrivée et un tiers de ma présence programmée ! Je commence à trouver que le temps passe maintenant très vite, trop vite, compte tenu de mes contraintes et travaux et de tout ce que j'ai prévu de faire.

C'est le moment d'un nouveau bilan que j'estime plus que satisfaisant. Je me suis parfaitement adapté à cette vie solitaire où tout fonctionne sans à-coups et lorsqu'il en survient, je prends mon temps pour les résoudre.

Maintenant que mon potager est pour l'essentiel semé ou planté et qu'il ne me reste qu'à l'entretenir, je mesure combien une vie isolée permet de mener d'ouvrages et ce, malgré mon âge. Une personne de trente ans ma cadette devrait pouvoir conduire aisément un bon millier de m^2, échanger ses larges excédents contre ce qu'elle ne peut trouver sur place et ainsi vivre pour un coût modeste, voire nul, en augmentant aussi sa production de volailles et en élevant quelques ovins. L'estampille « bio » pourrait être déposée et valoriser l'isolement et les temps anciens. Une voie à creuser…

Quant à l'absence de personnes sur place, cela ne me manque absolument pas. Peut-être à cause de la proximité relative de maisons habitées et à la circulation hachée mais tout compte fait modeste sur la route en contrebas.

Serait-ce différent si je me trouvais sans aucune vision lointaine, au moins supposée, d'êtres humains au fond d'une grande forêt ? Je l'ignore. Une autre expérience à tenter ?

Jeudi 1er mai

En cette « Fête du Travail », j'ai décidé de faire une escapade hors de mon domaine, en direction du cours inférieur de la Doucelle ou Teilleul, premier affluent important – ou son équivalent ? – de la Mayenne sur sa rive droite, venant de l'est puis du nord, long de 9,4 km et dont une grande fraction traverse Lignières-Orgères. Son confluent se trouve sur la commune de Saint-Calais-du-Désert, à son nord et au voisinage du chemin qui mène à la grotte Notre-Dame-de-Lourdes puis au chemin de croix qui le surplombe.

Comme lors de mon déplacement précédent, je n'emprunte que des chemins de terre ou presque et je traverse des prés, encore bien humides, lorsqu'il le faut pour atteindre mon but.

La Doucelle – j'ai toujours mieux aimé ce nom associé à ma commune avant sa fusion avec Orgères-la-Roche et aux seigneurs qui y vécurent – est très sinueuse et forme des méandres au gré des obstacles qu'elle a rencontrés au long de son évolution. Je la rejoins après sa sortie de la cluse qui passe sous le « Saut-à-la-Biche » et est le point le plus bas de Lignières, autour de 210 mètres.

Je suis son cours, tumultueux et bruyant en cette saison de relatives hautes eaux qui évitent ou sautent sur des pierres grandes et petites occupant son lit. Sa profondeur, évidemment très variable ne dépasse pas vingt à trente centimètres, sauf en des trous atteignant le double. Je me souviens de nos pêches aux écrevisses avec mes copains d'enfance, lorsque les populations étaient nombreuses et les balances à relever fréquemment. Nous barrions aussi avec des pierres des portions en aval puis en amont, afin d'attraper à la main des truites sauvages, souvent de taille non réglementaire…

Après deux kilomètres environ j'arrive au confluent. La Mayenne n'est guère plus forte. Une île est située en face sur laquelle j'aperçois de nombreuses jonquilles fanées. Je regagne mon ermitage après l'avoir longée, un peu, mêlée des eaux de son affluent si charmant et sauvage.

Vendredi 2 mai

J'ai donc laissé les eaux aller... jusqu'à l'océan Atlantique.

La Mayenne est un sous-affluent de la Loire, d'une longueur voisine de 202 km avec un bassin de près de 6 000 km². Elle prend sa source dans l'Orne, à La Lacelle, à 344 m d'altitude sous un versant de la forêt de Multonne et du Mont des Avaloirs au lieu-dit « La Noë fourragère », puis elle rentre vite dans la Mayenne et ainsi les Pays de la Loire, passant par Pré-en-Pail, Saint-Calais et Couptrain, toutes localités que j'aperçois plus ou moins bien car elles se trouvent en contrebas de mon lieu d'observation. En tout cas, je les domine !

La rivière a d'abord un trajet est-ouest jusqu'à Sept-Forges où elle prend une direction nord-sud qu'elle ne quittera plus, irriguant les trois villes les plus importantes du département, successivement Mayenne, Laval et Château-Gontier.

Grossie d'une bonne vingtaine d'affluents notables dont la Gourbe, la Colmont, l'Aron, le Vicoin et l'Oudon, elle quitte le département en formant, avec la Sarthe, la Maine au nord d'Angers. Pour certains auteurs, elle reçoit ce nom dès Château-Gontier et se jette ainsi dans la Loire à Bouchemaine (« Bouche-Mayenne »).

Son débit moyen est voisin de 50 m³ /seconde à la confluence avec la Sarthe. Il est cependant très irrégulier en raison des précipitations abondantes touchant son bassin et de l'imperméabilité des sols sur grès, granites et schistes. Ainsi, à Chambellay, en amont de sa confluence, note-t-on des extrêmes allant de 7 à 90 m³ /s, selon les mois et beaucoup moins les années de grande sécheresse comme 1976.

Dès le XVIème siècle, des travaux ont été entrepris pour rendre la Mayenne navigable de Château-Gontier jusqu'à Laval. D'autres furent menés au milieu du XIXème pour approfondir son lit, lui permettant de supporter des bateaux de 130 tonnes véhiculant matériaux, anthracite, grains, fruits et légumes. Elle est navigable de Laval à la Loire et canalisée jusqu'à Mayenne au prix de nombreuses écluses permettant aujourd'hui la navigation de plaisance. Tous les trois ans, en alternance avec la Sarthe, toutes les écluses sont ouvertes et laissent ainsi opérer, par abaissement du lit, les travaux nécessaires (« écourues »).

C'est l'éternelle histoire des « petits ruisseaux qui font les grandes rivières ».

Samedi 3 mai

Après les rivières, les monts qui forment le fond de mon paysage. À gauche, c'est-à-dire à mon sud-est, se trouve la longue échine de ce qu'on appelle souvent le « Mont des Avaloirs ». Il s'agit en fait d'une crête armoricaine, allongée d'est en ouest et qui forme une frontière grossière entre le Maine et la Normandie. Elle est constituée de grès et de quartzites, roches longtemps exploitées dans diverses carrières dont celle de « Bel-Air » au sud-est de Pré-en-Pail.

Les deux points les plus élevés en sont le Mont des Avaloirs qui, avec ses 416 mètres, constitue le point culminant du Massif armoricain et de tout l'Ouest français et le Mont Souprat atteignant 385 m.

L'ensemble, qui comprend des abrupts et des pierres impressionnantes à son pourtour, comme la « Pierre-au-Loup », était largement constitué de landes jusqu'à il y a une cinquantaine d'années. De nombreuses parties ont été enrésinées au cours de la seconde moitié du XXème siècle, avec le concours du Fonds forestier national, notamment vers le sud. Ailleurs, on y observe un mélange de châtaigniers, de bouleaux et de chênes à la croissance lente.

Sur les pentes sud et le Mont Souprat, des espaces sont de plus en plus cultivés, au moins enherbés.

Cet ensemble est aisé à distinguer alentour par son imposant relais de télévision, visible de très loin, et qui avait été « plastiqué », sans grands dégâts, par des autonomistes régionaux il y a une cinquantaine d'années.

Ce massif de Multonne, au climat sévère et à la flore et la faune originales, fait partie du Parc naturel régional Normandie-Maine.

Un ensemble resté sauvage et âpre, aux points de vue si vastes et éblouissants.

Dimanche 4 mai

L'autre massif forestier que j'aperçois au sud-est est constitué par la forêt de Pail. En fait, je n'en découvre qu'une fraction, au voisinage de la forêt de Multonne, précisément celle de la « Corniche de Pail », un second terme peut-être pré-romain, de l'ancienne racine *pala* signifiant montagne.

Ce massif de plus de 2 700 ha, allongé sur une dizaine de kilomètres dans une direction nord-est – sud-ouest et culminant à 383 mètres, constitue le vestige d'une vaste étendue boisée qui occupait, au début du Moyen Âge, les limites de la Normandie et du Maine.

Elle appartient aujourd'hui à une famille d'industriels constituant un très important employeur local qui, au-delà des disques et CD, se diversifie face à une concurrence redoutable.

Une bonne partie de cette forêt est sur les communes d'Averton et de Crennes-sur-Fraubée tandis que sa fraction « Corniche » se déploie sur Villepail, Saint-Cyr-en-Pail et Pré-en Pail.

Après la Révolution, elle a été dévastée et des chouans, dont on mentionne la présence en 1797, s'y sont retirés.

Elle est située aussi sur grès et quartzites, et sa composition est variée compte tenu des reliefs et des expositions mais majoritairement constituée de chênes avec des hêtraies à houx, des tourbières et des plantations de résineux faites dans le dernier tiers du XXème siècle.

Il est facile de la repérer depuis mon domaine par la position des éoliennes implantées aujourd'hui à Saint-Cyr-en-Pail. Et ce, dès la fin des années 50, à une époque où l'on ne faisait guère attention à ces ressources marginales.

J'ai toujours été attiré par la « Corniche », signalée aux touristes au début de la route qui part de Pré-en-Pail.

Il y a une cinquantaine d'années, les landes y dominaient surtout dans la partie ouest qui constitue un balcon sur la Haute-Mayenne. Le caractère sauvage de ces endroits était imposant. Puis il y eut les plantations de résineux, sur la crête centrale notamment.

Heureusement, des naturalistes se sont ensuite intéressés à ces espaces à la flore et à la faune caractéristiques ; ils ont obtenu un *statu quo* en limitant le boisement naturel, en « entretenant » la lande pour la protéger des visiteurs au moyen de sentiers pédagogiques qui accueillent écoliers, touristes et amateurs de grandes étendues très typées, et de vols de busards qu'il a fallu protéger.

Lundi 5 mai

Affairé à placer des branchages sur mes carrés de pois qui ne demandent qu'à en faire l'ascension, je n'avais pas entendu la venue d'un couple d'âge mûr qui m'adresse la parole avec un fort accent britannique depuis le chemin.

Ils m'expliquent qu'ils ont quitté Caen en début de semaine dernière et se dirigent vers le Mont-Saint-Michel, mais en suivant un trajet nord-sud car ils veulent découvrir Jublains avant de bifurquer ensuite vers l'ouest. Leur chargement est lourd et ils ont sur leurs épaules leur matériel de camping.

Comment sont-ils arrivés jusqu'ici ? Grâce à Saint-Ursin dont ils me montrent l'existence pour eux sur leur carte.

Il est 17 heures environ et je m'informe de l'endroit où ils comptent dormir ! Ils n'en savent rien et me font comprendre qu'ils aimeraient maintenant se reposer, étant partis d'Argentan ce matin et ayant parcouru, en passant par Lignières, près de trente-cinq kilomètres.

J'avoue hésiter un peu, mais pas trop tout de même, car leur proposer de passer la nuit ici constitue une entorse à mon « règlement » exigeant.

Néanmoins, je devance leur demande en leur offrant de monter leur tente sur ma terrasse après que nous y aurons dîné.

Je leur indique des choses à voir en proximité immédiate pendant que je vais préparer un repas – poulet et pommes de terre sautées – que nous prenons dès 19 heures. Je leur ai laissé bien évidemment les places à la vue.

Nous devisons de tout et de rien, chacun de son côté avec ses déficiences linguistiques. Ils ne me paraissent pas surpris de mon installation ici à long terme. Ce qui m'intrigue !

Comme ils doivent partir tôt demain pour joindre *Noviodunum* à une bonne trentaine de kilomètres, tout le monde est au lit dès que le jour décline, eux dans leur duvet sur leur tapis de sol, moi dans mon lit, tous les trois dans le même milieu.

Je m'endors, pas mécontent de ma proposition transformée par leur accord.

Mardi 6 mai

Décidément, les jours se suivent et peuvent se ressembler par des rencontres. En fin de matinée, je contemple mes pondeuses et leur coq qui déploient une activité fébrile, lorsque j'entends des pas de chevaux. Sur le chemin arrivent deux cavaliers. L'homme, je l'ai connu il y a quelques années quand il accompagnait et éduquait des débutants. Il finissait son tour par le pré sous mon ermitage. La jeune femme qui l'accompagne est une cavalière déjà à l'aise. Ils réalisent une boucle, sont passés par Saint-Patrice-du-Désert et se dirigent vers Couptrain.

Comme ils mettent pied à terre, je m'avance vers eux et nous devisons d'équitation et du caractère si agréable des randonnées équestres par une belle journée de mai. Ils repartent...

Je ne peux m'empêcher à la suite, pendant mon repas, de penser à tout ce qu'a apporté le cheval dans nos contrées comme ailleurs, spécialement en Normandie.

Il y a une trentaine d'années, un jeune homme entreprenant, J.G., avait créé à La Rossignolière, tout près du bourg de Lignières, un premier centre équestre bien installé. Nos enfants, comme d'autres, appréciaient ses leçons exigeantes, ses conseils et les randonnées qui terminaient les semaines de stage. Mais de là à en vivre, il y avait un pas qui n'a pu être franchi. Une démarche positive entreprise trop tôt !

Depuis, un gîte équestre a vu le jour sur « Beauvais » qui associe cheval et bien-être en pleine campagne. Plusieurs personnes élèvent un cheval, mais ce n'est pas la ruée. L'équitation constitue un sport exigeant, féminisé à 80 %, avec une rude concurrence entre les établissements. C'est une école de courage et de noblesse qu'il faut affronter par tous les temps.

Ici, elle peut constituer un complément d'activités pour des personnes ne ménageant pas leur peine et sachant attirer par rapport à de nombreux « ailleurs ».

Mercredi 7 mai

Amateur de photographie et disposant déjà d'une collection étendue sur Lignières-Orgères et sa région, j'ai bien entendu apporté en arrivant mon appareil avec une provision suffisante de possibilités, de l'ordre de 2 000.

La grande différence avec mes nombreux clichés pris pendant un demi-siècle à La Croix-Guillaume est de deux types : la plupart de mes photos ont été obtenues avec mon Réflex argentique et maintenant, je suis passé au numérique pour des raisons de commodité, mais non sans regretter le premier, ses infinies possibilités et la joie de la découverte à venir ; ensuite, n'ayant été ici que de passage, même fréquent, je n'ai pu capter que les instants qui s'offraient à moi... en ne pouvant en fixer d'autres, meilleurs, plus poétiques, surprenants ou inattendus.

Avec ce séjour si long et ma présence en continu, je vais pouvoir saisir bien autre chose : une multitude de levers et couchers de soleil, de jeux de lumière dans les arbres et la végétation arbustive et herbacée, de phénomènes climatiques comme des brouillards irradiés de soleil, des gelées tenaces, des pluies diluviennes peut-être, de la neige, de vues prises de mon ermitage, de fleurs et d'animaux qui me feront le bonheur de passer, voire stationner à ma proximité.

Tout un programme qui m'a séduit et que j'ai mis en action dès le 1er janvier. Le compteur indique aujourd'hui 626 clichés. Il va falloir que je me modère un peu !

Jeudi 8 mai

Il y a soixante-neuf ans, l'Allemagne nazie, à l'agonie, capitulait. Quelques prisonniers avaient pu rentrer au cours des jours précédents, mais la plupart étaient encore incarcérés en Allemagne.

Près de neuf mois après la Libération de Lignières, c'est bien sûr la joie et la fin – difficile – d'un cauchemar amorcé six ans plus tôt, en septembre 1939, quand les cloches de l'église avaient tinté tout l'après-midi. Aujourd'hui, elles sonnent à toute volée.

Le travail s'arrête, la population se rassemble, peut-être dans le doute et pour certains avec le souci constant de ceux qui sont encore retenus et des militaires en opération. J.L. monte jusqu'au clocher et y dépose un drapeau tricolore. Des Jeunes font sauter des fusées récupérées dans des convois allemands laissés par les troupes en fuite.

Un bal est improvisé dans la partie « café » de l'épicerie Rebours : des personnes de tous les âges se mettent à danser, surtout à gesticuler car ce type de distraction était interdit sous l'Occupation. Un accordéoniste d'Orgères forme à lui seul l'orchestre et joue en continu le même morceau jusqu'au matin. Peu importe !

Dans la soirée arrive F.B. de retour du Stalag. Il entonne des chansons anti-nazis apprises auprès de ses compagnons d'infortune.

La joie des participants est immense et inoubliable : aujourd'hui on sait que la guerre est officiellement finie. Le 14 août précédent, la Libération était certes intervenue, mais les combats étaient proches et on ignorait tout de leur issue.

Depuis, il a fallu reconstruire, réparer et vivre les privations multiples… qui vont encore durer cinq ans, certes en s'atténuant.

Vendredi 9 mai

Il fait beau et chaud et la végétation progresse à toute vitesse ! Les châtaigniers ont maintenant d'amples feuilles et les fougères aigle sont presque totalement dressées. Le bois a pris sa tenue couverte qui annonce l'été, mais sous des verts très tendres contrastant avec les feuillages des pins rendus cependant légers par toute la lumière qu'ils laissent passer.

Les bruits viennent de partout : du « ciel », du haut des roches, des passages furtifs d'oiseaux, des cheminements divers qui sillonnent la couche superficielle encore riche en feuilles aujourd'hui sèches, ainsi que du lointain selon une identification difficile, mais faisant partie du « paquet de printemps ».

Des moments où on se sent léger avec, en toile de fond, un accroissement à venir des longues journées et du « beau temps ».

C'est une époque dont se dégagent un « trop-plein » de possibilités et un certain enivrement, à la manière du « printemps de la vie », c'est-à-dire des moments où l'individu se sent riche de possibilités, confiant dans la durée de ses actions futures et non encore trop inquiet de son devenir.

Je ne résiste pas à réagir et à profiter de cette situation en faisant plusieurs fois de suite, selon des trajets différents, le tour de mon petit domaine.

Dans la diversité de mes voisins de rencontre, je réalise à nouveau ma confrontation à une expression de la « beauté du monde ».

Quelle chance pour moi, renforcée par mon choix de vie !

Samedi 10 mai

Parmi les regrets associés à mon expérience, il y a celui de ne pas avoir « emménagé » ici avec un âne. Pourquoi ?

Dans la région proche, j'en ai recensé une bonne dizaine dont deux voisins de l'un de mes prés à « Bellevue » sur Lignières. Je ne manque jamais de m'arrêter, lorsque je passe à proximité, au sommet de la côte avant le chemin que j'emprunte ensuite. J'ai pris une habitude : celle de klaxonner plusieurs fois à quelques centaines de mètres. Lorsque j'arrive à leur hauteur, ils sont déjà là. Je les caresse et leur parle avec les noms que je leur ai attribués. C'est une merveille que d'être auprès de ces animaux intelligents auxquels il faut expliquer avec constance ce que l'on attend d'eux. La réciproque est plus rapide...

Si je ne suis pas arrivé en ce lieu avec un âne – par exemple un Normand, de petite taille –, c'est que je craignais de ne pouvoir assurer mes devoirs avec lui, ou elle, à mon retour dans le monde.

Sinon, je disposais de ce qu'il lui fallait avec un vaste territoire permettant d'en entretenir à l'année au moins quatre, des ronces dont il viendrait progressivement à bout et une nourriture variée à disposition. Manquaient seulement deux ballots de foin et un de paille afin de le combler en hiver et lors de l'automne suivant, et un abri dans lequel il se serait senti à son aise. Des questions plus que solubles, de même que son entretien courant dont la nécessaire taille de ses sabots.

Mais il y avait un « hic », celui de l'indispensable clôture sur un grand nombre de mètres, faute de laquelle, j'aurais eu souvent à le chercher. Un enclos limité ne me convenait pas pour lui et encore moins une mise au piquet.

Je me suis ainsi privé d'un compagnon sociable avec lequel j'aurais pu échanger davantage qu'avec mes poules et mes abeilles ! Mais deux raisons importantes militaient en ce sens.

Dimanche 11 mai

Les deux villages les plus proches du lieu de ma retraite sont La Pallu et Saint-Calais-du-Désert, avec un léger avantage pour le second.

Leurs clochers sont en conséquence dans mon champ de vision grossièrement à l'ouest-sud-ouest et au sud-sud-est. On y voit alentour les maisons du bourg rassemblées autour de leur sanctuaire. Mais l'observation de chacun est bien différente : l'église de La Pallu, avec son clocher long et étroit se situe au sein d'une zone nettement plus basse et est souvent accompagnée de teintes bleutées et enveloppée de brume. Celui de Saint-Calais, situé sur un promontoire, se détache dans le paysage et constitue un point de repère facile à identifier. On en voit nettement les détails, et brouillards et brumes restent cantonnés à la vallée de la Mayenne qu'il domine.

Les autres sont nettement plus distants comme Neuilly-le-Vendin avec son clocher également haut et effilé et Saint-Cyr-en-Pail dans un relatif lointain mais facilement localisable par les éoliennes.

Que de villages et que de hameaux en raison de l'habitat si dispersé de ce canton de neuf communes avec son si petit chef-lieu constitué par Couptrain, une population légèrement supérieure à 4 000 habitants et une densité voisine de 25 habitants par km^2 ! Son territoire est de 166 km^2 dont Lignières-Orgères, vaste commune, représente un petit quart.

Mais ce canton va prochainement évoluer dans la perspective des élections dites aujourd'hui « départementales », avec un regroupement de trois « anciens » : Couptrain, Pré-en-Pail et Villaines-la-Juhel pour une population totale proche de 17 000 habitants. Une dimension jugée aujourd'hui nécessaire avec une superficie de 584 km². Une rupture historique !

Lundi 12 mai

Après les moments récents de chaleur, le temps est aujourd'hui instable avec des plages de soleil voilé et des ciels très gris. En tout cas, la croissance au potager est au rendez-vous.

Je suis surpris de la taille atteinte par toutes les pommes de terre. Les « Institut de Beauvais » dominent certes leurs voisines, mais d'une dizaine de centimètres seulement. C'est un océan d'un beau vert tendre qui s'offre à moi et je reste perplexe sur la nécessité ou non d'un traitement contre le mildiou. Certes, l'isolement joue en ma faveur mais il a fait chaud à des moments et beaucoup plu. Je vais attendre encore quelques jours avant de juger de l'opportunité d'un apport de bouillie bordelaise.

Les pois sont très hauts et j'aperçois des boutons floraux déjà en développement.

Je mange depuis quelques jours les premiers radis pourtant semés tardivement, mais qui ont une grande vigueur depuis deux semaines. Toutes les condimentaires sont bien levées et forment une mosaïque d'aspects et de couleurs avec des dégradés de vert.

En revanche, les betteraves potagères m'apparaissent paresseuses. Comme j'ai gardé de la place, ne serait-ce que pour les poireaux dont je veux faire une ample culture, je procède à un nouveau semis de poirée verte destinée à une production d'automne.

Favorisés par le climat du printemps, les topinambours atteignent le mètre, notamment ceux à racine ivoire. Les deux autres suivent le mouvement. De belles perspectives de productions à venir, au moins s'il n'y a pas d'intrus gourmands et turbulents !

Mardi 13 mai

« … les champs, recouverts sur des kilomètres à la ronde par les blés chatoyants, étincelants comme en plein jour. Il était presque impossible de ne pas être ému par la beauté radieuse du ciel… », Francis Scott Fitzgerald, L'Etrange histoire de Benjamin Button.

En cette matinée ensoleillée et déjà chaude, je décide de faire un tour très élargi de mon petit domaine.

Cette année, les rotations – et de plus en plus leur limitation à une expression minimum – ont fait que je vois du blé et encore du blé à l'horizon qui s'offre à moi, c'est-à-dire vers le sud. Je longe ces parcelles devenues grandes au fil des réunions et des arrachages de haies, et je trouve toute une activité en leur intérieur que je perçois fort bien du chemin que j'emprunte. Ce sont avant tout des oiseaux, noyés dans la montaison des plantes, qui gazouillent, se déplacent et, semble-t-il, combattent afin d'affirmer et de de défendre leur territoire. S'agit-il d'alouettes ? J'en doute un peu. J'ai beau frapper des mains, nul oiseau ne s'aventure en dehors de ce couvert touffu et protecteur.

J'ai perçu récemment des tracteurs et leurs attelages effectuant des pulvérisations. Pauvres volatiles qui s'aventurent ainsi et côtoient les pesticides épandus !

Mes vieilles habitudes de phytiâtre me conduisent à observer *in situ* l'état des plantes en pleine ascension : aucune tache suspecte n'est décelée et seuls quelques pucerons sont présents à l'aisselle des feuilles les plus hautes. La chimie a opéré avec ses promesses tenues… jusqu'à quand ?

Mercredi 14 mai

Mon regard se porte une nouvelle fois vers Neuilly-le-Vendin, ce qui m'amène à consulter encore les œuvres de l'abbé Angot, dans lesquelles je trouve une description de l'état de cette commune par le précieux Cahier de doléances de 1789, précieux car issu des affirmations d'une population excédée par les abus des possédants, la routine, les disettes, et dont ressort le bon sens de ces personnes pour apporter remèdes à des situations critiques.

On y lit : « … le terrain est très mauvais ; la tierce partie n'est que landes et bruyères ; le peu de grains que le sol produit est mangé par le gibier des seigneurs. La Mayenne, qui traverse la paroisse, ravage les terres, désemence les grains, vase les foins et les entraîne et cela, pour ainsi dire, toutes les années. Les habitants sont presque tous journaliers, couvreurs, maçons ou bûcherons dans les forêts… ». On y apprend aussi que 80 hectares labourables sont cultivés par des particuliers de communes voisines, et ce sous forme de récrimination.

Ces Cahiers ont constitué le déversoir de rancunes engrangées au fil des siècles précédents, transmises et peut-être amplifiées de génération en génération.

C'est clair, le paysan, au sens large, vivait en permanence à la merci d'un foule incroyable de périls et de pouvoirs qui imposaient et prélevaient pour assurer leur continuité. Il ne maîtrisait pas grand-chose et se contenait de subir... le moins possible !

Jeudi 15 mai

Concernant La Pallu, plus proche et comme endormie dans son halo bleuté, le même auteur évoque une « Confrérie de charité », sous le vocable de Saint-Eloi, approuvée par une bulle papale d'Innocent XI du 26 avril 1678. Elle avait pour objet « ... de soulager les pauvres, d'assister les malades, de faire éviter l'ivrognerie, le jurement, les rancunes et autres désordres ». Des buts louables... qui sont encore tous d'actualité !

Elle admettait les adhérents de paroisses étrangères – c'est-à-dire d'autres communes – qui n'étaient pas dotées d'une telle structure et souscrivaient à ses buts. Son organisation reposait sur une division de la paroisse en « quartiers » dont chacun avait un frère servant.

L'abbé Angot nous indique l'existence d'un Bâton, « sorte de monstrance d'un mètre de haut, où Saint-Eloi est encadré » exposé près des fonts baptismaux.

Cette Confrérie, réorganisée après la Révolution, « a cessé de fonctionner vers 1850 ».

Ici comme ailleurs, il s'agissait d'œuvres qui soulageaient les si nombreuses misères humaines, à l'initiative de prêtres connaisseurs des besoins de leurs ouailles et de laïcs qu'ils mobilisaient autour d'eux.

Il y avait loin entre les fastes, les abus, voire les extravagances, de la hiérarchie et ceux qui côtoyaient en permanence la réalité des problèmes...

Vendredi 16 mai

« Se sentir solitaire, tant d'esprit que de corps, incline vers la solitude, et la solitude elle-même incline à plus de solitude encore », Francis Scott Fitzgerald, Tendre est la nuit.

Après 135 jours passés seul ou presque à « La Croix Guillaume », je fais mienne cette phrase de Fitzgerald. Cette durée – brève dans vie d'une personne – a suffi à me détacher du monde qui m'entoure.

Je suis bien conscient de la réalité des évolutions nouvelles, surprises bonnes ou mauvaises, qui se sont produites en quatre mois et demi mais je ne cherche même pas à les imaginer... et pourtant les moments pendant lesquels je dors peu ou mal sont nombreux, mais je les consacre à ma vie ici, à mes projets qui apparaîtront peut-être trop simples ou futiles à mes lecteurs. Ils me contentent cependant et constituent aujourd'hui l'univers au sein duquel je me sens bien, chargé à ma mesure, sans avoir à redouter de ne pas arriver à accomplir les tâches que je me fixe, peut-être parce que je les retiens en connaissance de cause.

Pour autant, je ne crains pas les rencontres comme les deux qui se sont produites récemment. Je dois admettre toutefois qu'elles ne m'apportent pas grand-chose et qu'il m'est déjà arrivé de ne pas dévoiler ma présence lorsque j'entendais passer des randonneurs...

Cette attitude est-elle due à la fin que je sais programmée de mon isolement ? Peut-être, mais j'en doute en raison de la forte empreinte que m'a déjà imprimée mon isolement.

J'ai trouvé un équilibre dans cette situation, un équilibre que je trouve agréable à vivre, reposant et qui comble mes attentes passées.

Samedi 17 mai

Parmi le nécessaire de couverts apportés avant mon installation, je retrouve aujourd'hui – pourquoi ? – une cuillère en étain marquée « Esnoult », et ainsi originaire de Lignières. En effet, dans les années 1920-1930, existaient sur la commune deux fabriques de cuillères où il était fait également de l'étamage et du rétamage.

La marque venait d'une personne appelée couramment « Mère Esnu », qui était domiciliée et avait son atelier rue de Buard, face à l'ancienne menuiserie de D.L. L'autre fabrique était située au hameau de La Choletterie et était conduite par un certain Chauvin.

Pour fabriquer les différents types de cuillères, il fallait faire fondre l'étain dans un récipient – à 232 ° C – puis le verser dans un moule. Après refroidissement, on retirait l'objet.

Quant à la pratique de l'étamage, elle s'adressait aux ustensiles de cuisine en fer ou en laiton, préalablement décapés, plongés dans un bain d'étain, puis retirés rapidement. Ils étaient alors recouverts d'une pellicule qui leur donnait un beau brillant et empêchait la corrosion (« fer-blanc »).

Le rétamage était appliqué selon la même technique aux pièces abîmées et qui retrouvaient ainsi l'éclat du neuf. Les fourchettes ne pouvaient être faites de ce métal trop malléable. Élaborées en fer ou en laiton, elles subissaient ensuite un étamage.

On trouve ces ustensiles de repas, sous leurs deux estampilles, au Musée de la commune… et encore dans de nombreux foyers.

Aujourd'hui, il est interdit de s'en servir pour raison sanitaire à cause du saturnisme provoqué par le plomb contenu dans l'étain.

Dimanche 18 mai

Une belle journée en perspective… propice au séchage du linge. C'est pourquoi je me hâte ce matin de me rendre à la partie « lavoir » de mon étang. Avec les conditions climatiques du printemps, je procède à une lessive chaque semaine. Aujourd'hui, outre mon linge habituel, je dois laver mes draps et il me faudra ensuite les disposer « sur pré » afin qu'ils soient secs dans l'après-midi.

Mon « lavoir » est donc implanté au niveau de l'évacuation de la pièce d'eau. J'y ai installé deux pierres plates sur lesquelles je peux « battre » à mon aise et, pour éviter une pollution mal venue, j'ai apporté du sable sur quelques mètres en aval. En fait, la pollution est minime car je n'utilise que du « savon de Marseille »…

C'est une bonne leçon du passé que de pratiquer ainsi, et de mesurer les difficultés de ce lourd labeur… réservé alors aux femmes !

Il faut d'abord se protéger de l'eau par son « caisson » – un modèle d'origine retrouvé – puis procéder en premier au trempage avant de frotter les pièces : un long et fastidieux travail avec alternance de savonnages et de coups de battoir ; ensuite, on doit rincer plusieurs fois, secouer, tordre et étaler sur l'herbe, en fait celle du pré en contrebas de ma cabane.

Et, quand je me relève, je sens mon dos qui a bien peiné !

On comprend aisément, en ayant accompli cette tâche, que les lavandières d'antan aimaient à se regrouper dans les nombreux lavoirs dispersés pas trop loin des habitations, et échanger sur les nouvelles locales, ce qui leur faisait supporter un peu mieux leurs dures conditions d'existence au contact de l'eau fraîche ou froide après « la buée ».

Lundi 19 mai

Avez-vous déjà entendu et ressenti une grosse pluie sous des arbres à la belle saison ? Rien à voir avec l'habituelle en terrain découvert.

Là, tout est affaire d'obstacles et de milliers de rebondissements induits... et les bruits dépendent des rencontres des gouttes : feuilles mortes au sol, aiguilles de conifères en hauteur, feuilles tendres de châtaigniers ou de bouleau, végétation brève et étouffante des myrtilles, douceur des mousses et des aiguilles en décomposition...

La nature est habitée de mille surprises et vous êtes sur le qui-vive en fonction de tous ces signaux. Chaque bruit paraît amplifié. En se promenant, et au lieu d'être uniformément mouillé, on se retrouve trempé à certains endroits et presque sec à d'autres. C'est le hasard de nos rencontres.

En conséquence, les sols qui paraissent mouillés ou peu trempés sont inégalement servis. Et beaucoup reste en hauteur, attendant l'évaporation à venir, lente ou rapide selon la suite. Sous un couvert de résineux bien peu arrive au sol, surtout en cas de bruine. C'est une importante source d'inégalité pour les terrains boisés... mais l'Évolution en a heureusement tenu compte avant cette simple observation !

Que pensent de ce temps mes abeilles ? Rien de bon, semble-t-il : à proximité des ruches peu de monde s'agite. Et pourtant genêts surtout et ajoncs rivalisent de fleurs attirantes mais pas toujours prisées. Le temps des pins arrivera heureusement vite.

Mardi 20 mai

Toujours la pluie, en continu depuis hier après-midi.

Il fait bon rester protégé en observant. Le plafond est bas et de courts fragments de nuages paraissent çà et là. En atteignant les premiers grands arbres, ils prennent avec facilité de l'altitude.

J'entends quelques gouttes tomber du bord sud-est de la toiture : une jonction « shingle » mal faite sans doute, à vérifier mais plus tard.

Bien qu'il soit près de midi, je me recouche : la surélévation de mon lit est précieuse car depuis ce monticule je n'ai qu'à bouger la tête pour m'échapper par les cinq fenêtres.

L'humidité est forte à l'intérieur, aussi je craque une allumette et fais redémarrer mon poêle, résolument éteint depuis le 10 mai. Comme une survivance de règles administratives de la « civilisation ».

Les carreaux perdent leur buée progressivement. De pâles lueurs apparaissent au sud-ouest. Un bon signe car le vent en provient.

La pluie cesse, tous ces espaces me paraissent décidément bien vastes. Quelques rayons de soleil amèneront la fin rapide des passages nuageux. Ils frappent le clocher de La Pallu puis reculent rapidement.

Ce jour, je m'autorise à ne rien faire, sauf la tournée habituelle de 15h qui permet de quantifier l'eau abondamment tombée : 22 mm.

Tout a pénétré, mais de vastes flaques s'égrènent au long du chemin en raison des engins de l'Homme passés par là.

Mercredi 21 mai

Petit matin de toiles d'araignées. Les conditions étaient réunies pour qu'elles soient là. Elles sont innombrables, et à toutes les hauteurs.

Mon premier tour est le plus grand. Au début, j'évite les rencontres directes avec ces constructions éphémères, remarquables et fragiles car je ne veux pas déranger les ouvrières auteures de tels chefs-d'œuvre. Puis je réduis mon attention et à la fois je détruis et sers de réceptacle à celles que je rencontre.

Dans quelques heures, il n'en restera plus rien et les arachnides auront changé d'endroit dans l'attente d'un autre travail futur. On ne les verra plus, sauf si l'on soulève la bonne pierre ou les feuilles choisies par eux.

J'arrive au potager où la végétation ploie sous l'eau accumulée.

Ce printemps est vraiment tardif après un départ en mars éclatant. Les haricots n'ont toujours pas émergé. Se plairont-ils dans ce sol si acide ? Qui réussit si bien à mes pommes de terre, pas très régulières, mais atteignant déjà une soixantaine de centimètres. Il faudra que je les « ré-enterre ».

Côté polygonacées, tout va bien en revanche : la rhubarbe, grosse exigeante en eau, est ravie. J'en cueille pour la compote du dîner.

Quant à l'oseille, elle est haute en graines ; une brassée accompagnera, bien mijotée, mon poulet de midi.

Jeudi 22 mai

« Le printemps à Combourg », François-René de Chateaubriand, Mémoires d'outre-tombe.

Les nouvelles averses se sont calmées et quelques rais de soleils passent à travers les branches.

Quel spectacle que celui des genêts d'or – ah les bien nommés ! – ondulant sous la brise devenue légère et quelle floraison éclatante !

Avec un léger retard en ce printemps finalement tardif, leur floraison est éblouissante par son intensivité ; elle marque le retour de la belle saison.

On trouve dans nos modernes jardineries des genêts « améliorés » par une sélection horticole très active : quelles pâles répliques jaune citron ou plus orangées aux fleurs petites et rapprochées qui feront le bonheur de jardiniers adeptes de l'ordre, du « plus » sur les voisins, et des rythmes floraux assurés !

Imaginez un peu la juxtaposition des deux dans un lieu encore « sauvage » : d'un côté, vous avez la noblesse, la réponse à la dureté des conditions de vie mais la certitude d'un renouveau souvent irrégulier sous la dépendance d'un milieu changeant (« Une année bonne et l'autre non », comme dit le poète), de l'autre une diminution du risque avec un produit « normalisé » mais un peu tristounet.

Gardons à la nature non utilitaire ses caractères, elle est tellement plus belle !

Vendredi 23 mai

Dix degrés d'écart en quelques heures.

Il faut vivre la moiteur. Mais où la ressent-on ? La mini station météo étant bien entendu en terrain découvert, c'est donc d'abord là qu'on s'en aperçoit, un peu surpris et de la rapidité et de l'importance du phénomène.

Et ailleurs ? Il fait bien frais sous les arbres : la chape de la canopée, certes par endroit discontinue, a son effet « cocotte » à la baisse, comme à la hausse d'ailleurs.

Dommage que je ne dispose pas d'un hygromètre portatif : les 22 mm de ces derniers jours ont fait grimper l'appareil fixe à 90 %. C'est sans doute à saturation sous les arbres. Comme il fait chaud au-dessus des feuillages, l'évaporation y est intense, mais il y a un petit vent du sud-ouest et beaucoup de gouttes – ou plus – tombent sous l'effet du soleil. Non, aucun nuage dans le ciel !

Le « grand tour » est un peu oppressant, à la manière des parcours sous les forêts denses inter-tropicales.

L'inversion de température est bien sensible ici : ouvrons grandes les fenêtres afin d'anticiper le brassage à venir.

Hier, la végétation alentour était effondrée sous les coups de boutoir des pluies denses et ceux de vent associés. Maintenant, l'heure est au relèvement des têtes, le poids d'eau s'étant bien allégé et les mécanismes de la physiologie végétale du temps normal font leur œuvre.

Dans deux heures, il fera chaud : la nature a repris de grandes forces liquides, elle va exprimer promptement sa vigueur.

Samedi 24 mai

« Persuadés que nous vivons aujourd'hui une période de transition écologique... », François Papy, Nicole Mathieu et Christian Ferault, Nouveaux rapports à la nature dans les campagnes.

25° durant l'après-midi accompagnés d'une légère brise du couchant. La vie à La Croix-Guillaume est encore plus enchanteresse quand le ciel est bleu et qu'il y fait bon. Et pourtant, mon propos se veut « égalitaire » quelles que soient les conditions climatiques car je le ressens ainsi depuis le début de ma présence.

Je suis aussi venu ici pour confirmer ou infirmer ma conception « rousseauiste » ou « moraliste » de la nature, qui date lourdement et fait souvent sourire. Eh bien, au bout de cinq mois, je confirme mon attachement à l'harmonie des rapports entre l'Homme et la Nature et au fait qu'ils représentent, de plus en plus peut-être, le Bien.

Suis-je fixiste ? Certes non car la Nature évolue (les natures ou climax) par elle-même, ainsi qu'on peut le constater à échelle infra-humaine, et beaucoup plus vite par à-coups, une question de « rencontres », et de façon accélérée sous les actions anthropiques, comme en matière de climat.

La seule question qui vaille est de savoir où l'on veut aller. C'est tout le problème des relations villes-campagnes qui passent actuellement de nouveaux « contrats ». Il est décidément bien loin le temps où la séparation des milieux rural et urbain, universelle, devenus étanches, était tellement facile qu'aucune alternative n'était présentée ni même supposée. On y est venu en France en moins de 40 ans.

Et il est donc plus que jamais temps de savoir ce que l'on choisit, en refusant toute conception extrémiste, allant de l'écologisme jusqu'au-boutiste au massacre organisé par les tenants de la supériorité humaine sur la Nature.

Dimanche 25 mai

La nuit a été douce et les pins ont bougé et un peu craqué sous l'effet du vent.

Matinée limpide avec un chaud soleil : un temps rêvé pour observer et écouter l'étang. Une lumière éclatante le frappe. J'arrive, accompagné de nombreux mais irréguliers « ploufs ». Dames grenouilles ont bien senti le danger et se sont réfugiées dans l'eau protectrice.

Je fais mon tour d'abord vers l'est. J'aperçois entre deux eaux des yeux qui m'observent : rien ne vaut la protection de ce milieu qui permet de se dissimuler mais surtout de fuir très vite et de se retrouver temporairement à l'abri. Gare à d'autres prédateurs alors !

Je suis toujours surpris de constater le résultat des plaques d'œufs – de moins en moins nombreuses – vues à la surface en fin de saison hivernale : que de promesses pour quel faible résultat ! L'échec est la règle, heureusement d'ailleurs car comment vivrait le monde ?

On est totalement habitué à le voir qu'on ne le constate plus : cette impitoyable sélection aboutit sans cesse à de nouveaux équilibres. Ce qui surprend et retient l'attention, c'est l'état de rupture avec disparition. On en recherche de plus en plus les causes, au moins pour ce qui est « gros » comme certains animaux emblématiques, et suscite, si ce n'est la compassion, au moins l'intérêt.

Ne sont-ce pas ces non-équilibres qui font l'Évolution ? Mais, à la manière de la majeure partie de l'iceberg, l'ensemble nous restera caché, pas étranger cependant dans ses conséquences.

Lundi 26 mai

Ce jour inspire coureurs, joggers et promeneurs.

Depuis le poste d'observation que représente la terrasse où je me trouve à découvert mais sans que l'on me repère au premier coup d'œil, je subis avec ravissement la montée du soleil qui éclaire une planche puis l'autre. Bientôt tout sera uniforme, noyé par le flot d'un soleil devenu généreux, presqu'à son zénith.

À ma droite, je viens de percevoir un bruit sourd et léger : c'est mon ami E. qui a entamé il y a peu sa course toujours matinale depuis La Patricière et ses tourbières. C'est un proche voisin sur Lignières, à moins d'un kilomètre par ce chemin.

Je sais qu'il apprécie ce passage forestier, vallonné, avec un bon dénivelé, mais aussi que je ne l'apercevrai plus aujourd'hui : il a ses habitudes et préfère, avec raison, les boucles aux linéaires repassés. C'est un solitaire très discret. De lui-même, il ne fera jamais un crochet par mon logis. Et si je le croisais sur le chemin, il se contenterait d'un petit salut. Mais, au courant de ma vie nouvelle, je pense qu'il sera, plus tard, intéressé par son bilan.

E. est une personnalité à part, hostile à tout ragot ou même à toute information qui le placerait en état de savoir ce qu'« ignorent » encore les autres. Et pourtant le cas n'est pas fréquent lorsqu'on vit en campagne puisque la faible densité d'informations qui s'y trouve pousse les habitants à capter le plus vite possible les éléments disponibles, c'est-à-dire ceux relatifs aux « gens », à leur santé, à leurs dires, à leurs habitudes, aux projets qu'ils osent dévoiler – le plus souvent « entre nous »… L'Homme a décidément bien besoin de se raconter !

Mardi 27 mai

Quel magnifique temps ! Les jours se suivent et les promeneurs se font plus nombreux. En début d'après-midi arrive C. accompagnée d'une amie, S., qui réside à La Motte-Fouquet et que je ne connaissais pas.

C. est très volubile et dispose d'une mémoire remarquable, même si elle s'en défend.

Aujourd'hui, elle est passionnée de randonnées, de chemins, de boucles et de points remarquables ; elle organise des sorties au niveau cantonal.

Sa venue est motivée par le fait de repérer un ancien chemin du voisinage, signalé par les anciennes cartes d'état-major mais que des riverains, aidés par le couvert forestier, ont « annexé » sans proposer au préalable de l'acheter à la commune. Elle m'invite à les accompagner pensant que je pourrais les aider.

Je sens que S. est surprise et intriguée par ma présence et mon existence temporaire, loin des tumultes. Ancienne institutrice au visage sévère, elle semble rechercher la compagnie.

Bien que cela sorte de mes « règles de vie », j'accepte de les aider à rechercher ce chemin est-ouest distant de quelques centaines de mètres. En observant attentivement, on le retrouve vite, au-delà d'une portion masquée à son départ. Il doit être encore emprunté par des chasseurs qui le croisent car son axe est marqué. La question est résolue !

Nous nous séparons et je regagne mon domaine. Avoir revu ainsi la « civilisation » ne m'a pas fait plaisir. Il sera toujours temps de la retrouver...

Mercredi 28 mai

Après-midi consacrée au Conservatoire : la végétation y est maintenant suffisamment démarrée pour que j'y pratique mon habituel ensemble d'observations... soigneusement notées.

Travail fait avec un souci de précision appuyée.

Il y a maintien entre la vie et la mort des lauriers-sauce qui ont maintenant trois ans, avec leurs feuilles mélangeant le vert et le brun, et leurs pousses 2014 ridiculement petites, comme précédemment. Vont-ils survivre longtemps ? Plantés près de la clôture largement et volontairement ajourée, ils semblent toujours ne pas attirer les chevreuils. À cause de leur mauvaise vigueur ? Je n'ai jamais trouvé de référence(s) sur cette question.

Physiologiquement, je comprends bien les raisons de leur triste état : après plantation de leurs mottes faites de pur terreau, ils ont continué à bénéficier des quelques éléments à leur disposition dans un milieu légèrement acide seulement, mais dès que leurs racines ont commencé à progresser dans le sol de bruyère et forestier, ils n'ont plus trouvé grand-chose d'échangeable du fait de l'acidité. Ils sont donc touchés et se contentent de vivoter. Avant que de périr sans doute.

Et pourtant, cette espèce arrive à bien croître et prospérer en sol acide, tels ceux du bourg de Lignières où on en rencontre de beaux spécimens. Mais là c'est trop, car, en agronomie, les frontières sont marquées : une représentation graphique montrerait une chute et sans doute une interruption finale.

Jeudi 29 mai

« ... chaque nouveau livre, au moment de l'écrire, efface le précédent au point que j'ai l'impression de l'avoir oublié », Patrick Modiano, Discours à l'Académie suédoise.

Depuis que j'écris moi-même des ouvrages, soit une dizaine d'années, je suis toujours confronté, une fois l'achèvement proche, à un rejet ou plutôt à une volonté d'oubli de ce qui a été couché sur le papier. J'ai alors une volonté farouche de dépasser le stade terminal de l'écriture, c'est-à-dire celui de la dernière lecture, de la mise en page puis de la correction ultime. Des moments longs qui ne dépendent que pour partie de moi et qui sont dominés par la crainte de discerner des redites, des formules mal à propos et de ne pas prendre garde aux fautes d'orthographe, voire de français, non encore repérées… et pourtant pourchassées !

D'ailleurs lorsque le « bon à tirer » est donné, je me demande chaque fois comment j'ai pu aller jusque-là et que si c'était à refaire…

Dans mon ermitage, il en va de même et de façon amplifiée, puisque je conduis simultanément une biographie, qui se veut exhaustive, sur un agronome picard du XIXème siècle et ce « Journal » dont vous, Lecteur, êtes en train de prendre connaissance.

Avec toutefois un avantage de taille : j'accumule les feuillets en deux piles distinctes sans m'inquiéter pour l'instant ni de leur saisie ni de leur mise en forme finale.

Mais avec le souci permanent de me demander si j'ai fait œuvre sérieuse et digne de ce que je projetais !

Vendredi 30 mai

Avec un léger retard sur le calendrier habituel, les jacinthes des bois ou sauvages (*Hyacinthoïdes non-scripta*), de la famille des Liliacées, sont maintenant pleinement ouvertes et ornent abondamment les talus du chemin qui mène à mon ermitage.

Je me souviens qu'avant les opérations d'échanges amiables, de remembrement et de quelques achats de parcelles, les haies dans ma perspective étaient très nombreuses et toutes égayées, autour de la fête de l'Ascension, de ces clochettes en ordre lâche dont l'apparition correspond au printemps installé, à l'épiaison des céréales et à la fin de la prise de feuilles des arbres les plus tardifs comme certains chênes.

Enfants, nous faisions des bouquets de ces fleurs aux longs pédoncules, également nommées « muguet bleu », qui forment de grands tapis, préférant la mi-ombre et largement implantées en milieu atlantique.

Insérées sur ce long racème semi-pendant, les fleurs sont en nombre limité, de l'ordre d'une dizaine. L'ensemble « semble dormir ». Ces hampes, qui peuvent atteindre 40 à 50 centimètres, sèchent ensuite après la disparition des feuilles lancéolées dès juin.

Cette vivace dispose d'un bulbe de la taille d'une noisette dont les racines contractiles le font glisser plus profondément.

C'est une plante souvent protégée des cueillettes abusives dont l'horticulture a tiré de nombreuses améliorations, par exemple une variété à fleurs blanches. Je prélève néanmoins quelques spécimens et les place sur ma table extérieure afin de les contempler en premier plan de mes lointains.

Samedi 31 mai

Cette année 2014 a été déclarée « Année internationale de l'agriculture familiale ». Une excellente occasion de mettre au point l'appareil statistique et d'inciter à la tenue de colloques et de réflexions dans de nombreux pays et régions du Monde.

Bien que ces actions soient en cours, il en ressort déjà des idées-forces parmi lesquelles on trouve, et en tant que question centrale, celle de l'emploi et du marché international du travail, avec le poids de la solidarité familiale favorable à la cohésion et à la résilience des systèmes. De par le monde, plus des deux tiers des exploitations familiales ont moins de un hectare, ce qui permet de mieux comprendre la force humaine qui les sous-tend.

Celles et ceux qui ont particulièrement réfléchi à ces questions mettent aussi en avant le retour en force des territoires, les difficiles questions d'accès aux ressources naturelles et de leur saine gestion, la nécessité de politiques publiques incitatives et protectrices, et d'impérieux besoins de nouvelles régulations internationales.

Les programmes nécessaires seront-ils mis en place une fois les « festivités » terminées ? C'est toute la question de la permanence des actions au-delà des effets d'annonce !

Il est certain, en tout cas que les défis alimentaires à résoudre dans les prochaines décennies s'appuieront pour leur majeure partie sur ces exploitations qui ont tant fait pour l'accès à la nourriture du plus grand nombre mais dont les conséquences pour la dignité des individus qui peuplent de cette façon les campagnes du monde n'ont pas été tirées par les différents pouvoirs en responsabilité.

Dimanche 1er juin

Cinq mois déjà que je parcours ce bois en marchant sur les nombreuses mousses qui s'y trouvent, mais sans en avoir parlé. Même si ici elles sont moins présentes qu'en forêt ou terrain plus équilibré, on en trouve beaucoup, au moins dans les endroits les mieux éclairés, en bordure du chemin et sur, ainsi qu'au voisinage des pierres mises en muret à l'est et au sud.

Elles constituent une seconde semelle à mes chaussures ou sabots, souple et élastique, souvent verte mais pas toujours.

Les mousses ou bryophytes rassemblent un bon millier d'espèces en France et moins de 20 000 dans le monde. Mais ont-elles été toutes identifiées ? Probablement issues des algues, leur présence remonte à environ 500 millions d'années. Pratiquant la photosynthèse, elles sont dépourvues de racines, mais présentent des rhizoïdes leur permettant de s'ancrer sur des substrats artificiels comme les cailloux ou les écorces. Dépourvues de vaisseaux, elles absorbent l'eau et les sels minéraux présents à leur voisinage. On les trouve partout, même dans des milieux hostiles comme les zones sèches et sur les toitures. En cas de sécheresse, elles ne périssent pas et entrent en dormance en attendant des temps meilleurs. Elles se reproduisent par clonage et par voie sexuée ; chacun connaît les sporophytes les dépassant, issus de l'union de cellules mâles et femelles qui libèrent des spores colonisatrices transportées par le vent.

Les sphaignes que l'on trouve dans les tourbières sont aussi des mousses. Quand on regarde de près ces végétaux assez fascinants, on mesure mieux leur beauté et leur diversité, et on se rend vite compte de leur rôle tampon dans l'équilibre des milieux qu'ils occupent… c'est-à-dire beaucoup.

Lundi 2 juin

« Tâchez donc, mes chers enfants, d'acquérir cette bonne habitude du travail, source première de tant de jouissances, et, pauvres ou riches, vous serez heureux et vous ne passerez pas inutiles sur la terre ! », Ulliac Trémadeure, Contes aux jeunes agronomes.

Cette phrase finale écrite par l'auteure de « Gustave ou le petit jardinier fleuriste », publiée en 1839, reflète l'état d'esprit d'une époque qui suivait des siècles d'activité toute relative de la classe dominante. Le XIXème siècle allait bouleverser les choses et confirmer le travail comme une valeur cardinale de la société pour les hommes puis pour les femmes.

C'est dans les suites des soubresauts engendrés par mai 1968, des chocs pétroliers et de la généralisation de la « société de consommation » qu'un certain nombre de nos concitoyens ont commencé à vouloir « vivre autrement », essentiellement d'ailleurs ceux issus de familles qui pouvaient les entretenir sans contrepartie. Il est plus facile d'être « révolutionnaire » dans ces conditions !

Mais, dans le même temps, la société – encore riche – a commencé à se substituer aux ascendants en accordant le droit à un « niveau minimum » qui, lié à d'autres prestations sous un ensemble évolutif, permet aux accidentés de la vie et à tous ceux qui ont du mal ou ne veulent pas s'y insérer, de recevoir de quoi subsister en percevant des revenus proches, voire supérieurs, à ceux qui œuvrent en bas de l'échelle. Un but noble et une évolution répandue qui touche beaucoup de nations.

Mais cela conduit aussi aujourd'hui à ce que l'épanouissement personnel associé au travail soit fréquemment rejeté, voire méprisé, au nom de la non-responsabilité individuelle des situations.

C'est sans doute un grand tort dont les conséquences sur la dégradation des mentalités apparaissent énormes.

Mardi 3 juin

Moments consacrés à ma « poireauterie ». En effet, les fragiles et tendres pousses d'avril ont bien crû et j'ai dû à plusieurs reprises éclaircir sur les rangs afin de faire grossir les jeunes plantes et limiter leur étiolement.

Je procède de deux façons différentes. Tous les jeunes poireaux de la taille d'un petit crayon – ce qu'on appelle la « porette » - sont repiqués en lignes distantes de 40 cm avec un espacement sur le rang de 15 cm. J'arrive ainsi à préparer deux planches de cinq rangs de la variété d'été et trois de celle d'hiver.

Parmi tous les autres, et ils sont nombreux, je prélève les plus développés qui n'auraient cependant pas pu encore servir à une mise en place définitive, et puis je les repique en pépinière avec un espacement de 10 cm pour des rangées distantes de 15 cm environ. Avec cette seconde origine, j'utilise tout de même une surface de 40 m². Restent les plus petits que j'éclaircis lorsque c'est nécessaire. Je compte arracher ces derniers en juillet, spécialement ceux d'hiver, et les remettre à mes commissionnaires pour leur jardin, ou ceux d'amis.

Mon dos a fatigué mais je suis heureux de contempler toutes ces implantations qui représentent un bon tiers de mon potager. C'est bien suffisant.

Comme je n'ai pas volontairement apporté de produits de traitement de synthèse, il me reste à souhaiter que les mineuses, si fréquentes depuis quelques années, ne soient pas présentes dans le futur. Sinon il me faudra commander une spécialité efficace au risque sinon de tout perdre. Ce qui serait dommage !

Mercredi 4 juin

« Sur le passé, les dieux eux-mêmes n'ont pas d'empire », texte grec ancien.

Cette phrase qui met en accord le monde entier ne signifie pas que le futur est certain et chacun se souvient de « perspectives heureuses », souvent tracées par des tyrans et qui ont fini, comme eux, dans l'oubli, trop souvent après avoir commis des choses irréparables.

En rêvassant en cette fin d'après-midi depuis ma terrasse, et en regardant ou plutôt contemplant les lointains, je ne peux m'empêcher de réfléchir à une question qui me taraude comme tout un chacun : qu'y aura-t-il ici même dans cinquante ou cent ans ?

C'est toute la question de l'avenir de nos campagnes si attrayantes pour y vivre au calme et heureux, mais si difficiles pour y trouver une activité durable, porteuse d'avenir, et un cadre de vie offrant ce que chacun est en droit d'attendre en matière d'enseignement, d'éducation, de culture et de communication.

On entend souvent des « intellectuels », dont j'ai fait partie à travers mon ouvrage collectif « Nouveaux rapports à la nature dans les campagnes », glorifier le retour « certain » d'habitants permanents dans ces espaces devenus déserts ou presque ces dernières décennies. La réalité apparaît moins glorieuse, en dépit de moyens apportés et des efforts déployés par beaucoup.

Je suis persuadé, hélas, qu'il faudra attendre longtemps pour qu'un nouvel équilibre s'installe dans nos contrées entre des villes trop peuplées et polluées, sujettes à des engorgements induisant des coûts faramineux pour les rendre « vivables » (?), et de vastes campagnes ne demandant qu'à être doucement retrouvées et appréciées en apportant équilibre et bonheur à celles et ceux qui les occupent et occuperont.

Jeudi 5 juin

Le beau temps s'est installé et je passe beaucoup de mon temps dans mon potager. Après les pluies de mai, les graines de « mauvaises herbes » ou plutôt adventices ont abondamment germé et il me faut sarcler sans relâche.

Je suis tout de même très surpris qu'avec une première année de mise en culture d'un terrain entouré de grands bois, je rencontre autant d'herbes non désirées, la plupart annuelles avec beaucoup de capselles, de laiterons et de mourons, c'est la preuve de l'extrême efficacité du transport des semences produites à la périphérie certes peu lointaine, dans les jardins qui subsistent et les parcelles de grandes cultures pourtant désherbées chimiquement.

Et il y a aussi, ce qui est plus surprenant, quelques vivaces en développement, notamment des « doches » qui restent dans les souvenirs de ma génération comme des envahisseurs impénitents, très résistants aux coups de binette que nous leur assénions pourtant lorsque nos familles nous envoyaient en corvée de désherbage dans toutes sortes de cultures.

Pour l'heure, je sarcle spécialement poireaux, carottes et betteraves qui ne doivent pas être trop concurrencés. Je suis plus « léger » au niveau des pommes de terre en mélangeant sarclage et rehaussement du buttage.

Quant aux pois dont les gousses sont déjà bien formées, il est difficile de s'en occuper au risque d'abîmer leurs racines. Sur une planche encore déserte, je sème une nouvelle rangée de poirées multicolores qui illumineront l'automne à venir.

Vendredi 6 juin

Depuis mon installation ici, j'ai toujours eu, à tort ou à raison, la sensation d'être un privilégié. D'abord parce que c'est une situation que peu de personnes peuvent se permettre et ce grâce à la complicité de ma famille qui m'a permis de « rompre les amarres » toute une année, avec ensuite une assurance financière associée à ma retraite et une installation certes spartiate mais correspondant à mes besoins qui ont toujours été limités et sans envie de ce qui « brille au soleil » pour tant d'autres.

Contrairement à ce que doivent penser beaucoup, je ne ressens pas du tout mon isolement quasi total comme pénalisant. Et au contraire, dirai-je. Au fil des jours, je m'estime comme bénéficiant de cette situation, un peu au détriment des autres qui mènent leur vie « habituelle ». Et pourtant, je pense ne faire du tort à personne.

En fait, c'est la question de l'accès à la liberté qui est posée. Auparavant je ne l'avais pas autant mesurée. En étant ainsi isolé, c'est un « plus » qui m'est accordé et me délivre des contingences que nous subissons tous, sans nous en apercevoir, ou en le constatant et le regrettant mais en l'acceptant de fait dans un espace consacré à la routine qui nous annihile progressivement.

Aussi, dois-je mesurer la chance – voire le privilège – qui m'est donnée et la valoriser au maximum.

Samedi 7 juin

Sous le chaud soleil matinal, mes regards me portent vers les lointains qui m'entourent et me conduisent à méditer à nouveau sur les effets à venir des changements climatiques sur l'agriculture. J'ai récemment relu une synthèse à ce sujet de mon ami F.P. qui distingue les questions d'adaptation de celles d'atténuation.

Les premières ressortent de l'intérêt individuel et des stratégies de chacun. Il faudra sans doute œuvrer à un niveau fin qu'on peut nommer « échelle locale » en tenant compte des interactions de tous ordres qui ont lieu entre climat, sol, techniques et contexte, en associant le savoir pratique. On va probablement revenir à des pratiques anciennes, élargir le champ des spéculations devenues trop peu nombreuses, utiliser des variétés formées de populations dont les composantes tireront le meilleur parti des milieux et de conditions fluctuantes, et associer bien davantage animal et végétal. Tout cela dans une perspective de résilience des exploitations.

Quant à l'atténuation, elle relèvera forcément du champ public. Environ 20 % des émissions totales de gaz à effet de serre sont, en France, du fait de l'agriculture. Toutes les études montrent qu'une atténuation du réchauffement suppose des ruptures avec les pratiques actuelles, par exemple en privilégiant l'agroforesterie, l'implantation de bandes enherbées fixatrices de carbone, le nouveau développement conséquent des légumineuses (enfin !), la réduction des façons culturales et la méthanisation des effluents d'élevage. Une nécessité ambitieuse allant à contre-courant des pratiques en cours depuis cinquante ans et qui obligera à des adaptations coûteuses qui ne pourront être financées que par des politiques publiques (à partir des aides de la PAC ?).

Dimanche 8 juin

Très belle et chaude journée que ce dimanche de Pentecôte au cours duquel j'ai décidé de ne pas travailler si ce ne sont mes inspections habituelles.

Cette fête chrétienne, commémorant la venue du Saint-Esprit sur les apôtres de Jésus a lieu cinquante jours après Pâques, soit le septième dimanche la suivant.

« Le jour de la Pentecôte, ils étaient tous ensemble dans le même lieu. Tout à coup il vint du ciel un bruit comme celui d'un vent impétueux, et il remplit toute la maison où ils étaient assis. Des langues, semblables à des langues de feu, leur apparurent, séparées les unes des autres, et se posèrent sur chacun d'eux. Et ils furent tous remplis du Saint-Esprit, et se mirent à parler en d'autres langues, selon que l'Esprit leur donnait de s'exprimer » (Actes 2 : 1-4).

Je tiens, en ce jour, à ce que mes lecteurs soient un peu au fait de ce qu'a représenté longtemps cette fête pour la plupart, et qui ne constitue plus maintenant qu'un jour férié d'une société déchristianisée, avec en plus l'amputation fréquente du lundi qui lui succédait. Comment s'y retrouver ? Voici une bien modeste pierre à l'édifice…

Cette fête correspond fréquemment à un rassemblement familial ou amical, à un moment où les jours sont fort longs et le temps le plus souvent agréable. Une forme d'anticipation des vacances d'été pour ceux qui auront la possibilité d'en prendre.

Peu avant midi, j'entends quelques cloches dans le lointain. Leurs tintements m'apparaissent un peu nostalgiques…

Lundi 9 juin

Passant près de mes ruches, je constate que leurs occupantes débordent d'activité… et que j'ai été un peu négligeant avec elles ces dernières semaines, remettant au lendemain ce que j'aurais déjà dû effectuer.

J'enfile vite ma tenue, prépare mon matériel d'enfumage et me rends en inspection des cadres. Je découvre vite que mes butineuses ont beaucoup travaillé car tout ou presque est plein. Il est vrai qu'il y avait de nombreuses parcelles de colza aux alentours et que la floraison des pins a été abondante dans ce domaine sans limites.

Comme il ne faut pas attendre, je vais consacrer ce lundi à extraire. Mon matériel est là, c'est-à-dire la centrifugeuse à main, un grand récipient de collecte et une trentaine de pots pour moitié pouvant contenir un kilo et les autres 500 grammes.

Je dispose l'ensemble sur ma table de terrasse en la protégeant d'un voile en hauteur, puis je descends les cadres trois par trois, poursuivi par des abeilles furieuses, se demandant certainement ce qui leur arrive. Et j'opère : en fin d'après-midi, la réalité dépasse toute mes espérances avec sans doute une cinquantaine de kilos. Une fois les pots tous remplis, je laisse dans une sorte de marmite le surplus et je m'empresserai de remettre jeudi à mes commissionnaires une dizaine de pots accompagnés d'un appel à fourniture de nouveaux contenants.

J'avoue être très satisfait de cette récolte mais surtout par l'efficacité de mes pensionnaires à un moment où tous ou presque se plaignent de la diminution des productions et sont inquiets pour l'avenir de leurs compagnies et des fécondations. Raison de plus d'être très vigilant !

Mardi 10 juin

Les systèmes agroforestiers (« agroforesterie ») sont connus depuis fort longtemps. Dans nos régions de bocage – plutôt malmené depuis une trentaine d'années –, ils ont conféré aux facettes complémentaires de l'agriculture et de l'élevage une grande stabilité au long des nombreux siècles passés et ont constitué la référence même s'ils ne portaient pas ce nom.

Les haies forment clôture, retiennent l'eau, abritent les animaux de rente des mauvais moments climatiques, fournissent des bois d'œuvre et surtout de chauffage, et abritent une multitude d'animaux et d'auxiliaires qui concourent à la stabilité de l'ensemble et à des équilibres bénéfiques.

Mais la modernisation foudroyante de l'agriculture depuis un gros demi-siècle a fait que l'agrandissement des parcelles est devenu un impératif absolu, d'autant que l'« on n'a plus le temps » de s'occuper des haies faute de main-d'œuvre dans un premier temps, d'outils coûteux aujourd'hui, et d'un mélange des deux. La « mode » a changé...

Les opérations de coupe et d'arrachage avaient déjà été considérables bien auparavant – et réalisées manuellement avec l'aide de chevaux – et, pour s'en persuader, il suffit de se reporter aux premières cartes d'état-major et aux anciens documents cadastraux. Associées aux opérations d'échanges et surtout de remembrement, les suppressions plus récentes ont eu une tout autre ampleur appuyée sur des moyens mécaniques puissants.

Et puis quelques années ont passé… et chaque discours « moderne » aujourd'hui évoque la nécessité de retrouver des équilibres perdus et de replanter « intelligemment ».

En tout cas, l'agrosystème bocager, ici on connaît !

Mercredi 11 juin

À l'heure où l'on a enfin pris connaissance qu'il faut utiliser durablement des ressources naturelles forcément limitées, préserver les grandes zones forestières de la planète et faire face aux changements climatiques en développement et à l'irréversible globalisation des marchés et donc des échanges, ce qui implique à nouveau des spécialisations, l'agroforesterie, longtemps placée par la plupart dans nos régions au rang de « gadget pour les autres », reprend des couleurs.

Les systèmes proposés sont par nature hétérogènes et pluristratifiés, et leur fonctionnement dépend des relations interspécifiques entre végétation ligneuse et plantes herbacées.

Les relations qui sont à la base de ces pratiques s'expriment en termes de compétition pour le partage des ressources, et de complémentarité par une meilleure utilisation de ce qui est à partager. Un des exemples classiques est celui d'une meilleure utilisation de la lumière entre feuillus caduques et culture d'hiver, avec notamment le tandem peuplier-blé d'hiver. Autre aspect crucial que celui associé à la plasticité des systèmes racinaires : sous l'effet de la compétition, certains deviennent plus profonds afin de rechercher l'eau et les nutriments. Mais cela n'est pas systématique et dépend des contextes pédoclimatiques.

Il y a là un champ énorme de recherches et d'études à adapter localement.

Qui a dit qu'il y avait un certain éternel recommencement ?

Jeudi 12 juin

Passage fort bruyant dans la matinée sur le grand chemin : il s'agit d'un convoi de « quads » – j'en dénombre sept – en provenance de la route de Couptrain. Cet ensemble pétaradant franchit avec aisance la forte côte présente au début du bois. Je distingue le dernier qui s'arrête et tente le passage à gauche vers Fosse-Garnier puis revient, sans doute insatisfait de ne pas avoir pu franchir les arbres qui obstruent l'ancien chemin pourtant réouvert il y a une dizaine d'années. Il rejoint les autres puis le bruit de l'ensemble s'estompe.

En cette saison, les voies sont sèches et les dégâts occasionnés minimes, mais en automne et hiver il en va autrement, et les fondrières alors causées sont bien ennuyeuses. Pourquoi une telle agression au milieu ? Chaque génération a à sa disposition un type d'engins : de mon temps, c'était la « mobylette », son modèle « bleu » surtout, et j'avoue avoir emprunté par tous les temps les chemins de la commune et de ses voisinages en laissant parfois des traces importantes lorsque les chemins étaient détrempés. Aujourd'hui, la puissance des engins à disposition a modifié les empreintes, qu'il s'agisse de 4x4, de motos ou de « quads ». Toujours ce désir de puissance face à des éléments statiques en apparence !

Je fais mon tour habituel et constate que mes butineuses sont rassérénées après mes intrusions récentes. Tant mieux. C'est l'occasion d'apercevoir à quelques dizaines de mètres les conducteurs assis près de leurs engins rangés en file indienne. Je m'approche. Ils sont surpris de mon arrivée et j'interromps leurs libations de bière. Nous évoquons la beauté du lieu, le soleil entre les pins et leur quête d'une sorte de pouvoir sur la nature qui s'offre à eux.

Les années ont passé mais les comportements profonds demeurent les mêmes…

Vendredi 13 juin

Au potager et comme souvent, j'assiste à un combat entre deux merles noirs, ou plutôt à la chasse d'un intrus que je reconnais aisément à sa posture d'agressé.

J'ai toujours été en admiration devant ce passereau attachant (*Turdus merula*) de la famille des Turdidés, à la vaste aire de répartition, résident ou migrateur selon les ressources et le climat.

Le mâle est noir intense sauf le bec et l'anneau également jaune du tour de l'œil. La femelle (« merlette ») et les juvéniles sont bruns, ces derniers avec une poitrine mouchetée de beige. On les trouve dans les bois et les jardins où ils résident sur un vaste territoire de quelques milliers de m^2 au sein des premiers et d'un millier en ville et campagne habitée. Une fois établis lors de leur première année, ils demeurent au même lieu leur vie entière en y constituant des couples fidèles.

Cet oiseau d'environ 25 cm de longueur, de 35 d'envergure et pesant une centaine de grammes, est omnivore avec une prédilection pour les insectes, les vers de terre et… les fruits !

On les voit courir, sautiller, progresser par à-coups, observant le sol en fouillant sa surface et la litière. Leur passage est reconnaissable. Ils ont également un goût marqué pour les baies et les drupes, par exemple de troène et de sureau.

Ce qui les caractérise aussi c'est leur vaste répertoire de vocalises : ils sifflent, appellent, flûtent et babillent depuis des points hauts, sans compter leurs appels agressifs et d'alarme si fréquents.

Leur ponte a lieu à partir de mars dans les nids en coupe bordés de boue, à quelques mètres du sol sur des branches, notamment de houx ou de tout arbuste ou arbre protecteur, souvent à l'abri du lierre. Les femelles pondent deux à six œufs bleu-vert tacheté de brun-rouge et couvent moins de deux semaines.

Ici, la paix est revenue après une courte mais efficace démonstration de « propriété » !

Samedi 14 juin

Le soleil est très haut. Après l'orage d'hier soir puis la fraîcheur de la nuit, je suis demeuré paresseusement cette matinée sur la terrasse où les rayons du soleil n'ont pas tardé à me rejoindre et à réchauffer l'atmosphère. À la moindre agitation, des paquets de gouttes tombent encore des frondaisons.

Le village que je vois le mieux depuis ma position est Saint-Calais-du-Désert, et ce pour deux raisons : il est plein sud à 2 km en ligne droite, et le plus proche, et surtout l'église et les maisons qui l'entourent se trouvent sur un tertre culminant à près de 240 m et dominant de 80 m la vallée de la Mayenne.

Il y a bien longtemps, le grand chemin d'Alençon à Domfront passait à proximité par le moulin de La Chauvière où se trouvait une auberge et celui de Corduin (selon l'orthographe des citations qui remontent à 1518, 1650 et 1706).

Ce territoire montueux est traversé par la Mayenne d'est en ouest, encore petite, mais impétueuse quand il pleut, et qui y reçoit quelques affluents dont la Doucelle après qu'elle a irrigué Lignières qui a longtemps porté son nom. Avec mes jumelles, j'aperçois le confluent en contrebas du bourg à l'ancien lieu-dit « Pont de Mayne ».

Longtemps, le territoire de cette commune a été coupé en deux et l'on parlait alors de « communication par plusieurs planches en bois que les grandes guerres ont en quelque façon détruites ». Le pont qui a remplacé ce passage difficile a été construit en 1842. Ce site bucolique, avec une petite ferme à proximité, est fréquenté en toute saison par les pêcheurs, les randonneurs et les pèlerins qui viennent à la grotte Notre-Dame-de-Lourdes et suivent le chemin de croix au-dessus qui est au flanc du côteau abrupt que domine le bourg, et qui a été richement et densément boisé au XXème siècle.

Dimanche 15 juin

Il y aurait beaucoup à écrire sur Saint-Calais. Est-ce dû à sa situation dominante sur le pays du Désert accompagnée d'un déboisement précoce ! Les plus anciennes références remontent à près de mille ans avec des orthographes qui surprendront : Krileppli (vers 1100), Saint Koalès au Désert (1312), Sancto Kalais de Deserto (1418), Saint Kallès au Désert (1421), Saint Kalès (1448), Saint Calès de Cordouan (1567), pour n'en citer que quelques-unes.

Son église actuelle, phare dans le paysage local, en style du XIIIème siècle, a été commencée en 1874 selon les plans d'un certain Leclerc, bénite trois ans plus tard le 27 décembre et consacrée le 13 septembre 1881 une fois sa tour achevée et sa flèche mise en place. L'édifice mesure 36 m de long.

Elle remplaçait une ancienne église paroissiale et priorale sur laquelle on est assez bien renseigné. Le précédent monument, édifié en plusieurs étapes, mesurait 27 m par 6 m 30, sans chapelles. Vers 1620, on construisit à son sud un bas-côté de 20 m de longueur où se trouvaient différents autels en bois, de la Vierge, de saint Martin et de saint Michel. Des arcades en granite ouvraient sur le chœur et la nef. La sacristie remonte à 1681. L'autel du chœur, exécuté en 1788, présentait des statues de saint Calais [enfin !] et de saint Julien.

L'église moderne a connu une célébrité qu'il eût été préférable qu'elle ne vînt pas, le 26 décembre 1999. Près de la fin du XXème siècle, la tempête centennale de ce jour emporta la partie pointue et couverte d'ardoises du clocher. Quel spectacle au matin dont se firent l'écho la presse et la télévision ! Une nouvelle flèche fut, dans les années suivantes, préparée puis mise en place grâce aux moyens modernes qui ont permis le transport de cet ensemble imposant. Aujourd'hui, lorsque nos regards se portent sur l'église, cet épisode de « scalp » est presque oublié...

Lundi 16 juin

Saint-Calais encore !

Un prieuré y a longtemps existé, édifié par des religieux de Saint-Vincent du Mans sur une concession donnée par Guillaume de Doucelle à la fin du XIème siècle. L'édifice était voisin de l'église avec une porte commune au niveau du chœur.

L'Histoire nous rapporte les noms des premiers occupants en 1092 : le prieur Vauterius accompagné des moines Bigotus et Gislebertus. Et ce n'est pas une plaisanterie ! La maison priorale, qui fut reconstruite au XVIIème siècle pour le fermier, existe encore. Ce prieuré reçut les bienfaits des seigneurs de La Motte-Fouquet. Son temporel fut vendu comme bien national le 26 février 1791. Les noms de certains prieurs nous sont connus entre le XIVème siècle et la Révolution mais on ne dispose guère d'éléments sur le fonctionnement de ce prieuré. En 1789, les habitants avaient souhaité que les biens de ce prieuré fussent consacrés aux hôpitaux et à l'entretien des maîtres et maîtresses d'école. Qu'en fut-il concrètement ? La paroisse comptait alors 800 habitants – après qu'ils eurent été 1 415 en 1803 – « dont 200 pauvres » ce que l'abbé Angot estime « ... évidemment faux ».

Un pillage et une dévastation mémorables de l'église eurent lieu le 9 avril 1794, à l'investigation des Jacobins du district qui revinrent dix jours plus tard « brûler les débris », ce qui entraîna une protestation des autorités locales.

Terminons par une forme de randonnée mémorable vieille de près de quatre siècles : le lundi de la Pentecôte 1624 (le 27 mai), 622 pèlerins partirent pour le Mont-Saint-Michel sous la conduite du vicaire Guillaume Brochard « chantant les louanges du Seigneur tant allant que revenant ». À leur retour le mercredi soir, un *Te Deum* retentit dans l'église. Un exploit difficile à croire sur les chemins de l'époque. Mais la foi était alors si vive...

Mardi 17 juin

Partout et aussi loin que porte mon regard, et malgré la régression si marquée du bocage, la présence d'arbres de toutes tailles et d'espèces variées est une marque de ce territoire avec des individus isolés, d'autres en alignement, en haies bien sûr, en plantations dans les parcelles – mais de moins en moins comme les pommiers – ou encore en bosquets d'extension variable.

Chacun, au moins les plus grands – arbres de haut jet –, a son histoire, indiquant une limite, une indivision ou une simple volonté de marquer une présence. Combien ont recueilli des confidences et des émois ! C'est toute une dimension sociétale qui s'affirme dans chaque présence plus ou moins étendue ! Les plus âgés peuvent avoir deux bons siècles et les grands poiriers – à poiré – du XIXème siècle sont encore nombreux à avoir résisté aux outrages des tempêtes ou aux volontés de destruction de ceux qui en ont hérité puis les ont transmis.

Lorsqu'on passe à leur voisinage, on est surpris, voire intrigué, par certaines formes et des réactions résultant de conditions de développement défavorables. Qu'il serait bon d'étendre l'histoire de chacun et de ce qui a fait qu'ils sont encore là, souvent majestueux !

Lorsqu'on évoque aujourd'hui l'agro-écologie, on devrait évidemment en tenir compte comme de véritables composantes des paysages ruraux, apportant stabilité et avantages par les fonctions qu'ils remplissent… de façon si discrète, mais si importante !

Mercredi 18 juin

Nous sommes au cœur des 4 ou 5 jours les plus longs de l'année.

J'avais décidé hier soir, car il faisait assez beau, de me lever tôt pour suivre l'arrivée du soleil. Mais en seconde partie de la nuit un fort orage avec son cortège de vent, bien centré, est passé au-dessus de ma tête : je n'ai pas dormi, toujours inquiet de la foudre contre laquelle je ne suis guère protégé. Résultat : j'ai « guetté » et je ne me suis endormi qu'au petit matin sans avoir eu le courage de me lever avant, ma balance des inconvénients l'ayant emporté sur celle des avantages.

Ce n'est que beaucoup plus tard que j'émerge et le soleil est déjà haut : le niveau du pluviomètre me surprend : 35 mm ! la terre, spongieuse, exprime de l'eau en réaction à mes pas. Ce second trimestre aura vraiment été « mouillé » avec 350 mm à ce jour ici, soit un net record par rapport à mes longues observations antérieures.

Alentour, c'est un printemps exubérant que l'on observe, malgré des températures qui plafonnent depuis trois mois vers 22-23 °, à l'exception de quelques jours à la fin mai.

Les châtaigniers sont particulièrement fournis et leurs fleurs commencent à s'épanouir. Les rares houx qui demeurent en dessus ont viré au vert soutenu après une palette large et durable de vert clair.

C'est une fin de printemps toute en abondance que j'observe depuis mon repaire, avec des promesses de belles moissons… si aucun incident grave ne survient. Vers le sud-est il n'y a que blé surtout et maïs jusqu'à l'horizon. Qui l'eût dit il y a seulement vingt ans !

Au seul plan de la beauté, ces éléments se marient bien. Qu'en sera-t-il de leurs conséquences dans l'avenir ?

Jeudi 19 juin

Passage à l'étang. Il a plu une bonne partie de la nuit et cela continue avec de la bruine. Même s'il n'est pas forcément agréable de se promener ainsi, j'aime bien ce temps si typique de la région et encore plus de la Normandie voisine. En fait, toute la Haute-Mayenne lui est soumise jusqu'à la « côte des cheminées » et c'est ce qui lui donne ce caractère éternellement – ou presque – vert et dense surtout quand il y avait encore beaucoup de haies. Heureusement qu'il y a cette pluie fine et fréquente car beaucoup de sols étant légers, minces et filtrants, ce ne serait sinon que désolation fréquente. Et encore plus avec un sol de bruyère comme ici.

Cette bruine est d'ailleurs l'un de mes plus anciens et tenaces souvenirs d'enfance à l'âge où s'amuser dehors constitue la priorité. Et je me souviens d'étés « pourris » au cours desquels je ne pouvais quitter la maison ni la proximité du poêle. À l'âge du vélo, il y avait aussi la corvée de l'essuyage de l'engin après la moindre balade mouillée. Vélos de tous les âges qui, bien au sec, rouillent doucement aujourd'hui, accrochés aux poutres de mon vieux garage.

À la surface de l'étang, la bruine marque bien son territoire de chute, et le vent interfère en permanence déplaçant les zones et laissant des vides.

Lorsque j'étais simple visiteur occasionnel, les grosses carpes arrivaient vite à mon approche et le pain rassis que je leur jetais alors donnait lieu à des batailles avec les petites. Et j'ai toujours trouvé que les poissons de grande taille savaient se partager les zones et n'étaient que rarement groupés.

Aujourd'hui, je viens le plus souvent les poches vides car mes disponibilités sont contraintes par l'unique « gros pain » que je reçois le jeudi.

En attendant un peu, à la suite du bruit de mes pas, le ballet reprend, majestueux pour des poissons de cette taille – les plus gros dépassant 50 cm – qui, après un temps de recherche, changent de secteur.

Vendredi 20 juin

Matinée consacrée au potager dont le sol est bien humide. Ce potager, malgré l'amendement apporté peut être qualifié d'expérimental : quels légumes pourront arriver à y croître et se développer durablement de façon satisfaisante ?

Comme il n'a été mis en culture que ce printemps et à dessein, j'ai préféré faire de petites quantités de beaucoup d'espèces mis à part les pommes de terre et les poireaux. En cela ce potager rejoint le Conservatoire mais uniquement avec des légumes et quelques fleurs.

Après trois mois d'implantation – et sous un contexte climatique plutôt défavorable – les résultats sont médiocres pour quelques espèces : laitues et scaroles ainsi que pois. Il fallait s'y attendre compte tenu des exigences de ces plantes. Je n'ai rien récolté de vraiment abouti. En revanche, les topinambours plantés au sortir de l'hiver et les pommes de terre se sont très bien développés. Les premiers mesurent déjà plus d'un mètre et les secondes commencent à fleurir. Je les « ré-enterre » à nouveau, c'est-à-dire que je les rebute.

Le coin des « herbes » (cerfeuil, persil, ciboulette, sauge) est de bonne venue. Je tente, bien qu'il soit tôt, un premier semis de mâche « À grosse graine ».

Les soucis commencent à fleurir et leur couleur orangée surprend ici. Les cosmos de bordure ne sont qu'en boutons. Les trois pieds de dahlia vont s'épanouir.

Finalement, ces résultats me surprennent agréablement.

Samedi 21 juin

Voici que vient l'été, la saison violente
Et ma journée est morte ainsi que le printemps.

Guillaume Apollinaire, *in* « La Jolie rousse ».

En ce premier matin d'été, ces vers du poète me viennent en mémoire.

Le ciel devient d'un bleu intense et seuls quelques cirrus s'épanouissent à l'ouest. La température, douce dans les premières heures, croît sensiblement. La pression est haute et la journée devrait être magnifique.

L'été, saison violente ? Certainement, dans la mesure où elle nous réserve des orages, des pluies parfois diluviennes et des températures très élevées.

C'est un long moment où tout est possible, du meilleur au pire qui succède à la douceur et la suavité printanières.

C'est la saison des travaux des champs de jadis avec la fenaison et la moisson dans des conditions dures pour chacun mais chaleureuses au sein du groupe.

Saison violente pour l'âme : c'est le moment des excès, des nuits qui forcent à réfléchir, des sommeils que l'on cherche en vain, fenêtre ouverte sur la fraîcheur qui n'arrive pas toujours, des matins qui éclatent dans une explosion de couleurs et de soirées si agréables et qui n'en finissent pas.

Ce soir, j'attendrai à nouveau, mais spécialement, de ma terrasse le coucher du soleil et interpréterai les dernières lueurs qui lui succèdent, vers 23 heures ici.

Gageons qu'elles seront rougeoyantes avant que de virer au jaune foncé puis de laisser place à un bleu-noir de plus en plus dense.

Qu'en est-il ? Le soleil décline sérieusement à partir de 22 heures 15 et la couleur de ces bandes vire au rouge affirmé puis prononcé, le bleu continuant de les entrecouper. J'observe, ravi, non sans prendre de nombreux clichés. Un quart d'heure avant 23 heures, l'astre du jour atteint l'horizon puis continue à darder d'intenses rayons. Les nuages rouges demeurent bien nets mais moins brillants une trentaine de minutes.

Une nouvelle étape de l'année commence… La nuit du premier jour de l'été !

Dimanche 22 juin

Je n'ai guère évoqué jusqu'ici mon modeste clapier.

Il s'agit de quatre simples cages en bois, grillagées à l'avant et dont l'arrangement deux par deux est surmonté d'un toit en fibro-ciment, largement débordant. Cet ensemble se trouve à quelques mètres du poulailler.

Pourquoi avoir voulu disposer de lapins alors que je sais très bien que je n'aurai pas le courage de les sacrifier ? Tout simplement parce que j'apprécie cet animal gentil et attachant dont les quatre représentants – un mâle et trois femelles, de race « Fauve de Bourgogne » – constituent depuis le début de bons compagnons dans mon isolement.

Si je ne souhaite pas les consommer, je veux les faire se reproduire, d'où l'apport d'un mâle. Mais j'avance à pas mesurés en raison de risques de surpopulation.

Une première portée a donné naissance à quatre lapereaux viables depuis fin mai. J'attends pour la suite.

C'est un spectacle charmant que de revoir et observer ce grand et petit monde qui en a autant à mon service. Bien sûr, je ne me prive pas de sortir de la cage et de caresser les petits qui, malgré leurs craintes du début, apprécient, semble-t-il. Je les pose sur le sol mais, terrorisés, ils ne se déplacent guère. Quant aux « grands », ils me jettent, comme tout lapin, des regards surpris et un peu inquiets.

Nous nous sommes bien habitués les uns à l'autre.

Fin mars, je me souviens qu'en arrivant à leur voisinage, j'avais fait détaler un lièvre caché dans les fougères du voisinage. Entre apparentés, il y a des liens subtils…

Lundi 23 juin

Visite au mini-poulailler : la ponte a bien repris depuis une quinzaine et mon repas de midi est assuré !

Six mois après leur installation, mes volailles se portent au mieux et je compte les mettre à couver afin de voir ce qu'il adviendra de leur progéniture en ces lieux.

Et pourtant, en installant à l'automne cet élevage original en plein bois, je craignais bien des déboires, notamment ceux engendrés par les renards, fouines et autres antagonistes.

Jusqu'ici, il n'en a pas été ainsi sauf une fois où le grillage, profondément enfoncé pourtant, avait été légèrement soulevé par des animaux… car un homme aurait employé la manière rapide avec une paire de tenailles !

Je passe aux ruches dont l'activité est grande : il reste peu de floraisons éclatantes comme celles des genêts mais beaucoup de petites fleurs de toutes les couleurs, spécialement dans le pré voisin car il y a peu de chose sous bois… et pourtant sur le même sol si acide mais à l'ombre. En attendant, sous un mois, les débuts de floraison de la callune et de la bruyère cendrée. Je reviens en tenue d'apiculteur pour voir si les cadres se sont bien remplis depuis ma précédente et récente visite il y a une quinzaine : c'est déjà le cas pour quelques-uns qu'il me faut vider. Je désopercule avant de laisser le précieux produit s'écouler librement dans une large marmite, ne voulant pas, pour si peu, passer de nouveau par la centrifugeuse.

En soirée, je récupère la production de trois cadres – un peu ambrée – que je transfère dans les récipients apportés : quatre kilos, ce n'est pas si mal dans ce milieu peu propice et surtout en si peu de temps. J'en suis très surpris !

Une affaire bien partie dont j'étais loin d'espérer de si abondants résultats !

Mardi 24 juin

C'est la Saint-Jean d'été (St Jean-Baptiste) et l'un des jours les plus longs.

Cette année, ce sera sous un temps encore incertain et bien frais pour le moment.

Je m'étais fixé comme simple programme de rester sur la terrasse du lever au coucher du soleil afin de mesurer, pour la première fois, ce que sa longue course représente pour la nature. J'ai bien vu l'aube et le lever mais la journée fut finalement majoritairement nuageuse et le coucher d'un gris orangé qui ne m'a pas permis d'être le témoin d'un spectacle toujours grandiose.

Jadis, et par ici, l'habitat dispersé favorisait la chose, les éleveurs, surtout les bergers, ne manquaient pas, seuls, au sein des hameaux ou à l'écart des bourgs, de manifester leur joie face au paroxysme de la lumière bien agréable à ceux qui passaient leur vie dehors à garder les troupeaux, par les « feux de la Saint-Jean » autour desquels ils dansaient et que les jeunes franchissaient.

Autrefois, la veille ou le jour de la Saint-Jean, les villageois apportaient chacun leur contribution à l'édification d'un tas de bois, souvent imposant au final : fagots, branches bien sèches…

À la nuit venue, l'allumage revenait au curé, au maire ou à un notable, à l'aîné, à une jeune fille…

Après l'embrasement, tout ce monde venait danser entre amis, habitants du même territoire, jeunes qui ainsi se rencontraient avec la complicité de l'obscurité alentour. Des superstitions et croyances étaient associées : ainsi, le saut du feu préservait des sortilèges, permettait de se marier dans l'année et, en tout cas, portait bonheur.

Après extinction, chacun rentrait avec un tison qui allait être conservé un an, en protégeant l'habitation de la foudre, de l'incendie ou de certaines maladies.

Cette coutume conviviale a disparu dans les années 60 avec la fin de la France paysanne. Je me souviens de soubresauts et de volontés de relance ensuite mais qui n'ont pas duré.

D'autant qu'il y a trente ans environ, l'institution de la « Fête de la Musique » a éclipsé ces manifestations simples de bonheur bucolique ; les deux auraient pu cependant demeurer complémentaires.

J'ai voulu ici faire revivre cette pratique – en dépit de l'interdiction surtout au sein d'un bois – en prenant toutes les précautions. Un tas de bois, bien sec, a été élevé à quelques mètres de mon étang, avec les récipients qu'il convient à disposition car il me faudra ensuite noyer – et plus que cela – les vestiges car rien n'est plus dangereux que la terre de bruyère dans laquelle le feu mijote longtemps avant de réapparaître à plusieurs mètres *via* les galeries de rongeurs notamment.

J'allume vers 23h quand il n'y a plus, à l'ouest et au nord-ouest, que quelques traînées claires.

Un merveilleux souvenir lorsque je regagne ma cabane vers deux heures du matin après m'être bien assuré qu'aucun risque ne subsistait.

Mercredi 25 juin

« Son tourment à lui spécial, c'était les fourmis rouges. Elles avaient choisi de passer, pour leur migration annuelle, juste à travers sa case, les petites garces, et elles n'arrêtaient pas de passer depuis bientôt deux mois », Céline, Voyage au bout de la nuit.

Est-ce en liaison avec le temps orageux de ces derniers jours ?

Toujours est-il que ce matin dames fourmis ont entrepris une migration continue sur ma terrasse, après une ascension de son côté sud, pour rejoindre le devant de la porte puis quitter les lieux dans la direction opposée. Assis à leur voisinage, j'ai les yeux rivés sur leur migration au sein de laquelle chacune a sa place, beaucoup transportant des œufs. Il y a aussi par moments puis fermant la marche des individus ailés. Jusqu'à présent, je n'avais guère observé de fourmis sur mon territoire, si ce n'est escaladant des arbustes du sous-bois, parties vers les extrémités là où se trouvent des pucerons. Mais sur la terrasse, non, alors qu'on en trouve si fréquemment au voisinage des constructions, en provenance de faibles anfractuosités.

Mais rien à voir avec celles observées par Bardamu lorsqu'il avait quitté sa « factorie » près du poste de Topo et qu'il voulait gagner le « Rio-del-Rio » en faisant la rencontre de ce sergent espagnol véritablement assiégé par des « fourmis rouges » !

Après un long passage de près de deux heures, les dernières, en ordre dispersé, terminent ce défilé. J'observe à l'arrière de la cabane leur destination qui se perd dans la litière. Leur nid avait-il été dérangé par un rongeur ou une fouine cette nuit ?

Curieux animaux que ces fourmis vivant en colonies et qui ont suscité de très nombreux et importants travaux de recherche tant elles attirent l'esprit et sans déranger vraiment !

Jeudi 26 juin

Avec les moments de beau temps et de chaleur et à cause d'une terre très filtrante, mon potager a besoin d'eau d'autant que j'y ai pratiqué encore des repiquages de poireaux et effectué plusieurs semis de début d'été à objectif de récolte d'automne.

Il me faut donc effectuer des « corvées d'eau » à partir de l'étang distant de près de deux cents mètres d'autant que je ne peux utiliser ce qui reste dans la citerne de toit, pleine à moitié, dont j'ai bien besoin pour mes nécessités courantes. Et son remplissage sera aléatoire dans les semaines qui viennent, à la merci d'éventuels orages.

Autant l'aller vers la pièce d'eau est pour une moitié en descente, autant le retour est moins agréable avec un dénivelé peu progressif d'une dizaine de mètres. Je transporte vingt litres à chaque fois en deux arrosoirs, répartis sur cette terre qui n'absorbe d'abord pas grand-chose quand elle est sèche et tout très vite lorsqu'elle est humide ; chaque voyage ne me permet d'arroser qu'une dizaine de m^2. Et comme je ne veux pas tomber dans le piège des arrosages légers défavorables à la pérennité des plantes par développement de leurs racines superficielles, j'administre un second passage… ce qui ne fait toutefois que quatre ou cinq mm en tout.

À part les pommes de terre et les topinambours, j'interviens partout, ce qui aura représenté ce jour autour de vingt-cinq trajets. Et je ne « sens » pas que le temps va repartir à la pluie.

Lors de mon installation, j'avais sous-estimé les efforts à faire. L'alternative était d'apporter deux cents mètres de tuyaux et la pompe à bras que m'a donnée mon ami J.R. Vu le dénivelé et la distance, aurais-je obtenu un résultat probant ? J'en doute.

Vendredi 27 juin

En allant puiser de l'eau hier, lors de l'une de mes arrivées, j'ai surpris un ragondin en train de nager allègrement au voisinage de la berge opposée. Dès qu'il m'a aperçu, il a de suite plongé.

Jusqu'à maintenant, j'ai eu assez peu de ces habitants ici – et de leurs dégâts sur les berges – alors qu'ils sont fort, mais irrégulièrement, nombreux autour de mon étang de « La Touche », ce qui m'oblige à y disposer une nasse afin de limiter au moins leur pullulation.

Ce mammifère (*Myocastor coypus*) est un gros rongeur introduit d'Amérique pour sa fourrure au XIXème siècle et qui s'est beaucoup répandu en Europe en raison d'évasions des élevages et de lâchers volontaires. C'est un animal impressionnant pesant autour de 7 kg et mesurant une cinquantaine de cm avec une queue ronde de plusieurs dizaines de cm. Il est largement réparti sur le territoire français. Facilement reconnaissable à ses quatre incisives rouge orangé, il craint les grands froids dont il peut mourir. Il vit près de l'eau en creusant des terriers de plusieurs mètres de longueur, présentant plusieurs entrées dont une au moins subaquatique. Il constitue un déstabilisateur des berges et un important agent de modification des écoulements naturels par les fossés et les barrages.

Ce rongeur herbivore comprend dans sa ration des céréales, des glands et toutes sortes d'herbes. Il s'adapte très vite à son milieu et se reproduit rapidement avec deux ou trois portées de la femelle, de cinq à sept petits chacune. Ici, il n'a pas de prédateurs – sauf l'Homme – et peut transmettre la douve du foie et la leptospirose.

Chassé comme nuisible, il doit faire l'objet d'une lutte coordonnée pour être efficace. Aussi vais-je m'en soucier !

Samedi 28 juin

En faisant mes plans d'occupation du potager, j'avais complètement oublié les cucurbitacées alors que j'en suis un jardinier fidèle. Comme il me reste quelque place, j'avais commandé il y a dix jours un petit assortiment de semences dont il ne m'a été apporté qu'une fraction compte tenu des disponibilités en cette saison déjà avancée.

Afin de hâter la germination, j'ai tout mis dans l'eau dès jeudi et, après ressuyage ce matin, je procède aux semis.

D'abord de potiron « rouge vif d'Étampes » qui produit d'assez gros fruits d'une belle couleur rouge à l'automne et faciles à consommer compte tenu de leur taille limitée. Seront-ils prêts pour « Halloween » cet automne, fêté à La Pallu voisine ? Si oui, j'en disposerai quelques exemplaires sur ma terrasse et un dans le bois afin de marquer l'entrée du chemin.

Ensuite, des giraumons « turban » à la forme originale et aux teintes fort gracieuses comprenant de l'orangé rouge et des stries vert clair et blanc.

Enfin des coloquintes « variées » aux formes si bizarres qui illumineront cette partie du potager à l'automne puis ma cabane après la Toussaint.

Ce que je souhaitais d'autre – pâtisson et courge « spaghetti » – n'était plus disponible. Je n'ai à m'en prendre qu'à moi !

Je suis bien conscient de pratiquer ces semis en date limite. Les plantes qui en seront issues disposeront de quatre mois pour me combler... si les conditions de l'été et du début d'automne leur sont favorables !

Dimanche 29 juin

En arrivant ce matin à mes petits élevages, je me rends vite compte que des « événements » s'y sont déroulés cette nuit : toutes les portes du poulailler et du clapier ont été ouvertes. Poules et coq sont dehors mais pas un lapin n'est sorti. J'inspecte le grillage : rien n'a été abîmé et la barrière a été refermée. Je laisse tout le monde dehors et sort les lapins afin que tous profitent de la belle journée qui s'annonce.

Je me rends ensuite au rucher. Avant d'y arriver, j'entends un fort bourdonnement. Halte car il faut que je me protège, mais j'ai le temps de constater qu'une ruche a été renversée et qu'elle gît sur un de ses côtés. Retour rapide « habillé » puis enfumage de mes pensionnaires afin que je puisse remettre la « petite maison » en place. Cinq minutes plus tard tout semble rentré en ordre. Là aussi, le grillage protecteur n'a pas été abîmé.

Il s'agit donc d'une œuvre malveillante d'un (ou de plusieurs) humain(s) qui a consisté à m'adresser peut-être une sorte d'avertissement : même présent sur place – à moins de cent cinquante mètres –, dans le silence de la nuit tout peut arriver.

Cette première fois avec la volonté d'une part de rendre leur liberté, toute relative, à mes animaux, d'autre part de dégrader une innocente ruche.

Inutile d'aller plus loin car il s'agit d'une personne – ou plus – bien renseignée, à laquelle ma présence déplaît. Pourquoi ? Je ne veux pas me perdre en conjectures afin de ne pas donner prise à ces raisonnements sans fin et sans intérêt qui à la longue détruisent et, en tout cas, empêchent de dormir !

Je me borne, après que mes animaux ont été rentrés, à dérouler à vingt centimètres du sol, tout autour de mes implantations, un rang de fil barbelé, appuyé sur les arbres inclus et fortement tendu. Afin de montrer que je ne reste pas sans réaction !

Lund2i 30 juin

Ce jour est médian dans mon séjour à La Croix-Guillaume et je veux lui donner un relief particulier au moins dans mon esprit avec, au-delà de mes tâches devenues si coutumières, un long temps consacré à la réflexion.

Favorisée par le temps très beau et un ciel si pur, mon idée dominante est que l'on peut aisément vivre dans de telles conditions d'isolement pour peu que l'on ait prévu l'essentiel du nécessaire et qu'il existe un « système de ravitaillement » efficace et discret. Faire sans poserait bien des problèmes que je ne suis pas prêt, pour l'instant au moins, à affronter, à la manière de mes lointains devanciers.

Bien sûr, il n'est pas tous les jours facile de vivre éloigné de ses proches et je m'inquiète chaque jour pour eux, leur santé et leurs activités. Mais je me dis aussi que le « non-fil » qui nous relie interviendrait en cas de difficultés importantes.

Avant de m'isoler, je pensais que les journées seraient souvent longues d'où les nombreux livres amassés ici et mes exigences d'écriture. Il n'en est absolument rien, au contraire, car le temps passe très (trop) vite sans aucun souci d'occupation. Et même quand les jours étaient courts et le temps mauvais, il en allait déjà de même.

À mi-parcours, j'estime que ma longue expérience solitaire est réussie, et cette réussite je la dois à la nature qui m'entoure, me comble, m'offre ses bienfaits en permanence et correspond à une sorte d'idéal supérieur encore à celui que j'imaginais.

Je décide de passer sur ma terrasse cette nuit qui va me mener au 1er juillet, bien enfoui dans mon duvet et le visage tourné vers des étoiles qui me font d'incessants clins d'œil…

Mardi 1er juillet

Je me suis levé très tôt pour célébrer le début de la seconde moitié de mon séjour ici, afin de contempler le merveilleux spectacle du lever du soleil un matin d'été.

Je suis descendu un peu pour n'en rien manquer. Les blés que porte la parcelle que je longe ondulent doucement dans cette aube bien fraîche. Bien que loin de leur maturité, quelle odeur exhalent-ils ! Un mélange de cette céréale et de la grande humidité de fin de nuit.

Comme je m'astreins, lorsque l'observation est possible, à relever les positions du soleil lors de ses lever et coucher, je note aujourd'hui une déjà nette évolution par rapport au solstice d'été : quelques minutes ou degrés et d'ici, quelques arbres.

Je rentre pour déguster mon petit-déjeuner sur la terrasse mais le ciel s'obscurcit vite et j'entends de petites séries de grondements dans le lointain.

En peu de temps, le ciel s'épaissit puis quelques grosses gouttes viennent frapper le plancher. Je décide de rester exposé car je souhaite observer et mémoriser un spectacle déjà entrevu : l'an dernier, j'avais planté devant un pilier, et dans un mélange enrichi, une clématite bleu-violet foncé qui fleurit au début de l'été. Contre mon attente, elle s'est fortement développée et ses fleurs viennent de commencer à s'épanouir. Elles sont grandes et leurs six pétales sont ouverts au ciel. J'observe la manière violente avec laquelle les grosses gouttes les frappent : elles réagissent comme si elles étaient montées sur ressort. La pluie orageuse s'accentuant, elles sont ballottées au gré des impacts puis reviennent vite à leur position première.

Le ciel s'éclaircit sous l'effet d'un vent d'été devenu fort, et les rayons qui suivent sèchent vite ces beautés.

Mercredi 2 juillet

Les quelques difficultés des premières semaines me paraissent lointaines. Je pense que les jours très courts d'alors jouaient sur mon moral. Cependant, mon face-à-face n'aura jamais été pénible même si la nuit j'attendais souvent le jour…

En une demi-année, j'ai bien respecté les principes librement retenus. Ainsi, j'ignore tout de ce qui s'est passé dans le vaste monde depuis le début de mon retrait. La « crise » s'est-elle amplifiée ? Ou est-elle en voie de résolution ? Les pays du pourtour méditerranéen ont-ils surmonté leurs difficultés ? Y a-t-il eu des faits, divers ou non, marquants ? Des attentats, des assassinats de personnalités ? A-t-on enfin annulé des dettes des pays du Sud ?... Les mille découvertes du quotidien d'avant.

Rien que l'écriture de cette courte énumération m'ennuie. En fait, les « nouvelles », je m'en moque aujourd'hui. Si quelque chose de catastrophique était arrivé, on m'en aurait averti. Le reste n'est que renouvellement et habitudes auxquels on ne devrait attacher qu'une importance relative. Je n'ose penser à mon retour. Comment réagirai-je ? Je crains de le savoir...

Mes visiteurs sont venus en nombre très limité : cinq en tout dont deux non souhaités, un chasseur et un promeneur égaré. Au contact de tous, j'ai senti non pas une incompréhension que je supputais mais de la surprise et des interrogations. Pourquoi ? Il ne faut « déranger » que dans certaines limites...

Pour l'instant, je n'ai pas reçu – au moins indirectement – de demande d'interview de journaux locaux ou régionaux. Comme tout se sait vite dans les campagnes, je n'en aurais pas été surpris. Si cela venait à se présenter, je ne dirais pas non mais seulement à l'issue de mon séjour et après un certain temps de « retour au monde ».

Jeudi 3 juillet

Il est temps d'évoquer aussi quelques questions ancillaires : où en suis-je de mes réserves ?

Côté bois de chauffage et de cuisine, les quinze journées rudes de début février puis le printemps incertain m'ont rendu dépensier avec plus de dix stères consommés. Il faudra donc que je tienne avec une quantité équivalente. L'automne sera peut-être doux...

Pour les besoins en eau, j'ai aligné mes dépenses sur mes récupérations. Mais tout juste malgré tout avec les jours chauds. C'est formidable ce que l'on se déshabitue vite de ce qui faisait notre quotidien !

Pas de souci non plus avec ma consommation, faible, de gaz pour le réfrigérateur, ni avec le panneau solaire et l'éolienne qui fonctionnent bien et assurent mes modestes besoins domestiques.

Quant à mon alimentation, et pour ce qui n'avait pas été stocké sur place, le système retenu avec mes amis A. et G. s'applique de façon huilée.

Le jeudi matin, je descends ma commande ainsi que le règlement de la précédente, et je retrouve dans la journée la livraison souhaitée la semaine passée. J'essaie de varier mes menus en fonction des disponibilités à Carrouges et tout se passe bien ainsi. Ai-je maigri ? Grossi ? Je l'ignore, mais je me sens physiquement très bien.

Et au point de vue budget ? Avec ma vingt-sixième livraison, j'ai dépensé 2 242,90 euros soit moins de 400 par mois. Qui dit mieux ? Il est vrai qu'il serait juste d'ajouter la répartition des stocks constitués en décembre. Disons donc 450 euros. C'est très raisonnable et en ne me privant pas !

Vendredi 4 juillet

Travail au potager.

En ce début d'été où en est-on ? Les résultats sont irréguliers mais je suis agréablement surpris par l'ensemble.

Voyons déjà ce qui n'a pas marché en dépit des lourds amendements apportés mais aussi à cause d'un milieu demeuré plutôt hostile. Toutes les salades végètent. Beaucoup ont été détruites par les limaces et autres gastéropodes. Et comme j'ai limité les interventions... Les radis roses ont été aussi très attaqués et les pois par les oiseaux malgré des procédés simples d'effarouchement.

Il y a en revanche de belles promesses : les pommes de terre sont splendides, ou plutôt ont été pour les hâtives « Early rose » en cours de dégustation depuis trois semaines. Quant aux « Institut de Beauvais », tardives et qui alimenteront ma consommation hivernale, elles mesurent autour de 80 cm et commencent à fleurir de leur belle couleur blanc nacré. Pas de trace de mildiou malgré l'humidité du printemps... et les spores qui volent si facilement !

Les topinambours sont magnifiques atteignant déjà 1,50 m. Il y aura à manger à partir de novembre ! Les haricots destinés au vert se développent bien mais de la chaleur serait maintenant nécessaire. Quant aux carottes et betteraves – rouges et fourragères – il n'y a rien à redire. À suivre plus tard...

Mon vaste carré d'aromatiques est satisfaisant, spécialement le cerfeuil, le persil, la ciboulette et l'oseille qui trouve là des conditions idéales.

Je tente un nouveau semis de mâche « Coquille de Louviers » et je griffe énergiquement l'emplacement futur des cinquante poireaux à planter à partir de ma pépinière.

Il y a beaucoup de sarclages à opérer. Et je m'y donne avec application.

Les fleurs – soucis et cosmos – surprennent sur fond de bois. Zinnias et reines-marguerites progressent lentement.

Samedi 5 juillet

En faisant ce matin mon tour du potager, j'entends un bourdonnement inattendu puis aperçois sur une fourche de bouleau un essaim imposant. S'agit-il d'un passage… ou de la sortie d'une partie de la population de mes ruches ?

Une fois protégé, je constate que l'une de ces dernières est presque vide d'abeilles. Il y a donc eu essaimage aujourd'hui, un peu tard en saison. Ce phénomène, fréquent mais toujours impressionnant, survient lorsque la colonie manque de place et que les phéromones de la reine ont du mal à se répartir, ce qui entraîne la construction de nouvelles cellules royales par les ouvrières qui, peu après, quittent la ruche avec la reine.

La grappe observée provient donc de l'une de mes deux « petites maisons ». Que faire ? Essayer de capturer l'essaim enfui ? Il n'est déjà plus là où je l'ai vu et il est utopique maintenant de la rechercher.

Il me reste à attendre que naisse une nouvelle reine, qu'elle soit fécondée puis ponde avant que la génération à venir redémarre une activité et produise à nouveau du miel.

J'ai tout simplement été imprudent en ne donnant pas assez d'espace pour que les ouvrières travaillent et que la reine ponde.

Qu'en est-il dans l'autre ruche ? Elle ne semble pas surpeuplée mais, par précaution, je remplace deux cadres déjà chargés de réserves et je détruis quelques chambres royales observées. Danger !

De toute façon, je n'aurais pas disposé de ruche disponible pour y enfermer l'essaim furtif. Il me faudra maintenant suivre de près la situation cet été car je tiens à pratiquer de nouvelles récoltes, et surtout que la vie de mes abeilles soit harmonieuse.

Dimanche 6 juillet

On utilise aujourd'hui fréquemment le terme « niche écologique » pour désigner un lieu, souvent très circonscrit, favorable à la présence pérenne et au développement de telle espèce végétale ou animale. Je me demande d'ailleurs pourquoi ce vocable à la mode n'a pas été utilisé plus tôt car il correspond à une infinité de réalités traduisant un lieu précis sous la contrainte large si ce n'est permanente, d'un ensemble de facteurs de contexte.

En parcourant mon petit territoire, je peux en décrire quelques-uns dont le dénominateur commun est à la fois l'extrême acidité du sol, sa minceur et sa forte aptitude à une dessiccation rapide. Ensuite joue l'exposition dont j'ai un très bon exemple avec les « montagnes russes » au sein desquelles l'orientation exerce un grand rôle : ainsi, les fougères lycopodes sont-elles situées frondes au nord là où l'humidité demeure presque en permanence, tandis que les primevères « sauvages » aux fleurs délicatement jaunes, recherchant la lumière, préfèrent regarder au sud.

Les troncs des gros arbres sont aussi une bonne illustration avec leurs mousses bien vertes à la mauvaise saison face au septentrion et d'un jaune verdâtre en dehors. Rien à voir non plus selon l'exposition avec la végétation herbacée qui les entoure et ce d'autant que leurs pompages racinaires interfèrent aussi.

Quant aux scarabées, nombreux ici quand on les cherche, et à leurs grosses larves, rien ne vaut pour eux autant que les arbres et grosses branches laissés pourrir sur place.

C'est toute cette diversité qui fait la stabilité d'un système ! On l'oublie trop souvent...

Lundi 7 juillet

Sur le territoire du nouveau canton des Avaloirs avec ses vingt-sept communes, il y a maintenant treize éoliennes de production d'électricité dont je vois une bonne moitié depuis mon repaire. Les responsables en charge de ces machines imposantes estiment que leur production – assez aléatoire compte tenu de l'origine de leur mouvement – correspond à la moitié des besoins des populations et des activités industrielles et autres, hors chauffage, ce qui n'est pas mal du tout, mais pas très surprenant en raison du contexte avec un relief marqué et des courants d'air importants.

Pourquoi ne pas aller plus loin ? Il y a quelques projets en cours dont celui à la limite de Lignières et de Saint-Calais, mais tout prend beaucoup de temps à cause des nombreux recours que l'on peut estimer plus ou moins justifiés et qui comprennent souvent des défenses d'intérêts strictement personnels. Par ailleurs, la législation risque fort de devenir de plus en plus restrictive avec l'absence d'habitation à un kilomètre en tous sens – au lieu de 500 m –, les zones de restriction aérienne fort nombreuses en Mayenne et l'éternelle question du prix d'achat du kWh produit dont le niveau est fréquemment menacé de « réajustement ».

Même si beaucoup continuent à ne pas les aimer, les éoliennes font de fait partie du paysage et, par rapport au « photovoltaïque au sol », elles ont l'immense intérêt de ne pas grignoter, ou presque, de terres agricoles.

Dans notre Communauté de communes désormais très élargie, leur nombre est sans doute amené à nettement progresser jusqu'à permettre d'offrir l'image d'une région « excédentaire ». Un avantage tiré d'une nature favorable qu'il faut mettre en œuvre avec persévérance et détermination.

Mardi 8 juillet

Un examen attentif des feuilles et tiges de mes pommes de terre me montre qu'il y a quelques petites taches brunes pour l'instant circonscrites du mildiou que je redoutais. Pas très étonnant avec le temps plutôt chaud et humide qui règne ici depuis une semaine… Et comme je n'ai pas apporté ici de pulvérisateur car d'une part je voulais produire « bio », et d'autre part je pensais que mon isolement en plein bois me mettrait à l'abri d'arrivées de spores en provenance des cultures potagères du voisinage, je ne dispose pas de réponse immédiate à apporter. C'était une erreur manifeste, d'autant plus regrettable qu'elle a été commise par un ancien phytopathologiste !

Après-demain, je tenterai de réparer en demandant à mes commissionnaires un petit appareil et de la bouillie bordelaise dont l'application ne pourra avoir lieu, au mieux, que dans une dizaine de jours, et si le temps le permet alors… et qu'il reste des feuilles à protéger !

Pour l'heure, je supprime les folioles présentant des taches, en espérant qu'un environnement plus sec va vite revenir. Sinon…

Mon inspection me conduit aussi à discerner quelques larves de doryphore et deux adultes. Là c'est encore plus surprenant. Je détruis l'ensemble.

Cette interdépendance des parcelles traitées et maintenues en « biologique » constitue un réel problème pour l'avenir commun de ces deux agricultures. Un sujet de débat maintenant ancien !

Mercredi 9 juillet

« Il y a une raison pour laquelle Dieu limite nos jours. Laquelle ? Pour que chacun d'eux soit précieux », Mitch Albom, Le Passeur du temps.

Que cet Auteur a raison ! Si nous avions devant nous un temps sans limite, nous remettrions perpétuellement à plus tard ce que nous avons ou devons faire. Il n'est pour s'en persuader que de pratiquer un peu d'introspection : c'est quand nous partons d'un lieu ou quittons une activité, même pour peu, que nous sommes pris d'une sorte de frénésie d'entreprendre ou d'achever ce que nous n'avons pas eu le courage d'effectuer antérieurement.

Un peu comme si l'absence à venir menaçait l'aboutissement d'actions remises, souvent pour des raisons futiles au sens de causes qui ne tiennent pas à l'analyse.

Et si nous n'arrivions pas « faute de temps » à être en règle avec nous-même, nous partons à regret vers d'autres entreprises... en nous promettant, à notre retour, de réaliser enfin ce qui nous a contrariés. Or, quand nous réintégrons notre centre de vie précédent, nous trouvons plein de bonnes raisons d'« oublier » ce qui nous avait tant troublés... jusqu'à notre prochain départ !

En recherchant ici un monde fini, j'ai aussi voulu m'abstraire de ces mouvements qui laissent une certaine amertume, en concentrant toutes mes obligations – relatives – en un même lieu. Mais je me suis très vite aperçu que je suis en permanence conduit à des choix et à des « remises à plus tard ».

Une certitude demeure : le terme de tout cela arrivera dans un délai qu'heureusement nous ignorons. « Ni le jour, ni l'heure ». Une bonne raison d'être en règle avec ses propres priorités !

Jeudi 10 juillet

Lorsque nous étudiions il y a encore peu les statistiques agricoles d'un département, d'une petite région ou d'une commune, nous avions face à nous des données relatives aux exploitations dans leur ensemble, à toutes leurs composantes et à leurs produits. C'est ce que j'ai fait à périodicité régulière sous la forme d'articles concernant Lignières-Orgères.

Ce n'est plus du tout aussi simple aujourd'hui car, sous la pression du syndicalisme et avec un éclairage essentiellement « productiviste », les données sont maintenant séparées entre exploitations « professionnelles » ou « conventionnelles » et toutes les autres dites – selon un bien mauvais terme – « non conventionnelles ».

Les statistiques d'aujourd'hui décrivent en conséquence le système dominant dans lequel l'amélioration des performances et des revenus passe par l'agrandissement avec son postulat des économies d'échelle incluant toujours davantage de capital au détriment de l'emploi.

Quant aux autres, les renseignements les concernant sont souvent lacunaires et approximatifs. Or, ces exploitations, parfois de complément, ne peuvent survivre qu'en améliorant leur valeur ajoutée et donc en cherchant des modes de commercialisation originaux, novateurs et souvent à risques. Parfois en contribuant au maintien de l'emploi en milieu rural et en participant à des formes variées d'entretien des territoires et conséquemment des paysages.

D'où l'intérêt de rendre « visibles » ces « unités rurales » en s'efforçant de mieux renseigner les rubriques les concernant.

Qui a écrit que « La beauté est l'unité dans la diversité ». On l'oublie trop !

Vendredi 11 juillet

De ma terrasse, mon regard, maintenant habitué à chaque détail – mais en en découvrant en permanence de nouveaux ! – se porte le plus souvent vers l'ouest ou le sud-ouest, sans doute en raison du couchant, donc de la lumière et de la vie.

À ce titre, la commune de La Pallu, très proche, me montre le clocher de son église dans un environnement vert bleuté. Ce village, aujourd'hui très petit avec une centaine d'habitants et qui en comptait 520 en 1726 et 820 en 1851 selon l'abbé Angot, semble avoir eu l'emplacement de son bourg déterminé par une fontaine abondante qui l'alimentait alors. L'église, dédiée à saint Sulpice, est ancienne mais mal datée. Les côtières de la nef ont été reconstruites en 1783 par le curé de l'époque Jacques-Julien Laigneau. La chaire du XVIIIème siècle est remarquable. Le presbytère, contigu à l'église, aujourd'hui occupé de façon privée, remonte à la fin de ce même siècle. Dans une des chambres, on trouve une cachette jadis dissimulée par un meuble et utilisée pendant la Révolution. Elle a peut-être permis d'épargner des vies à des moments où le clergé local avait maille à partir avec les autorités révolutionnaires.

Au voisinage, un calvaire porte l'inscription « J'ay esté » donnée par Jean Couppard – *Requiescat in pace. Pater, Ave,* 1702. Son socle comporte une *Pieta* et une niche de son croisillon contient une statue de la Vierge.

Une concentration de témoignages de piété à une époque où la vie rurale était intense sur la route de Couptrain à La Ferté-Macé.

Samedi 12 juillet

Dans l'histoire de La Pallu, on trouve traces d'une « Confrérie de charité » qui avait pour but « de soulager les pauvres, d'assister les malades et de faire éviter l'ivrognerie, le jurement, les rancunes et autres désordres ». C'est une bulle papale d'Innocent XI qui l'approuva, précisément le 26 avril 1678. Elle était placée sous le vocable de saint Eloi et admettait des adhérents d'autres paroisses qui en étaient dépourvues. Son organisation était faite en secteur, chacun régi par un « frère servant ». On sait aussi qu'après la Révolution, elle a été réorganisée et a fonctionné jusqu'au milieu du XIXème siècle.

Un bâton d'un mètre contenant une représentation de saint Eloi demeurait près des fonts baptismaux.

Dans l'église, il y avait plusieurs reliquaires en bois doré et de belle qualité, contenant des restes alors vénérés de nombreux saints : Sulpice, Vincent, Séverin, Vivien, Eloi, Clément, Théodore, Plaide et Donat ainsi que de sainte Lauréatte.

Quand on passe à proximité de ces monuments avec leurs ornements, on a aujourd'hui tendance à négliger ce qu'ils ont représenté pour tant de générations passées qui leur ont consacré des parts de leurs maigres ressources et beaucoup de leur temps.

Qu'en sera-t-il dans un siècle ou deux de toutes ces églises – plus de 40 000 en France – aujourd'hui à la charge des faibles ressources des communes, et qui furent des lieux de dévotion et de piété pour des sociétés construites essentiellement sur les valeurs chrétiennes ?

Dimanche 13 juillet

En cette splendide journée d'été, je décide de faire un grand tour par les chemins et les traverses de prairies à la périphérie de la butte qui porte mon domaine.

Il fait déjà bien chaud en fin de matinée et je ressens très vite le caractère enivrant d'une telle balade au cours de laquelle senteurs, pollens, chants d'oiseaux et effluves divers donnent l'impression d'un trop-plein généralisé offert par une Nature qui ne fait pas dans le détail.

Il y a là une sorte de surenchère en tout comme seules les belles journées d'été nous en réservent.

En parcourant ces espaces, on a le sentiment d'un fonctionnement porté à un maximum des mécanismes biologiques avec toutes les interactions qui en résultent et aboutissent à un tableau généreux qui semble ruisseler sur qui le traverse.

En ce premier mois d'été, on assiste à la récompense de tout le labeur d'un printemps longtemps timide et cherchant sa voie, mais accumulant avec patience et détermination ce qui permettra d'aboutir à d'opulentes récoltes, qu'elles soient uniformes comme le colza ici nouveau venu et les céréales ou très variées à l'image des prés, de fauche ou non, avec leur diversité et compétition intense si belle à constater, et tellement harmonieuse pour l'esprit.

C'est cette mosaïque bienvenue que je parcours joyeusement, à l'image d'un individu lâché dans une sorte de paradis terrestre tellement facile à trouver pour qui le recherche tout simplement sans fard et comme l'expression d'un possible.

Lundi 14 juillet

Même si j'en suis absent et que d'ici je n'en entends pas les clameurs, c'est aujourd'hui le rassemblement à Lignières des Corps de sapeurs-pompiers du Nord-Est mayennais. Cette manifestation tourne entre les petites villes et les villages concernés. C'est l'occasion de présenter des véhicules anciens et remarquables – à l'image de la jeep de commandement et du véhicule « Diamant » précieusement conservés et entretenus à Lignières – et les engins coûteux de tout dernier cri adaptés aux besoins modernes.

Ce type de manifestation dispose d'un public fidèle.

Dans nos campagnes, les pompiers volontaires représentent un maillon important des services de vie par la sécurité qu'ils représentent pour les populations concernées, mais aussi en raison de leur proximité des personnes, de leur gentillesse et de leur grande et permanente disponibilité.

À l'heure d'un monde où le bénévolat devient de plus en plus une rareté, ils constituent un rempart certain à l'isolement et au repli individualiste. Leurs membres sont de plus en plus formés aux connaissances actuelles afin de répondre à des besoins qui se sont beaucoup diversifiés. Une affaire permanente de recrutement les concerne car la vie et les capacités passent vite... Maintenant, chaque Corps comporte des jeunes femmes ce qui était impensable – pourquoi ? – il y a trente ans.

Il est décidément bien loin le temps de la « pompe à bras » avec sa petite lance et ses seaux de toile ! Celle de Lignières-la-Doucelle, en parfait état, conservée au Musée des Moteurs et de l'Outillage, a été en service jusqu'à la Première Guerre.

Mardi 15 juillet

Ce que l'on se déshabitue vite lorsque, inséré dans un milieu très différent, on se trouve dans l'impossibilité concrète d'y réaliser ce que l'on considérait auparavant comme essentiel et « normal ».

Il en va ainsi pour moi de l'Internet et particulièrement des « mails ». Si j'ai été long à m'insérer sur la Toile, en fait il y a quinze ans maintenant, j'y suis venu ensuite comme tant d'autres avec délice. N'est-il pas confortable d'interroger « Google » ou « Wikipédia » pour obtenir instantanément réponse à la question posée ? N'est-il pas efficace de correspondre avec tous nos partenaires dans n'importe quel coin de la planète et de nous abstraire de délais pour disposer de réponses ? Bien sûr que oui.

Mais quel esclavage avec ce besoin d'interroger sans cesse pour savoir ce qui vous est arrivé, et avec un regret inavoué quand il n'y a rien !

Même avec une réception quotidienne moyenne d'une cinquantaine de courriels dont les deux tiers sont soit publicitaires soit sans intérêt certain, on arrive vite pour émettre et répondre à une bonne heure, ce qui n'est pas négligeable sur une journée.

Le 31 décembre dernier au matin, j'ai cliqué sur le mot « se déconnecter ». Ayant prévenu de ma longue absence à venir mes correspondants professionnels, j'espère que cette source s'est en partie tarie, mais il y a les envois généraux et les mises en copie. Avec 200 jours, ce sont peut-être 6 000 courriels qui m'attendent déjà et un bon 10 000 qui me seront parvenus début 2015 ! Il me restera à pister les rares choses importantes et encore d'actualité, et à « supprimer » au plus vite tout le reste.

En tout cas aujourd'hui, le fait d'être ainsi relié en permanence au monde ne me soucie pas du tout et surtout ne me manque pas.

Mercredi 16 juillet

Le temps étant beau et sec, je procède à la récolte favorable de mes tubercules de pomme de terre « Early rose ». Leurs tiges, qui ont finalement atteint au moins 60 cm, sont maintenant étalées sur le sol et commencent à jaunir.

Inutile d'attendre davantage avec les risques précédemment signalés de mildiou !

Pourquoi ai-je choisi cette variété « Rose hâtive » ? À cause du poids des habitudes tout simplement car je la cultive depuis fort longtemps, appréciant sa facilité de venue, la forme de ses tubercules, son goût agréable et les préparations que l'on peut en faire en potage, au barbecue ou en salade.

Il s'agit d'une très ancienne variété obtenue en 1867 par un célèbre sélectionneur américain Albert Bresee à partir de semis d'une souche sud-américaine « Garnet Chili », à une époque où l'on cherchait à éliminer la « maladie de dégénérescence » dont on ignorait alors les causes virales. Une fois obtenue et sélectionnée, « Early rose » a contribué à la sélection de nombreuses variétés nouvelles. Une étude de 1996 indiquait sa présence dans les 44 principales variétés cultivées aux États-Unis comprenant les célèbres « Russet Burbank » et « Kennebec ».

Je ressens une drôle d'impression en retournant les pieds à la fourche-bêche car c'est sans doute la première fois que ce sol produit des pommes de terre ! Les tubercules sont bien venus et correspondent aux canons de la variété. Une fois la planche récoltée, j'estime grossièrement la production à 500 g par plant. Pas si mal !

Qui a écrit que de tels sols « si pauvres » étaient inaptes à cette production ?

Comme il n'y a pas de risques de pluie, je laisse l'ensemble se ressuyer jusqu'à demain. Et le soir, j'en ferai une nouvelle préparation culinaire.

Jeudi 17 juillet

Lors de mon avant-dernière livraison de pain, j'avais été surpris, en lisant la note, de constater que le prix de la baguette « améliorée » que je commande chaque semaine en plus d'un « pain de deux » avait augmenté de dix centimes d'euro pour atteindre le niveau de 1,05 soit une hausse de 10,5 %. J'avais alors transmis la semaine suivante par mes commissionnaires, une demande de justification de cette hausse si tant est que le boulanger de Carrouges veuille bien m'en fournir une, ce qu'il a fait par retour aujourd'hui : motif « C'est à cause de l'augmentation du prix du blé ».

Or, en France, on est sensible au prix de la baguette !

Je souhaite à ce sujet apporter deux types d'informations tout à fait vérifiables.

En premier lieu, la volatilité des prix des denrées agricoles est une évidence et celle du blé en représente une bonne illustration. Il y a quelques années comme en 2007, 2009 et 2011, les cours de cette céréale étaient de 50 % supérieurs à ce qu'ils sont aujourd'hui, eux-mêmes plus du double de ceux pratiqués en 1999 !

Conclusion : la hausse récente du prix de la baguette ne peut avoir pour cause celle du blé. Il aurait dû, de ce point de vue, y avoir une baisse.

Ensuite, les sources professionnelles sont en accord pour affirmer que le coût du blé représente 6 % du prix et celui de la meunerie également 6 %, soit un petit 6 centimes d'euro pour chaque poste... seulement !

Il y a donc d'autres causes de hausse à chercher, comme au niveau des charges de personnel et d'énergie, ou tout simplement de la « reconstitution des marges » pour employer une terminologie à la mode. Cette dernière est évidemment plus difficile à « faire passer » auprès de la clientèle...

Vendredi 18 juillet

J'ai beau observer de façon détaillée les vastes paysages qui m'entourent, force m'est de constater qu'il n'y a plus guère de bovins qui ont fait la richesse de ces terroirs. Certes beaucoup sont dans ou au voisinage des stabulations et les troupeaux allaitants sont nombreux, mais l'accroissement des productions végétales est massif – blé et colza surtout – facilité par le considérable accroissement de la taille des parcelles et des prix incitatifs, même ici.

C'est en matière de lait que l'évolution est la plus spectaculaire avec la disparition des petits producteurs. Avant les quotas instaurés en 1975, il y avait 7 millions de vaches ; il en reste aujourd'hui 4 millions avec une productivité fortement accrue et 1,8 emploi par exploitation concernée (un peu plus de 65 000). Ces quotas, si décriés mais rarement atteints, n'ont pas empêché la restructuration. Il y a vingt ans leur moyenne était de 150 000 litres ; aujourd'hui, elle se rapproche de 400 000 ! Sur le territoire français il y a maintenant deux types de zones : celles où l'on rencontre encore beaucoup de producteurs à l'image de la Manche, de l'Ille-et-Vilaine et d'une partie de la Mayenne, et les « déserts laitiers » qui couvrent le Bassin parisien, le Sud-Ouest et le Sud. C'est dans ces dernières régions que sont localisés les élevages de grande taille avec plus de 100 vaches et un gros millier d'exploitations (mais respectivement 6 % des fermes productrices seulement et 16 % des animaux). Et l'on entend évoquer des élevages de 1 000 têtes à l'image de ce qui existe dans plusieurs pays ! Et ce n'est pas une élucubration intellectuelle…

Ce secteur laitier et ses nombreuses transformations procurent à la France un solde extérieur net de 4 milliards d'euros. 9 % de la collecte sont mis sur le marché mondial. Il y a un savoir-faire universellement reconnu qui aboutit à des produits de grande qualité, exportés même en Chine.

Le temps de « la vache » de subsistance remonte à un demi-siècle. Celui des ateliers de 40 à 50 animaux risque fort d'être un souvenir dans peu de décennies, productivité et concurrence obligent. Que donnera la fin des quotas ?

Samedi 19 juillet

Bien que très éloignée de nous, la Chine fascine par son mélange de démesure en tout, de mystère et d'opposition entre ses options politiques affichées et la réalité de leur exercice.

Posons quelques clés de sa réalité actuelle. Avec 1 350 millions d'habitants dont un peu plus de la moitié en zone urbaine et une échelle de revenus de un à trois entre ruraux et urbains, le pays a réussi en cinquante ans à faire passer la ration journalière moyenne de 1 500 kcal à plus de 3 000. Alors qu'au début des années 60, la nourriture était essentiellement d'origine végétale, elle est constituée maintenant pour un quart de produits animaux. En quarante ans, la production d'« équivalent-carcasse » a été multipliée par plus de dix !

Tous les gouvernements chinois depuis deux millénaires ont voulu l'autosuffisance en produits végétaux avec des soutiens aux producteurs adaptés par les prix et les subventions. Cela est aujourd'hui réalisé à 97 % pour les céréales stratégiques (riz, maïs et blé). Mais, pour le reste, et à part les légumes, les productions n'arrivent pas à suivre l'augmentation de la demande d'où une forte hausse du déficit commercial agro-alimentaire. Ainsi, au cours de ces quinze dernières années, les importations de soja ont été multipliées par sept !

L'ambition des autorités est de développer une agriculture moderne, avec des exploitations de grande taille – il y a près de 200 millions de fermes très petites, d'une superficie moyenne de 0,65 ha –, spécialisées et intégrées verticalement. Par ailleurs, les Autorités veulent à tout prix sécuriser leurs approvisionnements extérieurs en investissant massivement à l'international, en louant ou achetant des terres et en concluant des accords de partenariat bilatéral.

Toutes ces évolutions à ce point étaient peu prévisibles. Elles risquent d'aller encore plus loin que ce que l'on suppute afin de maintenir la paix sociale à laquelle tiennent par nécessité absolue les Dirigeants.

Nos productions, nos savoir-faire, notre recherche agronomique, nos secteurs avancés ont de l'avenir dans ce pays et la morosité ne doit pas être de mise !

Dimanche 20 juillet

Premières naissances au poulailler !

Une de mes poules couvait et ce matin j'ai assisté à l'éclosion successive de six adorables poussins.

C'est un spectacle que je recommande. N'ayant pas ailleurs de basse-cour, ces moments m'ont ramené à ma prime jeunesse, c'est-à-dire aux occasions de découvrir entre gamins la vie de la ferme. Et on ne s'en privait pas alors d'autant que peu « initiés » par nos parents, nous apprenions de préférence ce qui se pratiquait entre chevaux et bovins de sexe différent...

Quant aux volailles, compte tenu de leur taille et aussi de leur diversité, les observations se faisaient plus à l'échelle d'un enfant. Que n'ai-je plus tard maudit les austères enseignements théoriques alors qu'il est si facile de faire comprendre pour toujours les bases de la biologie par quelques observations pratiques bien choisies !

Pour l'heure je me retrouve maintenant avec ces six poussins, premières naissances contrôlées à mon ermitage. Comme il fait bon, personne ne semble souffrir de ces quelques heures de vie non protégée. En fin d'après-midi, j'enferme soigneusement tout ce petit monde avec leur mère. Le coq fait des difficultés pour regagner son abri. Il indique peut-être ainsi qu'il est fier de son œuvre… partielle.

Finalement, je regrette de ne pas avoir fait le nécessaire pour obtenir des lapereaux dont j'aurais pu aussi contempler les activités.

Il y a fort à parier que je n'aurai pas le courage de consommer ces jeunes poulets dans les prochains mois. Des « idées-cadeaux » peut-être destinées à des personnes qui ne les auront pas vu éclore ?

Lundi 21 juillet

« À dix-huit ans, nos convictions sont des collines du haut desquelles nous regardons le monde ; à quarante-cinq ans, des cavernes où nous nous cachons », F. Scott Fitzgerald, Bernice se coiffe à la garçonne.

Cette formule de « Scott » traduit bien le parcours de chacun. Avec d'abord ces certitudes de la jeunesse et la sensation que l'on ressent alors d'avoir une éternité devant soi et où l'on pense que l'on ne fera pas comme nos aînés et qu'on modifiera – « nous » – la société qui nous entoure avec ses faiblesses, ses insuffisances, ses barrières injustifiées et son manque d'idéaux. Un temps béni quand les minutes s'écoulent trop lentement et que l'on a tant hâte de parvenir à l'âge adulte !

Et puis vient le temps des désenchantements que je situerai quant à moi plus loin que quarante-cinq ans, aux moments où l'on s'aperçoit que la vie est finie et bien courte, et qu'il ne sert plus beaucoup de s'égosiller à promouvoir ses propres idées et certitudes face à d'autres – dont notre entourage – qui sont persuadés de détenir eux aussi LA vérité. C'est l'époque au cours de laquelle on commence à s'enrouler autour de ses propres convictions que l'on considère riches et certaines, mais que l'on ne veut plus exhiber comme avant en cherchant à « avoir raison ».

Le décrochement est ensuite rapide et sans retour, au moins dans la mesure où l'on ne se satisfait pas des pensées exprimées par les autres.

Le soleil, très rouge, est auréolé de nuages purpurins. Lui au moins incarne une certaine forme d'infini !

Mardi 22 juillet

« *De gustibus et coloribus non disputandum* », [Il ne faut pas discuter des goûts et des couleurs]

Ce proverbe latin est parfois appliqué à la bécasse dont la chair et même les excréments constituent une friandise pour les amateurs.

Pourquoi évoquer aujourd'hui cet oiseau : tout simplement parce que j'en ai vu une en début d'après-midi alors qu'elle est habituellement présente dans cette contrée entre le début de l'automne et celui du printemps. La bécasse des bois (*Scolopax rusticolor*) est un oiseau migrateur typiquement forestier, mais assez fréquent en milieu bocager, à l'activité nocturne, appréciant les sols humifères humides et les tapis de feuilles mortes. À La Croix-Guillaume, sa réputation de gibier facile n'est plus à faire car en raison de la forte déclivité de l'orée du bois, ces oiseaux y sont souvent présents.

Son plumage va du brun au beige lui conférant des capacités de dissimulation importantes en milieu forestier ; elle s'envole d'ailleurs tardivement face à la menace qu'elle discerne pourtant facilement grâce à son champ de vision très large.

À l'aide de son long bec doté d'une mandibule supérieure articulée, elle capture aisément les lombrics surtout mais aussi d'autres insectes et des araignées dont elle se nourrit. Au crépuscule, elle se rend vers les prés voisins et notamment les bouses, un milieu en forte régression ici. C'est peut-être pour cela que je n'en ai pas vu cet hiver. Mais étais-je un bon observateur ?

La bécasse a donné lieu à beaucoup de légendes et de mythes et à une chasse intensive en Bretagne et sur ses marches. Aujourd'hui, les prises autorisées sont fréquemment limitées.

Mercredi 23 juillet

« … l'arbre ne te demande rien. Tu peux être Dieu des chiens, Dieu des chats, Dieu des pauvres, il te suffit d'une laisse, d'un peu de mou, de quelque fortune, mais tu ne seras jamais maître de l'arbre. Tu ne pourras jamais que vouloir devenir arbre à ton tour », Georges Perec, Un homme qui dort.

Depuis que je dispose de ce bois, je suis fasciné par les arbres qui s'y trouvent et essentiellement par les pins car eux seuls atteignent de grandes tailles. Je les connais à la longue à peu près tous et rien ne vaut pour moi de les enserrer puis de lever le visage afin de bien les identifier, d'observer les rayons du soleil à leur faîte, de distinguer leurs forces et leurs probables faiblesses, ces dernières faisant craindre les effets des vents hivernaux auxquels ils sont sensibles, mais ont résisté jusque-là.

Les pins maritimes, strate la plus âgée, sont si gros que je n'arrive pas à en faire le tour avec mes bras ! Et pourtant, que de temps ont-ils mis pour en arriver là, mal assurés au sol, soumis à des sécheresses estivales et automnales, mais ils demeurent et il m'arrive de les envier, d'être jaloux de leur force sans pareille et surtout de m'identifier à eux, à leur stabilité, à tout ce qu'ils ont vécu et enduré !

Oui, il y a des moments où l'on a envie de « devenir arbre » en troquant notre liberté de mouvement pour une stabilité spatiale qui nous maintiendrait la tête au soleil et parfois dans les nuages, et nous assurerait des pieds ombrés et humides, un peu moussus, entourés de toutes sortes d'animaux petits et grands que nous hébergerions longtemps ou l'espace d'un instant.

Jeudi 24 juillet

Branle-bas hautement sonore ce matin au niveau du chemin. Je me déplace pour constater ce qui s'y passe. Un puissant tracteur est en train de reculer une remorque impressionnante à l'entrée du sous-bois face à mon domaine. J'ai à peine le temps d'arriver que le contenu de celle-ci est déversé : il s'agit de gros blocs de grès. Un peu plus tard retour en opération avec un chargement du même type. Et toute la matinée cela continue avec, dans une deuxième partie, plusieurs voyages de terre brun clair.

Vers midi, je m'approche du conducteur en train de finir son déversement. Je ne le connais pas. Il paraît surpris de ma question simple : pourquoi ? Il s'agit d'un jeune agriculteur du voisinage, occupé à des travaux de terrassement en vue d'édifier un nouveau hangar, et qui n'a rien trouvé de mieux que de véhiculer ici – « Il n'y a personne ! » – ce qui l'aurait sans doute encombré. Il repart sans demander son reste, ne comprenant ni mon intervention ni mon questionnement. Devant les tas, il a creusé avec son puissant engin de traction des fondrières atteignant un demi-mètre.

Je demeure sur place, surpris d'une telle désinvolture presque sans témoin.

Devant moi, la terre de bruyère formée pendant des siècles a été malmenée et il reste ces deux énormes tas accolés dont l'aspect et la position tranchent avec le fond du décor.

Ce visiteur m'a également implicitement fait entendre la chance que j'avais qu'il n'ait pas « benné » sur mon propre terrain.

Si des géologues fouillaient ici dans quelques siècles, comment interpréteraient-ils cet envahissement ?

Vendredi 25 juillet

Une journée occupée par le travail au potager.

Après des débuts difficiles, les haricots se sont tout à fait correctement développés et les fleurs ont apparu autour du 10 juillet. Quinze jours plus tard, je récolte les premiers filets. Au total deux grosses poignées en plus de ce que j'ai mangé cru en procédant à la cueillette. Je suis certain de me régaler ce midi après une cuisson de quelques minutes… Et comme toujours avec cette plante très productive, je suis sûr d'être comblé tous les deux jours à venir.

Comme il me reste en lisière une planche disponible, j'en profite pour procéder à un dernier (?) semis en utilisant la variété Contender sur laquelle j'avais beaucoup travaillé en tant que virologue...

Côté poireaux, je termine la plantation de ma dernière « porette » d'hiver disponible, des plants qui atteignent tout juste le diamètre d'un petit crayon. Pour l'instant, sur tous ceux repiqués plus tôt, dont la variété hâtive, je ne vois nulle trace de mineuse. Mais il me faudra rester vigilant. Ainsi que me l'a appris ma grand-mère, je coupe les feuilles les plus développés à mi-hauteur. Cette pratique était auparavant généralisée au jardin. On y trouvait une forme de stimulation de la croissance. Je crois que rien n'a été prouvé à ce sujet, mais cela fait partie du cortège des habitudes qui ont souvent du bon en matière horticole.

En quittant ma parcelle, j'éprouve un regret : celui de n'avoir pas tenté de cultiver des tomates en utilisant une variété rustique et « goûteuse » comme « Cœur de bœuf » (ancienne !). Une autre année ?

Samedi 26 juillet

Mon « Conservatoire de plantes » a été évoqué. Même si ce terme d'usage convient, il serait préférable d'évoquer un « Jardin d'acclimatation ». Initié dès 1969, je l'ai créé pour y implanter des espèces –voire des variétés – qui ne poussent pas spontanément en ce milieu très acide, pauvre en éléments fertilisants et fortement ombré.

Le principe est simple : je plante au moment opportun plusieurs individus d'une espèce, puis je note au fil des années, voire des mois seulement, leurs évolutions. Le lieu – au nord-est de la parcelle – est peuplé de pins sylvestres d'une dizaine de mètres et de châtaigniers de quelques mètres. Seule concession afin de ne pas introduire un biais : la pose d'une clôture dans le but d'éviter des dégâts de grands gibiers friands de jeunes pousses et de tiges et troncs appétissants.

En un peu plus de trente-cinq ans, j'ai ainsi « essayé » une bonne centaine d'espèces et d'abord celles que je croyais devoir résister au choc de se retrouver dans un tel environnement. Il y a eu aussi les végétaux que je récupérais pour des raisons diverses et que je tentais d'implanter.

Après cette longue période d'essais, force m'est de constater que les vraies réussites se comptent sur moins que les doigts d'une main et que certaines sont plutôt inattendues. C'est la preuve d'un fort pouvoir d'« hostilité » de ce milieu qui, sinon, aurait été diversifié par les arrivées aériennes ou *via* les oiseaux de semences. Si l'on y réfléchit un peu, on est surpris que si peu d'espèces se trouvent à l'aise ici : les pins maritime et sylvestre, les châtaigniers, les chênes pédonculés avec des réserves, les noisetiers, les houx, les genêts et ajoncs, les bruyères et callunes, la molinie… et les ronces. Et c'est à peu près tout, ce qui fait peu !

Dimanche 27 juillet

C'est fou la vitesse à laquelle on s'habitue aux bruits du quotidien ! Chacun peut s'interroger là-dessus et décrire précisément ses propres repères. Il en va ainsi de ma maison de Lignières au sein de laquelle je reconnaîtrais entre mille les sons émis par chaque ouverture de porte, chaque volet, l'eau coulant des divers robinets, les pas sur les différents carrelages, jusqu'aux souffles au sein de la grande cheminée et aux frôlements plus ou moins forts du vent sur le cèdre ou les houx du jardin. Tout cela est solidement inscrit dans ma mémoire et tenace.

Ici il en va de même et cela s'est produit en peu de temps. Je passe sur les bruits de la cabane, ceux de la serrure, des fermetures de la porte et des fenêtres, des crochets du poulailler et du ressenti venant de la terre de bruyère et des cailloux de grès frappés par mes instruments.

Ce qui est dominant, c'est le choc du vent sur les arbres qui m'entourent immédiatement. Dès la première nuit, dans le silence et l'isolement, j'ai été impressionné, même marqué, par son intensité variable mais forte, ces sortes de « moutonnements » associés aux renvois de branches des pins. Rien à voir avec ce que j'avais enregistré lors de mes passages et même de mes travaux durant la journée. Et il y a eu les tempêtes qui frappent, cognent et repartent, induisent la crainte et rendent l'isolement parfois difficile à supporter. C'est dans ces moments que l'on communie pleinement avec la Nature et qu'on se sent si petit face à la puissance de ses éléments. Des bruits inscrits à jamais dans ma mémoire !

Lundi 28 juillet

C'est le jour de la saint Samson, un nom porté par un village proche de Lignières, en direction de Pré-en-Pail, après franchissement de la forêt de Monnaie par un « col » autour de 320 mètres d'altitude.

C'est aussi… mon soixante-dixième anniversaire !

J'ai eu, en fin de matinée, la surprise et la grande joie d'entendre le signal d'appel de mon portable, un son oublié depuis près de sept mois ! C'étaient M, V et Mt qui venaient me souhaiter le meilleur anniversaire qui soit et me renouveler l'expression de leur amour. Curieuse sensation que d'entendre ces voix aimées après une si longue absence !

Il est vrai que, depuis quelques semaines, j'attendais cette échéance en la redoutant un peu. Soixante-dix ans c'est la retraite déjà avancée, l'aube d'une décennie qui conduira à celle qui vous fait entrer dans la catégorie des « Vieux » et qui symbolise trop souvent la survenance de questions de santé.

Pour moi, je l'aborde avec sérénité en mesurant l'énorme chance que j'ai d'avoir eu une vie personnelle et professionnelle très heureuse, affirmant les espérances diffuses que j'avais étant plus jeune et m'ayant permis de réaliser concrètement une bonne partie d'entre elles.

C'est un cadeau du Ciel, s'il existe, dont l'aboutissement actuel fait partie.

En regagnant mon logis ce soir, je cueille une brassée de folle-avoine déjà desséchée – à défaut d'avoine – dont je m'emploierai à recouvrir les épillets de « papier aluminium » à la façon dont le faisait ma grand-mère pour fêter, il y a bien longtemps, mes anniversaires d'enfant d'alors.

Mardi 29 juillet

Quelles sont les acclimations d'espèces réussies – au moins maintenues en vie – en ce lieu ?

Sans doute, la palme revient-elle au laurier-cerise ou « palme » (*Prunus laurocerasus*) dont un exemplaire mesure maintenant plus de 5 m de hauteur avec une envergure du double. Il fructifie abondamment depuis des années, mais sans qu'aucun nouveau sujet ne soit apparu. Pourquoi ? On ne peut en effet imaginer que tous les fruits aient été consommés par les oiseaux ou les rongeurs. Vu sa taille, cet arbuste bientôt arbre dépasse largement les limites de l'enclos sans être consommé par les ongulés pourtant nombreux.

L'if (*Taxus baccata*) végète mais ne croît pas beaucoup. Différents prédateurs l'apprécient...

Les cyprès dont *Cupressus arizonica* ont un devenir comparable : leur croissance est lente et des exemplaires installés en dehors de l'enclos ont eu leur écorce consommée et ce, en dépit d'une protection plastique.

Le laurier-sauce (*Laurus nobilis*) « végète » encore davantage, en croissant très peu chaque année et en présentant des feuilles devenues vert-jaune à vert-brun au fil du temps. Sur une quinzaine d'exemplaires implantés, il en reste aujourd'hui un tiers.

Quant aux plantes de terre de bruyère, non spontanées ici : rhododendrons et camélias, elles trouvent d'excellentes conditions de croissance et de développement, au moins sous un ombrage léger. Malheureusement, mes observations n'ont pu porter sur de nombreuses années, un visiteur amateur indélicat étant venu prélever l'ensemble pour son jardin ou une revente...

Le cas de l'hortensia est particulier : il pousse honorablement mais est sujet à des attaques permanentes de mollusques bien difficiles à contrer.

Le mahonia (*M. aquifolium*) subsiste en produisant quelques feuilles chaque année, mais sans avoir jamais fleuri.

Enfin, le muguet (*Convallaria majalis*) a persisté quelques années en fleurissant comme en de meilleures situations, puis a brusquement disparu.

Au total, un bilan bien mince !

Mercredi 30 juillet

Quant aux autres végétaux éprouvés, ils l'ont été sans succès, leur disparition intervenant en quelques semaines ou quelques mois ou encore à l'issue d'un hiver. Il serait fastidieux de les citer tous : il s'agit ici de quelques arbres, notamment divers érables et le mélèze, arbustes comme le troène ou le buis, et surtout des plantes à fleurs monocotylédones (maïs, graminées ornementales) et dicotylédones (tous les végétaux de printemps dont les bulbeux d'été et d'automne, un ensemble que l'on rencontre communément dans nos jardins). Dans mes notes, j'en recense une bonne centaine.

Il est évidemment impossible de faire la part des causes entre facteurs édaphiques, climatiques et interventions de ravageurs ou de parasites ayant induit cette vie brève.

Avec ma présence permanente et l'implantation d'un potager, de nouvelles conditions ont été créées, spécialement en raison de l'amendement apporté massivement et les résultats fournis jusqu'à maintenant par les légumes et quelques fleurs n'ont aucune signification par rapport à ce qui est possible en milieu non modifié.

La conclusion que l'on peut en retirer est toute simple : à l'image de ce qu'ont fait des générations de paysans, il est possible d'améliorer, avec beaucoup d'efforts, certains milieux très peu favorables à l'agriculture, mais cela demeure impensable – sauf investissements massifs – dans la conjoncture où je me trouve. Et le bon sens a bien guidé nos aïeux en destinant ces derniers terrains à la lande pâturée avec prélèvement des ajoncs et des fougères puis, avec la disparition des petites tenures et la rareté de la main-d'œuvre, au boisement spontané en pins et châtaigniers, ou dirigé par un enrésinement le plus souvent, avec un succès variable selon les espèces employées.

Mes essais n'ont représenté et ne constituent d'ailleurs à mes yeux qu'un divertissement d'agronome...

Jeudi 31 juillet

Depuis mon observatoire, je vois nettement, en direction du sud-ouest, le clocher et des maisons de la commune de Neuilly-le-Vendin située sur la route qui permet de gagner Domfront, au voisinage de la rivière « Mayenne ». C'est l'un des neuf villages du canton de Couptrain sur lequel je me trouve aussi.

Cette commune, dont on rencontre des citations depuis le XVème siècle sous des noms tels que Nuillé, Nullye, Nuilly ou Nulleyum in Vanddona, était reconnue, il y a un peu plus de deux siècles, comme ayant un « ... terrain très mauvais ; la tierce n'est que landes et bruyères ; le peu de grains que le sol produit est mangé par le gibier des seigneurs. La Mayenne, qui traverse la paroisse, ravage les terres, desemence les grains, vase les foins [...]. Les habitants sont presque tous journaliers, couvreurs, maçons ou bûcherons dans les forêts... ». Les temps ont heureusement bien changé grâce aux progrès de tous ordres !

Son église actuelle, à la flèche en granite visible de loin, a été construite en style du XIVème siècle et livrée au culte en 1898, remplaçant un monument ancien sur lequel on est bien renseigné et dont la tour avait été foudroyée en 1836 puis reconstruite en 1848.

À l'occasion de travaux et de fouilles, « de nombreux sarcophages en calcaire coquillé ont été trouvés dans l'ancien cimetière, dans l'église et jusque sous les fondations ».

Un calvaire particulièrement élancé se trouve à l'entrée du bourg quand on vient de Couptrain. Sa pièce principale, en granite, d'une longueur remarquable de 12 m, provient de la carrière principale d'alors d'Orgères [la-Roche]. Un véritable exploit !

Une commune paisible, cependant traversée par une route importante et très passagère qui se dirige vers le Mont-Saint-Michel.

Vendredi 1er août

J'ai déjà évoqué l'énorme réduction de notre bocage mayennais dont j'ai une preuve permanente sous les yeux. Un document récent fournit des données chiffrées inquiétantes à ce sujet. Entre 1995 et 2010, 13 000 km de haies ont été abattus soit environ 800 km par an, ce qui est considérable, pour des replantations de l'ordre de 50 km.

Dans les années 80 et avant, à la suite des échanges amiables et des remembrements, un sérieux coup leur avait été porté mais il s'agissait alors de conséquences directes de ce que l'on cherchait à réaliser, c'est-à-dire un regroupement des terres, un agrandissement des parcelles et une facilitation du travail par les outils modernes.

Mais les abattages et dessouchages continuent allègrement depuis, d'autant que les questions économiques y incitent. Les productions animales, bovines pour l'essentiel, traditionnelles, rencontrent des difficultés permanentes de prix, de débouchés et de contraintes. En conséquence et comme on le constate facilement, les cultures s'étendent… et les parcelles dédiées doivent être grandes et faciles à travailler.

À cela s'ajoutent les emprises des grands travaux avec, par exemple, 800 km pour la ligne ferrée à grande vitesse, les constructions, les zones d'activités et les aménagements routiers.

D'où une réduction tangible de la biodiversité, l'accélération des écoulements d'eau avec entraînement des terres, des engrais et des pesticides, les inondations et les obstructions d'ouvrages.

Il y a longtemps que le sud du département a été touché mais le nord risque d'aboutir à un paysage.

Que faire ? Contraindre, ce n'est pas facile et ce serait donner une prime à ceux qui ont déjà opéré ces destructions du même type.

Le problème est majeur et véritablement sociétal. Il faudrait pourtant agir et vite !

Samedi 2 août

Quand on consulte des ouvrages et des articles anciens relatifs à nos communes, on trouve toujours une date de « l'Assemblée ». Ce terme, un peu désuet, était jadis associé à chaque paroisse devenue commune. Des Anciens ont continué à l'utiliser jusque dans les années soixante même si l'on parlait alors de fête communale après l'avoir qualifiée très longtemps de patronale, par exemple à l'orée des années soixante-dix à Lignières.

Cette « Assemblée » devenue fête était la réunion au bourg de la population et des familles, et l'occasion de retrouvailles larges car beaucoup d'habitants alentour s'y rendaient aussi, de repas pris en commun et de boissons partagées au milieu de manèges et distractions améliorés et diversifiés avec le progrès technique. Il n'y a pas encore si longtemps une ou deux célébrations religieuses constituaient des temps forts de la journée. Souvent, une foire ou un comice agricole précédait ou succédait à cette réunion festive à laquelle la population se rendait « habillée » et en chapeau pour les dames.

Ces « Assemblées », fixées de temps immémorable, se tenaient à la belle saison et accompagnaient généralement une fête religieuse. Il avait dû y avoir préalablement, mais surtout progressivement, une fixation de moment afin que ces fêtes soient complémentaires dans le temps. Ainsi, pour mon voisinage à vue : Couptrain le dernier dimanche d'août, La Pallu à la Saint-Jean-Baptiste, le 24 juin, Lignières-la-Doucelle pour l'Assomption, le 15 août, Neuilly-le-Vendin le jour de la célébration de la Nativité de Notre-Dame, le 8 septembre, Orgères-la-Roche à la Saint-Louis, le 25 août, Pré-en-Pail le dimanche précédant l'Assomption et Saint-Calais-du-Désert, le premier dimanche de juillet.

Dans une moitié de ces villages, des fêtes sont maintenues grâce à des bénévoles qui ne veulent pas voir disparaître cette expression de vie commune.

Dimanche 3 août

Avec la saison qui avance, bruyères et callunes prennent leurs fleurs. Ici, elles sont dispersées et forment des touffes robustes. Quand je m'en approche en restant à quelque distance, j'entends un fort bourdonnement et je peux observer les mouvements incessants de « mes » abeilles. Les miennes ou d'autres ou encore d'autres pollinisateurs ? Pas facile de s'y reconnaître entre les abeilles domestiques (*Apis mellifera*), les abeilles sauvages, les bourdons… en tout pas loin de mille espèces d'Hyménoptères appartenant à la famille des Apidés qui jouent un rôle capital dans la fécondation et sans lesquelles nous ne pourrions pas vivre longtemps.

Contrairement à notre abeille de ruche, les abeilles sauvages sont solitaires, pondent des œufs et n'ont pas de reine. Leurs mâles ne vivent que quelques jours. Elles nichent selon les espèces dans des cavités, des morceaux de bois, des trous qu'elles creusent dans le sol ou encore dans des nids qu'elles construisent.

Aujourd'hui, leur rôle dans la pollinisation est depuis peu reconnu, et leur grande efficacité démontrée. Elles se déplacent sur des distances plus faibles que l'abeille domestique et sont hélas également très sensibles à certains insecticides, spécialement aux néonicotinoïdes dont on parle beaucoup maintenant et qui perturbent gravement leur système nerveux.

Là aussi, un ensemble de « bonnes pratiques » permettrait de limiter les dégâts, comme le fauchage tardif, l'implantation de jachères fleuries et la mise à disposition d'« hôtels à insectes ». L'Union européenne a lancé, en 2010, un programme de comptage. Il y a urgence à agir face à des risques qui pourraient devenir immenses pour l'humanité.

Lundi 4 août

« Cela tenait au regard qu'il avait dans les yeux. L'œil de l'homme est une fenêtre par laquelle on voit les pensées qui vont et viennent dans sa tête », Victor Hugo, Claude Gueux.

Visite inattendue ce matin : j'observe depuis ma terrasse un monsieur cravaté venir vers moi en enjambant péniblement bois morts, fougères et ronces. Il tient dans une main une sacoche. De qui s'agit-il ? A.H. se présente comme un « commercial » d'une coopérative forestière du nord de la Sarthe, cherchant auprès de propriétaires privés de petites parcelles des « bois mûrs » à exploiter.

J'avais été téléphoniquement démarché sans succès, il y a une dizaine d'années, par une personne de cette entreprise qui avait ensuite éclairci sérieusement la pièce de l'autre côté du chemin, en prélevant des pins maritimes et sylvestres en état d'exploitation.

Il vient – ou revient – à la charge en me présentant les grands avantages qu'il y aurait à abattre beaucoup d'arbres vieillissants et en « faisant de l'air » au sous-étage.

J'essaye de dialoguer, en vain, sur mon désintérêt pour la chose, sur ma façon d'envisager l'avenir de ce bois et sur ma volonté de demeurer ainsi sans indiquer de date de départ.

Il argumente, plaide, souligne le caractère hors du temps de ma démarche. Ses yeux bougent sans cesse et je lis en eux, plus que de l'incompréhension, du dédain, voire du mépris. Ses arguments ne prenant pas, il m'assure que l'exploitation des petites parcelles sera bientôt obligatoire, ce qui est certes un projet prôné depuis pas mal d'années par des politiques et surtout certains acteurs de la filière.

Dépité, il se lève et, rageur, refuse de me serrer la main ! Ses yeux sont, comme on dit, des pistolets. Pour un bien faible enjeu…

Mardi 5 août

Point au potager après les belles et chaudes journées de juillet. Des journées d'été tout simplement !

La réussite est au rendez-vous pour les carottes qui présentent une belle végétation et des racines voisines de deux crayons. J'attends encore un peu pour commencer à en consommer. Pas de parasites pour l'instant.

Du côté des haricots, et depuis ma récente première récolte, je les fréquente tous les deux jours : ils me fournissent alors le nécessaire à deux amples repas. Sur un petit coin disponible, je tente un ultime semis de « Contender ». C'est une bouteille à la mer s'il gèle précocement… qui ne m'aura coûté qu'un binage énergique et un fond de paquet de graines !

Les betteraves potagères se développent bien mais sans plus. Les plus grosses ont 5/8 cm de diamètre. Y aurait-il une carence en bore, élément auquel cette plante est très sensible ? Je n'y avais pas pensé jusqu'à maintenant.

Les condimentaires se plaisent et je consomme beaucoup de persil et de cerfeuil. La ciboulette est encore bien petite et j'attends un peu pour commencer à en couper. La menthe s'étend déjà à l'excès comme partout où le milieu lui convient. En revanche, le thym a bien du mal à croître : lieu et terrain ne lui conviennent pas.

Et les cucurbitacées ? L'ensemble est moyen avec un alanguissement des courges et des coloquintes. Les pieds de potiron n'ont formé pour l'instant que trois fruits de la grosseur d'une balle. Comme souvent, la plupart des fleurs avortent. Mais ils rattrapent souvent et vite en fin d'été afin de préparer « Halloween » !

Mercredi 6 août

Les pommes de terre « Early rose » ne sont plus qu'un souvenir… que je consomme régulièrement. Quant aux « Institut de Beauvais », leurs tiges et feuilles qui ont atteint un mètre et qui fleurissent encore un peu se sont affaissées et leurs folioles les plus anciens jaunissent.

Je tente d'en arracher deux pieds en milieu de rang : les tubercules produits, cordiformes, sont très beaux avec leur peau nacrée et leurs yeux roses. J'en obtiens six et huit, chaque ensemble devant peser un bon kilo.

Je ne peux m'empêcher de penser et glorifier cette variété obtenue il y a 158 ans par le Frère Eugène-Marie, à Beauvais, et mise au commerce en 1884. La multiplication clonale garantit la pérennité, mais dans des limites malgré tout, notamment lorsqu'il a fallu la « sauver » d'un méchant virus très agressif il y a une cinquantaine d'années... âge qu'a la souche que j'entretiens depuis tant d'années.

Finalement, le mildiou que j'ai vraiment craint il y a peu n'aura pas progressé. Et par contrôle visuel, je n'ai pas observé de plants virosés... que j'aurais arrachés de suite selon l'excellente méthode de l'épuration.

Restons-en là pour aujourd'hui car il faut laisser mûrir ces belles promesses qui ne craignent plus grand-chose maintenant.

Pour ma part, je ne résisterai pas ce soir à préparer une purée : « Beauvais » en est reconnue comme la reine avec sa chair blanche et son agréable amertume qui la distingue de toutes les autres variétés. Je m'en régale d'avance.

Jeudi 7 août

La journée a passé son temps à hésiter « entre soleil et nuages » comme on dit, avec néanmoins un net avantage pour le premier. Ce soir, tout en dînant un peu tard sur la terrasse, je jette des regards incessants vers la chute engagée du centre de notre proche univers.

Il y a au nord-ouest un amoncellement de cumulus menaçants qui augurent d'un beau coucher à venir.

En suivant et contemplant ce qui risque de se passer, je réalise mieux qu'il y a déjà un mois et demi que la course apparente du soleil diminue. Fini le temps où il se couchait dans les « bois de la Motte ». Aujourd'hui, il terminera son périple un peu au nord de La Pallu et ce sera tout.

Ce soir, je ressens déjà la fraîcheur caractéristique des journées d'août à l'approche de 21 heures.

Mais laissons là mélancolie et regrets car le spectacle qui s'annonce en vaut la peine.

Les cumulus foncés ont rempli tout l'ouest de mon paysage en laissant des trous propices aux moments alternés d'ombre et de lumière. Et c'est ce qui se passe un peu après avec une féerie d'une palette large et subtile mêlant des rouges, des orangés, des jaunes dégradés étincelants auxquels répondent les noirs et gris foncés des nuages rencontrés et des biseaux innombrables de lumière vive.

Ce n'est pas le soleil qui est admirable mais le mélange sans cesse changeant des actions et réactions ainsi que des sols enherbés des lointains qui réfléchissent ou pas ce qu'ils reçoivent. Que de merveilles apparaissent à mes yeux !

Vendredi 8 août

Derniers éclats pour les digitales pourpres (*Digitalis purpurea*) dont plusieurs exemplaires présentent, encore ouvertes, quelques fleurs terminales en bordure du chemin. Il est tard en saison. Elles ont explosé fin mai et début juin. C'est toujours un spectacle qui me ravit avec leurs grandes hampes de longueur très inégale.

Naguère placées dans la famille des Scrofulariacées, elles se trouvent maintenant dans celle des Plantaginacées. On compte au sein de ce genre une douzaine d'espèces dont « *purpurea* » qui est la plus grande et la plus majestueuse.

C'est une plante qui se plaît particulièrement en sol acide de type « terre de bruyère » et affectionne spécialement les endroits découverts, par exemple après une coupe d'arbres. Il y a alors dans les années qui suivent une véritable explosion des floraisons, calmée plus tard par la végétation arbustive développée ou la plantation de résineux.

Ici, elle perdure aux marges du chemin et en limite avec le pré au sud, mais sans former de tapis denses.

À la campagne, on est mis en garde très jeune contre elle en raison de sa toxicité. La digitaline contenue dans ses feuilles constitue un cardiotonique avéré. L'ingestion est létale pour l'homme en cas de consommation d'une dizaine de grammes de feuilles seulement. Danger !

Je trouve ces plantes majestueuses et toujours surprenantes. Leur nom contient le latin *digitus*, c'est-à-dire doigt, indiquant la facilité avec laquelle on peut entrer dans chaque fleur. Les sélectionneurs ont obtenu des plantes de couleurs variées, mais peu utilisables au jardin compte tenu des risques, pour les enfants notamment.

Elles sont pour moi les reines enjôleuses de ces sous-bois.

Samedi 9 août

Je vois un axe fort des changements sociétaux dans nos pays riches et développés : celui de la limitation de la liberté individuelle face au bien commun et, de façon plus large, aux biens communs. Explication : combien de fois ai-je constaté, comme tant d'autres, y compris ces proches années, des abus commis par ceux qui détiennent la propriété d'un champ, d'un bois ou d'un jardin. L'*abusus* est certes un élément constitutif de cette propriété… Faut-il le maintenir ?

Les progrès des connaissances, le fait de réaliser – enfin ! – que l'on est tous solidaires dans nos actions comme dans leurs conséquences, ont conduit à une prise de conscience qui peut déranger mais apporte une discipline imposée de façon diffuse et non autoritaire.

Il en va ainsi de l'usage immodéré de certains pesticides épandus en dépit du bon sens, de la destruction par le feu de nos tailles, coupes… bref, de tout ce qui dérange, de la dégradation des milieux par des rejets polluants, au moins visuellement, ou encore de pratiques culturales inadaptées pour des profits bien éphémères.

Quand on évoque avec d'autres tous ces désordres, on sent bien que, maintenant, des barrières existent qui ne relèvent pas toutes de « la peur du gendarme ». C'est doublement satisfaisant et pour la société et pour l'ouverture de chacun face à l'individualisme toujours prompt à refaire surface.

Nous sommes pourtant tellement dépendants les uns des autres…

Dimanche 10 août

Le terme biodiversité – qui provient de la contraction de l'expression *biological diversity* – est utilisé fréquemment par les médias et tout un chacun, souvent pour signifier une sorte d'état heureux de la nature.

La diversité biologique est la résultante d'un changement permanent et non d'un quelconque état abouti qui correspondrait à un équilibre idyllique. Une idée stupide, entretenue cependant par certains qui, pour des raisons politiques ou idéologiques, font ou laissent planer un doute sur son contenu.

C'est l'opposition entre une biodiversité « naturelle » et immuable d'une part et une évolution entre nature et activités anthropiques d'autre part. Il n'y a pour s'en convaincre qu'à se pencher sur une prairie permanente proche de mon repaire ou plus lointaine : selon qu'elle est pâturée, fauchée ou broyée, sa flore et sa faune vont évoluer très vite, « sous nos yeux », avec une sélection des espèces, de nouvelles prééminences, des désordres éventuels comme des développements d'agents pathogènes ou de ravageurs, et des retours en arrière associés à une modification des causes. Il suffit d'observer un peu finement pour l'admettre.

Que va imposer la future loi sur la biodiversité ? De nouvelles contraintes, une interdiction de changement d'usage des parcelles, des normes (sur) ajoutées, des pressions sur les évolutions naturelles… quoi d'autre ? Réponse dans quelques mois.

Compte tenu des rapports de forces et du poids des dogmes défendus par certains, on peut être inquiet…

Lundi 11 août

La famille « poulet » se porte au mieux et les jeunes, toujours dans le sillage de leur mère, grossissent vite. Côté parcours enherbé, le départ de la végétation a été lent mais maintenant je dispose d'une aire à l'implantation herbeuse certes encore irrégulière mais qui atteint une quinzaine de centimètres de hauteur. Le mélange utilisé « pelouse ombragée », comprenant beaucoup de fétuques, n'était peut-être pas le plus adapté.

Toujours est-il que le tapis obtenu est d'un appétissant vert tendre qui tranche avec le sous-bois.

Chaque jour, j'y conduis mon monde animal en demeurant à proximité car, même en plein jour, les risques ici ne sont pas négligeables. J'ai placé au voisinage des rondins de pin en forme de siège sur lesquels je m'installe pour assurer la surveillance et surtout admirer les activités et noter les particularités.

Poules, coq et petits poulets ont vite trouvé leurs repères et sont d'une grande intensité de mouvement. Ils vont et viennent, picorent, fouillent afin de capturer des vers et des larves d'insectes. Cet espace herbeux leur convient à n'en pas douter et ils ne sont pas attirés par le large.

En revanche, les lapins ne s'y trouvent pas à leur aise et semblent guetter en permanence. Ils mangent peu et ne se déplacent guère. Avec le temps, ils ne s'habituent pas et je les rentre assez vite. Il y a deux jours, j'ai trouvé des excréments répartis sur une bordure qu'ils ne fréquentent pas, des garennes sont passés que je chercherai à contempler le matin.

Ainsi va ce petit monde, un peu surprenant et en tout cas artificiel ici.

Mardi 12 août

« Nous désirons tous ce que nous avons perdu. Mais parfois nous oublions ce que nous avons », Mitch Albom, Le Passeur du temps.

C'est une quête permanente et perpétuelle de l'Homme que de vouloir toujours plus en négligeant les trésors dont il dispose car il les considère comme acquis.

Or tout est fragile et pour s'en persuader, il n'y a qu'à regarder dans le lointain pour voir aujourd'hui ce que créent les guerres ou les révoltes et dans le proche les questions de santé ou d'accidents de la vie.

La société de consommation est basée selon moi sur une erreur fondamentale pour l'épanouissement de nos congénères, celle d'associer mécaniquement accumulation de biens et de services et bonheur, notion ô combien subjective ! Mais elle est hélas convaincante et l'observation de la rage de beaucoup à dévaliser les rayons des grandes surfaces après avoir analysé le contenu des journaux « gratuits » nous le confirme.

Certes le progrès est nécessaire et l'on ne peut que glorifier tout ce qui a été induit par exemple par les machines domestiques. Mais de là à en faire un objectif de vie et « accumuler » comme dit la chanson toutes sortes de choses qui s'avèrent avec le temps inutiles, il y a un large fossé qu'il serait judicieux de ne pas franchir, même si une justification d'usage est celle de l'emploi... mondialisé.

Commençons par admirer tout ce qui nous entoure et nous accompagne, même si cela semble au départ bien peu de chose.

Mercredi 13 août

Moments consacrés à l'entretien de l'étang ou plutôt de ses berges qui dépassent en surface celle en eau. C'est la règle du jeu en cette matière.

J'ai depuis longtemps renoncé à disposer d'un tel espace régulièrement tondu et en conséquence artificialisé, ainsi que je le conduisais encore il y a une dizaine d'années. Maintenant je me contente de trois broyages à la débroussailleuse par an : en mai, août et novembre, ce qui conduit à un aspect permanent assez « propret », non jardiné mais maîtrisé.

La seule machine dont je dispose ici est celle-ci pour laquelle j'ai apporté une dizaine de litres de carburant.

La repousse depuis mai a été importante d'autant que l'alternance climatique vécue au printemps a favorisé la croissance de l'herbe.

Aussi je m'y attelle sans tarder ce matin, d'autant qu'il me faut au moins cinq heures pour venir à bout de ces 2 500 m de pourtour. La partie la plus délicate est celle du bord de l'eau qu'il me faut aborder sans y tomber mais en égalisant la coupe au maximum et sans trop projeter d'herbe qui « nagera » puis finira par chuter puis rejoindre la vase accumulée jour après jour. Comme j'ai laissé la rosée s'évaporer, je ne termine ma tâche que vers seize heures.

En dépit du bruit, les grosses carpes m'ont accompagné en permanence, cherchant leur nourriture en surface, s'enfouissant brusquement en cas de bruit inattendu puis réapparaissant avec leur calme habituel, un peu flegmatique.

Demain, je les dérangerai à nouveau pour une séance de lessive.

Jeudi 14 août

Je mesure aujourd'hui – pourquoi seulement ? – la chance qui m'est donnée de vivre en quasi-autarcie. Même en simple maison individuelle, il y a toujours des contraintes de voisinage – le plus souvent agréables et qu'il m'arrive de regretter – et un nécessaire suivi de tout ce qui peut dysfonctionner avec la recherche laborieuse de personnes compétentes afin de redresser ce que nous ne savons pas effectuer nous-même. Et que dire des personnes, les plus nombreuses, vivant en appartement et tributaires des voisins de tous sens quant aux bruits, aux fuites d'eau et aux dérangements divers !

En cette tanière, je peux maîtriser tout à l'exception d'un feu, d'une bien improbable inondation vu le relief, d'un accident de santé bien sûr ou d'un défaut de mes commissionnaires.

En fait rien d'original par rapport à l'état qui a prévalu dans les campagnes isolées jusque dans les années 50 : point de machine domestique, d'accès à l'eau courante et d'installations électriques compliquées (les derniers raccordements sur Lignières remontent à trente-cinq ans seulement !). Les artisans, nombreux et disponibles, réparaient vite les toitures ou maçonnaient l'indispensable. Il y avait seulement le recours croissant au « réparateur de machines agricoles »... pour des mécanismes apparaissant bien simples aujourd'hui.

Jusqu'à maintenant et malgré les éléments hivernaux, je n'ai pas rencontré de difficultés ou bien mineures comme des points de fuite vite colmatés. Et l'installation électrique fonctionne au mieux.

Une vie au total dégagée de préoccupations de peu d'intérêt... et aussi sans « relevés » !

Vendredi 15 août

Je n'ai pas bien dormi cette nuit à la pensée de la fête communale de Lignières-Orgères qui allait commencer au petit matin et dont je ne serai pas l'un des acteurs cette année. D'où un lever fort matinal à 5h30 comme de coutume ce jour-là. En effet, mon fils et moi nous retrouvons précisément à 6h20, alors qu'un petit jour timide pointe sur Alençon, avec deux ou trois sonneurs de clairon G., J-Cl. et L. On commence par boire – plutôt que déguster – un « muscadet ». Puis le rituel est immuable avec l'expression consacrée de « tirer le canon ».

En effet, il y a bien longtemps, un certain Lino, artisan à tout faire que j'ai bien connu, avait fabriqué une petite bombarde sur roulettes que l'on amenait aux cinq lieux traditionnels de tir puis que l'on bourrait de poudre à laquelle on mettait le feu. Grande explosion assurée jusqu'au jour, il y a une trentaine d'années, où le fameux « canon » a explosé près du calvaire à l'angle des routes de Ciral et de Pré-en-Pail. Mais la coutume a été maintenue avec de gros pétards enfoncés dans des tubes adéquats. La mise à feu les fait monter à une cinquantaine de mètres avec des flammes et une très forte détonation. L'ordre d'allumage est toujours le même avec le calvaire, la place, la mairie, la route de Saint-Calais et l'espace entre les deux lotissements.

Après chaque explosion, les sonneurs jouent le même air qui indique le début de la fête et aussi l'anniversaire de la Libération (qui a eu lieu en réalité le 14).

Après ce tour qui dure une petite heure, l'équipe est accueillie par une maison amie qui sert café, « goutte » et croissants.

Et le reste de la fête va suivre... en commençant par les tripes aux alentours de 9h.

À 6h30 je tends l'oreille mais n'entends rien, relief et végétation étant défavorables. Une petite pointe de mélancolie me traverse !

Samedi 16 août

Jusqu'à il y a peu, la fête durait deux à trois jours, au moins quand une fin de semaine se trouvait à proximité du 15. Les « Comités » successifs ont eu la lourde tâche de devoir organiser en les étalant les différentes animations. Le 15 constituait toujours le gros morceau avec des chars, des « combats » de catch, des défilés costumés accompagnés de jeux pour les enfants. Il y avait le plus souvent une course cycliste… moins soumise qu'aujourd'hui à toutes sortes de réglementations. En soirée, après le tirage de la tombola et la retraite aux flambeaux, on se rendait en des lieux qui ont changé : stade, « lagune » et maintenant chapelle, pour le tir du feu d'artifice d'abord non accompagné puis musical et toujours réussi… sauf pour cause de grande sécheresse ou de trop forte pluie, même si la formule « A la miou, il fait toujours beau à Lignières » a fait et fait encore florès.

Le matin, la messe était accompagnée par une fanfare qui animait ensuite après-midi et soirée ; et les manèges et tirs restaient ouverts longtemps, et souvent dès le 14 au soir.

Pour l'autre ou les deux autres jours, les animations étaient plus ponctuelles avec un bal à la salle des fêtes, un dîner, des courses pédestres et, de plus en plus, une brocante.

Aujourd'hui c'est nettement plus restreint : beaucoup sont partis en vacances et les moyens de communication modernes font que ces activités n'attirent plus guère. Les musiciens des fanfares sont aussi au bord de la mer !

Et pourtant en dépit de ces difficultés, un « minimum » est conservé, au moins tant que la classe d'âge animatrice sera en état de le faire et de faciliter le rassemblement ponctuel des familles et des amis. De bien bons moments !

Dimanche 17 août

Même si le temps de cet été a été chaotique et qu'août s'annonce comme un mois très pluvieux, je suis surpris de la vitesse à laquelle la couche arable – si j'ose dire – sèche et même se dessèche. Et en creusant un peu, tout est sec jusqu'à une vingtaine de centimètres. Que serait-ce une année brûlante et de peu de précipitations comme 2003 et surtout 1976 ? Je me souviens bien des états d'alors : la terre « de bruyère » était d'une siccité impressionnante et tous les forestiers… et les pompiers ! craignaient des embrasements à la manière de ceux qui s'étaient produits en Ecouves dans les années 50.

En 1976, les dégâts n'ont finalement pas été très graves ici : quelques vieux pins tués et séchant l'année suivante, et des jeunes sujets, y compris des bouleaux, ayant bien du mal à repartir ensuite.

Il y a onze ans, la canicule frappa fort et longtemps des peuplements affaiblis par la tempête de décembre 1999 et dans lesquels de la « place » avait été faite, permettant au soleil de pénétrer directement jusqu'au sol. Les conséquences furent cependant faibles à La Croix-Guillaume avec surtout des feuilles jaunies dès août chez les châtaigniers.

Ce qui indique que, malgré des conditions édaphiques détestables et un bien médiocre enracinement, la résistance de ces peuplements presque uniquement spontanés n'est pas mauvaise.

Ils auront tout vu ces arbres, au moins les plus âgés, avec des grandes sécheresses commençant par celle de 1921, des saisons d'une humidité extrême, des vents violents, quelques tempêtes mais peu d'attaques de parasites ou ravageurs ! Seuls ont survécu, bien sûr, les sujets qui ont pu s'adapter et subir…

Lundi 18 août

Il pleut depuis cette nuit et ce matin, à l'issue de mon tour d'observation plutôt humide, je regarde, comme dit la chanson, les gouttes frapper ma table de terrasse, ce qui me contraint à écrire de derrière la fenêtre. Une situation regrettable en cette saison !

J'ai lu récemment plusieurs articles sur l'eau, ses différentes formes, les termes et les concepts nouveaux employés. Que d'évolutions en peu d'années pour nous, élèves de l'enseignement agronomique qui devions nous contenter de bilans hydriques, d'exercices de génie civil comportant des projets de retenues et de drainages, et de simulations de travaux d'irrigation !

Aujourd'hui, en ce domaine, tout a heureusement bien changé et, là aussi, on a globalisé en insistant sur l'extrême complexité de ces questions, leur caractère éminemment géopolitique, les zones à pénurie et les risques à venir, par exemple au Moyen-Orient et sur (presque) tout le pourtour méditerranéen.

Ces évolutions heureuses permettent de mieux appréhender les relations entre certains pays… Un exemple particulièrement signifiant est fourni par l'Égypte : le Nil véhicule 55 km^3 d'eau à la mer chaque année parmi lesquels 30 à 35 sont évaporés par les cultures. En simplifiant, 1 km^3 d'eau permet de nourrir un million de personnes. Or, le pays héberge près de 85 millions d'habitants et doit en conséquence importer la moitié de ses besoins en nourriture. Une eau que l'on nomme « virtuelle ». Imaginons ce qui se passerait si ses turbulents voisins du Sud mettaient à exécution leurs menaces de prélever plus pour leurs besoins qui sont importants !

Mardi 19 août

On distingue d'abord l'eau bleue de l'eau verte. La première est celle qui s'écoule finalement jusqu'à la mer en comprenant rivières et fleuves, lacs et nappes souterraines. L'eau verte – une notion récente (~1995) – que l'on estime, par une approche très imprécise, correspondre à 60 % des précipitations, est celle qui se trouve dans le sol, à la disposition des plantes. Celle qui ruisselle ou est drainée rejoint nappes et rivières et est transformée en eau bleue.

L'irrigation sous ses différentes formes – par rigole, en aspersion, au goutte-à-goutte,... – constitue une transformation d'eau bleue en eau verte.

Une autre distinction consiste à traiter du transport de ces eaux : la bleue circule et peut être changée de lieu par un aqueduc, un canal d'irrigation ou une conduite forcée. La verte est, elle, consommée sur place. Cette ressource est mal connue et difficile à « chiffrer » pour l'agriculture mondiale.

L'eau virtuelle est celle qui est contenue dans la nourriture et en conséquence exportée par la plupart des pays au rang desquels des contrées sèches qu'il faut irriguer pour produire : ainsi une quantité d'eau considérable quitte le Maroc ou l'Espagne sous forme de tomates, de fraises et d'agrumes, entre autres.

Quant à l'eau grise, elle correspond à ce qui est rejeté et non traité. Elle est souvent importante dans les pays pauvres.

Enfin on trouve « l'empreinte eau », notion également récente, qui est la quantité totale d'eau douce nécessaire à tous les besoins humains – de la boisson à l'industrie en passant par l'agriculture – et à la dilution des eaux polluées. Avec humour, certains parlent d'« emprunt ». Ils n'ont peut-être pas tort !

La plupart de ce qui tombe du ciel ces jours-ci rejoindra, vu la saison, l'eau verte.

Mercredi 20 août

« Ce n'est pas dans le premier moment d'une émotion très vive que l'on jouit le plus de ses sentiments », François-René de Chateaubriand, Itinéraire de Paris à Jérusalem.

Notre grand Auteur écrit cela lorsqu'en Grèce occupée par les Ottomans, il court à cheval vers Athènes qu'il va découvrir et oppose ensuite les mérites des patries de Lycurgue (Sparte ou Lacédémone) et de Solon.

Il est vrai que découvrir, depuis des chemins escarpés, la ville de Minerve, n'est pas une affaire de petite importance...

J'avais lu ce passage encore lycéen et depuis je l'avais négligé. Le retrouver me met en totale phase avec son auteur.

Sur mon lieu d'ermitage depuis près de huit mois, j'ai eu maintes occasions de ressentir ce qui est contenu dans ce message : bien sûr, il ne s'agit pas de la vision de l'Acropole, mais je me remémore facilement tout ce qui a entraîné au plus profond de moi un émoi certain, qu'il a fallu ensuite que j'analyse pour tenter de l'exorciser (s'il en est besoin !).

Qu'il s'agisse de flocons sur des aiguilles de pin, des rayons d'un soleil presque horizontal dardant des fougères desséchées, de la fuite brutale et tellement rapide d'un lièvre, des boucles d'or des ajoncs puis des genêts, de la lumière éclatante d'un début de printemps sur l'étang ou d'un coucher de soleil sur la cime des arbres, chaque scène est puissante, interpelle, invite à méditer et à y revenir.

Dieu, que la nature est somptueuse, à l'image des plus grandioses – mais éphémères – constructions humaines ! Et en plus elle est pérenne... quand on en prend soin !

Jeudi 21 août

En observant les étendues que je peux voir à mes pieds, je note que les continuités qui étaient de mise il y a vingt ans sont en résorption rapide.

Mais il faut cependant nuancer. Ce qu'on nomme « Trame verte et bleue » est issu du fameux « Grenelle de l'environnement », constituant un projet de protection de la biodiversité et d'aménagement du territoire.

La trame bleue n'est ici, pour l'instant, pas en péril : il s'agit de la continuité depuis les plus petits ruisseaux, et ils sont nombreux, jusqu'aux rivières et aux fleuves. Comme je les connais tous, je n'ai qu'à regarder pour me persuader de leur existence et de la chaîne ainsi constituée. Ils débouchent à quelques kilomètres dans l'encore petite Mayenne qui terminera sa course dans l'océan Atlantique.

En revanche, la trame verte est en de nombreux endroits en péril : les espaces et les espèces doivent être en continuité pour se maintenir, prospérer et fournir leurs « services écosystémiques ». Il s'agit d'une « infrastructure naturelle », contenue d'ailleurs dans le Code de l'environnement et définie « comme un ensemble de continuités écologiques constitué de réservoirs de biodiversité reliés par des corridors écologiques ». Or là, et à part les espaces forestiers, la suppression des haies a rompu des équilibres séculaires. Et tout cela est bien visible de mon repaire…

Bien que peu urbanisé, ce haut-pays est déjà un concentré de conflits entre impératifs de production, activités humaines, écologie et paysage…

Vendredi 22 août

S'il est une partie mal connue de l'agronomie – et de la science en général – c'est celle des « sols ». Et pourtant, l'année prochaine leur sera dédiée par l'Organisation des Nations unies !

Les recherches n'ont cependant pas manqué depuis au moins un siècle qui ont permis de réaliser de considérables progrès en pédologie, en structure, en composition minérale et en préconisation d'apports d'engrais.

Mais toute une frange globale et complexe, qui peut rebuter ceux qui cherchent à l'aborder, est bien mal connue, c'est celle du contenu microbien et faunistique de ces réservoirs de biodiversité.

Or l'exploitation adéquate des supports que sont les sols suppose de disposer de regards plus précis sur les « habitants » plus ou moins actifs selon les conditions rencontrées, les saisons et l'environnement imposé par les cultures de l'Homme au sens large ou les milieux forestiers.

C'est tout l'enjeu de recherches fortement pluridisciplinaires et interdisciplinaires, et donc délicates à mettre en œuvre, qui est posé.

Et ici, quand saura-t-on plus de choses sur ces terrains qui n'intéressent pas grand monde en raison de leurs « défauts » si nombreux ? On aurait pu également en rester là dans les Landes de Gascogne et les « Brières » de l'Ouest…

Heureusement, certains ont osé « faire » quand ce n'était pas au goût du jour !

Samedi 23 août

Vivant dans mon sous-bois et arpentant l'espace longuement sous ce couvert au fil des jours, je suis fréquemment la victime de morsures de tiques, et chaque jour je dois procéder à une inspection corporelle soignée car je transporte souvent ces petits animaux qu'il me faut arracher vite et soigneusement avec une pince à épiler. Ceux que j'oublie me causent des démangeaisons et provoquent des bombements rouges sur la peau.

Ce n'est pas nouveau dans la mesure où, à chaque venue dans des bois ou lorsque je travaille au long de haies, cela m'arrive aussi.

Les tiques ou *Ixodia* sont des arachnides acariens dont on connaît en France une quarantaine d'espèces. Elles mesurent quelques millimètres et passent une partie de leur cycle au sol et l'autre sur la peau de mammifères sauvages ou d'élevage.

Une fois un hôte rencontré, la tique – dont *I. ricinus*, présente partout – recherche un emplacement qui lui convient, se stabilise grâce à ses griffes sur l'épiderme puis coupe la peau grâce à des chélicères qu'elle enfonce. En quelques heures tout son rostre aura pénétré. Elle s'alimente directement du sang de sa victime.

Au-delà des désagréments produits, ce qui est grave c'est la transmission éventuelle de la redoutable maladie de Lyme (ou borréliose causée par la bactérie *Borrelia burgdorferi*), affection bactérienne atteignant l'Homme et divers animaux. Elle peut toucher, en évoluant sur le long terme, années ou décennies, différents organes et différents systèmes, avec des phases de latence et selon une grande diversité selon les sujets atteints.

Les infections précocement détectées sont traitables par des antibiotiques mais avec une efficacité variable. Plus tard, cela devient difficile.

Raison majeure de procéder à une inspection complète… qui n'écarte pas le risque de transmission hélas déjà effectuée.

Dimanche 24 août

Cette fin de semaine se tient à Carrouges la fête de la Guibray qui a été longtemps la foire éponyme, important point de rassemblement au niveau de la région. Elle a lieu fin août, précisément selon les fluctuations du calendrier.

Ce terme de « Guibray », connu loin à la ronde, a une origine discutée sur laquelle il ne m'appartient pas de trancher, n'ayant pas travaillé la question. Un « Guibray » est un lieu de vie dans le Calvados... S'agit-il du nom d'un saint local, d'une coutume, d'une déformation d'un terme ancien… ? Un sujet de recherche à venir !

Quand j'étais enfant, je me souviens de nombreux animaux sur le champ de foire près de l'église du bourg, parsemé de « marchands de vaches » encore en blouse bleu foncé, parlant fort et souvent à la buvette ou dans les nombreux cafés de l'époque pour la conclusion d'affaires. On n'en voit plus.

Cette foire s'est transformée en fête communale sur deux journées avec des chars, la présentation de la « Reine de Carrouges », des animations variées et de l'ordre de trois fanfares, avec des manèges tassés sur la place Leveneur et d'autres près de l'église. Un feu d'artifice, tiré au voisinage du château ou du champ de foire, clôturait, dans un cadre magnifique, ces journées denses et particulièrement animées qui ont perduré ainsi jusqu'aux années 1990.

Aujourd'hui, les festivités sont nettement réduites, fonction des volontés des bénévoles présents avant et à ces moments. Un « vide-greniers » demeure actif le premier jour. Et cela reste toujours une occasion de rencontres familiales et amicales.

Lundi 25 août

[Ce jour en 1783 :

Des paysans de retour fort matinal de la foire de Guibray m'ont croisé sur le chemin et m'ont indiqué que la veille avaient été inaugurées les deux côtières de la nef de l'église Saint-Sulpice de La Pallu. Ce travail, devenu nécessaire, avait été commandé par Jacques-Julien Laigneau, curé installé sur la paroisse le 10 juin 1780. Les fonds nécessaires ont été trouvés « aux dépends » du bois de son temporel. Une intervention bien nécessaire car l'édifice menaçait, paraît-il, de s'écarter.

Les paroissiens avaient mis en place dans les rues du bourg des arcs de triomphe fleuris des couleurs de l'été, l'Assomption étant passée de près de dix jours ce qui ne permettait plus de célébrer Notre-Dame.

Une procession a parcouru le village. Menée par le curé devancé par les enfants de chœur, accompagné de son vicaire Pierre Drouard ainsi que des prêtres des paroisses environnantes, et suivie par des représentants de la Confrérie de charité Saint-Eloi, elle a été très accompagnée par les habitants qui portaient leurs beaux habits.

Une messe en grande pompe a ensuite été dite et les villageois n'ont guère eu de temps pour rentrer chez eux, souper et revenir pour assister aux vêpres.

Ce fut une journée appréciée ainsi que m'ont dit les trois compères revenus ce matin seulement après une soirée sans doute bien arrosée…].

Mardi 26 août

Après-midi paisible au bord de l'étang. Installé assis à l'extrémité du ponton, j'observe avec attention ce qui se passe autour de moi : des grenouilles sautent à l'eau puis disparaissent, de grosses carpes passent et repassent, émergent, m'aperçoivent puis plongent brusquement entraînant la formation dans leur descente d'un nuage de vase, des libellules vont et viennent de leur vol saccadé, des hirondelles passent sans cesse, frôlent l'eau et prélèvent quelques insectes… Plus loin, à une extrémité, un ragondin quitte le large et nage vigoureusement en tournant de temps à autre sa tête dans ma direction.

Que de vie, que de vies visibles et invisibles dans cet environnement calme, serein, apaisé et en un certain équilibre !

Il fait chaud et je n'hésite pas à m'allonger, les yeux dans les branches et le ciel d'une grande pureté. Je m'endors. Lorsque je me réveille, un voile gris clair, en grande altitude, domine.

J'aime cette saison de fin du vrai été, terminaison de vacances, de fêtes et d'activités en tous genres. Ce sont des moments de quiétude qui paraissent nous demander d'en profiter car septembre, souvent beau et sec, sera différent… et viendra vite !

C'était, il y a moins de dix ans, un moment que je redoutais car synonyme de reprise rapide du travail, de rentrée scolaire pour nos enfants qui s'en réjouissaient ou pas du tout, et d'une nouvelle année avec ses incertitudes, dans ses bornes réelles.

Aujourd'hui et ici, je mesure ma chance d'être ainsi libéré d'échéances contraignantes et, en plus, dans un milieu où chaque moment est un délice changeant en continu.

Mercredi 27 août

Je viens d'évoquer l'équilibre de l'étang où, comme depuis les premiers âges, aucun apport n'est nécessaire, sauf quelques morceaux de pain sec qui me permettent d'observer, voire de m'assurer de la compétition vive entre les plus grosses carpes.

Il est bien certain que la « productivité » d'un tel milieu est bien faible et en cas de « pêcherie » je ne table pas sur plus de 200 à 300 kg de poissons… qui serviraient à prévoir le futur, repeupler des pièces d'eau voisines et faire plaisir à des amis avec des exemplaires certainement « à goût de vase ».

Articles et médias évoquent fréquemment l'avenir radieux de la pisciculture face à des prises marines qui s'érodent inéluctablement.

On estime aujourd'hui que 300 espèces environ de poissons sont susceptibles d'élevage mais que dix seulement représentent la quasi-totalité de la production. La plupart sont carnassières comme les saumons, les truites et les daurades qui reçoivent une alimentation sous forme de farines de poissons. Les espèces herbivores, donc aptes à digérer la cellulose comme le Tilapia et des carpes chinoises et indiennes, sont plus rarement élevées, notamment dans nos contrées.

La croissance de ces productions est certaine, mais elles devront s'adapter à des exigences de plus en plus grandes au plan environnemental : disposer d'une alimentation aux performances améliorées et assurer une meilleure intégration de la production, spécialement en réglant l'épineuse question des effluents mal ou peu valorisés et de leur coût pour la société.

Je ne suis pas encore prêt à saupoudrer la surface de mes eaux avec des « croquettes » ! Mes successeurs en jugeront quand ce sera à leur tour d'en décider...

Jeudi 28 août

Quelle est la situation de mon potager en cette fin de mois au total très humide mais depuis une semaine beau et sec ?

Les pommes de terre de conservation « Institut de Beauvais » présentent un feuillage largement jauni, avec quelques pousses vertes et des fleurs éparses. Les tubercules mûrissent lentement et, à part quelques prélèvements en vue d'une dégustation, je laisse tout en l'état, prévoyant une récolte totale sous quinze jours.

Les haricots ont beaucoup produit. Les derniers filets progressent lentement. Quant aux plantes du dernier semis, elles ont levé irrégulièrement et sont peu consistantes. Des boutons floraux apparaissent déjà cependant.

Du côté des poireaux, la croissance de ceux d'automne et d'hiver est satisfaisante, sans plus. Je ne note pas d'attaques de mineuses pour l'instant. Ils ont soif.

Fleurs et condimentaires se portent bien : je dispose en permanence d'un bouquet à la cabane et je peux parfumer à ma guise beaucoup de plats.

Le meilleur résultat est celui fourni par les poirées. Les « blondes à carde verte », semées fin mai, sont splendides et j'en déguste régulièrement. J'opère d'ailleurs un copieux prélèvement car nous sommes jour de livraison des courses et je vais avoir accès à un nouveau pot de crème fraîche. Un vrai délice que ces poirées d'abord cuites à l'eau puis avec de la crème et du gruyère en surface. Mon poêle devra ronfler !

Quant aux poirées multicolores, implantées trop tard, elles peinent à croître, mais, au moins s'il ne gèle pas trop fort, je pense qu'elles seront d'un bel effet au moment d'« Halloween ».

Vendredi 29 août

« Ce moment à la fois admirable et difficile à passer qui est la venue de la nuit, la mort quotidienne de la lumière… », Marguerite Duras, Publicité pour la bière Pelforth.

Bientôt 240 soirées ici et je ne me lasse pas de contempler le merveilleux spectacle de la fin du jour, à l'exception près des soirées très pluvieuses au ciel bouché.

Quelle que soit la saison – et je n'ai pas encore profité de l'automne –, je trouve un intérêt profond, voire une passion, à réserver chaque jour une bonne heure à contempler depuis ma terrasse, souvent en dînant, la décroissance du soleil, sa « disparition », et les levers de couleurs qui s'en- suivent jusqu'au gris dominant puis au bleu noir. Je cesse d'observer et gagne mon logis quand les étoiles sont distinctes, clignent et veillent sur le repos de la nuit.

Cette phase de mon quotidien est fort gourmande en clichés.

En effet, je m'imagine presque chaque jour que ce que j'ai la chance de voir est unique, ce qui est vrai, et qu'il me faut l'enregistrer. Je rêve d'ailleurs d'une exposition ordonnée de toutes ces photos et même d'une pièce dans ma maison dont murs et plafond seraient tapissés de tirages, en assez grand format, des moments les plus inoubliables vécus dans mon refuge. Beaucoup ne seraient pas estivaux.

En attendant ce peut-être, j'ai droit à un nouveau camaïeu rouge, ocre et bleu alors que des nuages rapides et foncés montent du sud.

Samedi 30 août

La sécheresse s'installe et je décide d'une « corvée d'eau » afin d'arroser copieusement les parties du potager qui en ont bien besoin : haricots tardifs, poireaux, poirées, fleurs et condimentaires.

Comme déjà exposé, il y a le problème de la distance à l'étang et celui de la remontée, chargé, d'une pente forte au départ.

Néanmoins, je m'attelle à cette tâche, transportant à chaque voyage une bonne vingtaine de litres que je répands planche après planche en mouillant abondamment car rien n'est pire, comme le sait tout jardinier, qu'un arrosage léger, « de confort », qui pousse les plantes à produire beaucoup de racines de surface devenant inutiles ou presque lorsque les apports cessent.

Comme toujours quand j'arrose, je me dis que le prochain voyage sera le dernier, et puis je constate qu'il reste des besoins et je poursuis mon œuvre...

Au total, j'aurai effectué ce matin trente allers et retours pour apporter l'eau à une centaine de m^2, soit 600 litres... et seulement 6 mm par m^2. Une « ration » cependant déjà importante.

Au long de mes pas, je pense souvent à la pompe à bras que j'aurais pu installer et au tuyau qui m'aurait permis au minimum de récupérer le dénivelé.

Lors de mon tour vespéral, j'ai l'impression que les réactions ont été rapides, particulièrement celles venant des haricots et des fleurs.

Il fait encore bien chaud, avec cette nette humidité ambiante, lorsque je gagne, après le sous-bois, mon jardin. Devoir horticole accompli !

Dimanche 31 août

Bien que je ne me trouve pas en fin de trimestre, je procède à un petit bilan financier depuis mon installation il y a huit mois.

Mes dépenses, qui passent toutes par mes commissionnaires, s'élèvent exactement à 3 822 euros soit 477 par mois, y compris l'indemnité kilométrique et de temps passé que je verse chaque semaine à A. et G. qui me permettent ce relais au monde et plus largement de vivre ainsi totalement isolé.

Le poste essentiel est constitué par la nourriture et les boissons qui me manquent, soit environ 380 euros. Le reste correspond à des semences, du petit matériel et des médicaments non pris en charge.

Pour être exact, il faudrait que j'ajoute à mes dépenses la valeur de mon autoconsommation de légumes et d'œufs, et que je répartisse ce qui a été entreposé avant mon arrivée. Au total, un petit 600 euros sans doute qui continue de montrer qu'en suivant une vie simple et préparée, incluant l'entretien d'un grand jardin et un travail assez conséquent en matière de bois, on peut vivre dans d'excellentes conditions de santé et d'équilibre nutritionnel et physique avec une somme limitée, de l'ordre de celle que la République octroie à celles et ceux qui, par nécessité ou par goût, n'arrivent pas ou ne veulent pas s'insérer dans ce qu'on appelle classiquement le « monde du travail ».

En tout cas, cette vie que d'aucuns qualifieront de fruste et sans intérêt me convient pleinement, m'enrichit personnellement et me permet une osmose remarquable à mes yeux avec ce qui m'entoure.

Lundi 1er septembre

Début du dernier quadrimestre de ma présence à La Croix-Guillaume. Mes lecteurs s'étonneront peut-être de ne pas avoir trouvé dans mes chroniques des développements relatifs à ma vision de l'existence, aux grandes questions actuelles et aux éventuelles évolutions et transformations que j'aurai subies lors de mon séjour prolongé « en ermite ». Ils n'en trouveront pas non plus au cours des mois qui viennent...

J'ai évidemment beaucoup réfléchi et pris pas mal de notes lorsque des idées importantes pour moi surgissaient dans mon esprit.

Mais je compte procéder en deux étapes.

En premier, je veux avoir achevé en quittant ces lieux la biographie du Frère Eugène-Marie, l'éminent agronome du XIXème siècle et les chroniques sur ma vie émétique constituées jour après jour sur place.

Ensuite, et ce sera pour les deux années suivantes, je tiens à écrire un essai directement inspiré de ce que j'aurai vécu, aimé, ressenti, comparé sur place, dans une vision globale de ce que la vie a d'important pour moi.

Tel que pensé, cet essai prendra la forme d'une fiction au travers d'un « quasi-roman » comportant des personnages et des jeux d'acteurs aboutissant à un épilogue dans le sens que je souhaite pour y trouver sous-jacentes les principales idées qui ont de la valeur à mes yeux.

Je suis d'ailleurs en train d'en constituer les principaux personnages à l'aune de ce que je souhaite et de ce que je condamne.

En relativisant tout de même les traits et les comportements !

Mardi 2 septembre

Il fait encore chaud ces jours-ci et, en inspectant les ruches ce matin, je note une intense activité des butineuses. Revêtu de mon harnachement si nécessaire, je constate que plusieurs cadres sont bien pleins.

Les abeilles ont dû profiter à fond de la floraison des bruyères et callunes depuis début août ; elles avaient largement fréquenté en juillet les châtaigniers. Pour le « fun », mes 10 m^2 de sarrasin, implantés à une extrémité de mon potager, fleurissent depuis deux mois et leur végétation exubérante produit fleurs sur fleurs sur lesquelles je trouve de nombreuses pensionnaires. Comme il est temps de procéder à une récolte afin d'espérer en obtenir une dernière de fin de saison, qui servira au moins à nourrir les essaims, je m'y attelle au niveau des deux ruches. Il y a beaucoup de monde autour de moi et le trublion que je représente a bien du mal à aller au bout de sa tâche !

Afin de faciliter et d'accélérer les opérations, je désopercule puis centrifuge sur place. Je transporte ensuite le récipient au précieux contenu sur la terrasse où je peux contempler une récolte abondante de miel assez foncé, au goût tonique comme je l'aime. Du « Miel de la lande » s'il me fallait le commercialiser.

Laissant reposer avant de mettre en pot, j'estime la quantité recueillie cette nouvelle fois à environ 7 kg. Un beau résultat en deux gros mois, d'un miel à la consistance épaisse et au goût excellent selon mes papilles !

Mercredi 3 septembre

« La nuit était délicieuse. Le génie des airs secouait sa chevelure bleue, embaumée de la senteur des pins, et l'on respirait la faible odeur d'ambre qu'exhalaient les crocodiles couchés sur les tamarins des fleurs », François-René de Chateaubriand, Atala.

Il a encore fait très beau mais, dès la fin de l'après-midi, un net fraîchissement se fait sentir accompagné de légères brises. Un temps caractéristique de septembre.

Comme la nuit devrait être douce, je décide de dormir « à la belle », ainsi que je le faisais naguère avec mon fils M. et ses amis à l'issue de batailles de *paint-ball* qu'ils organisaient.

Petit paquetage après le dîner comprenant une toile, un duvet et un coussin pour retenir ma tête. Plus une lampe électrique en cas de besoin.

Je gagne la hauteur un peu avant 21 heures afin de profiter du départ du jour dans le sous-bois et je m'installe sur un tapis de fougères au voisinage du potager. Je m'endors difficilement, environné de mille bruits, de pas, de chutes de brindilles et de pommes de pin, de cris d'insectes et de sons difficiles à identifier. Le sommeil vient, entrecoupé de réveils fréquents dans une nuit éclairée d'une lune presque pleine qui me permet de bien distinguer les troncs.

Je médite sur la magnifique phrase du même auteur : « Aucun bruit ne se faisait entendre, hors je ne sais quelle harmonie lointaine qui régnait dans la profondeur des bois : on eût dit que l'âme de la solitude soupirait dans toute l'étendue du désert ».

Mon réveil est brutal car il fait déjà jour et les premiers rayons du soleil effleurent les houppiers.

Un léger mal de dos m'accompagne quand je regagne mon logis.

Jeudi 4 septembre

La randonnée organisée par « La Sentine » passe ce jour par le chemin qui borde mon bois. Une joyeuse et bruyante troupe d'une trentaine de personnes fait une halte en haut de la montée assez rude et se répand sur un espace dégagé, fort tapissé de mousses et sur lequel j'essaye depuis des années de maintenir des marronniers, obtenus de semis et protégés depuis par un grillage, mais qui ne gagnent chaque année que quelques centimètres. Je m'approche et reconnais certains marcheurs. La plupart viennent de Saint-Aignan et de Couptrain.

Nous entamons une conversation. Ils sont interrogatifs sur les raisons qui m'ont conduit à la vie que je mène ici, mais n'osent pas porter de jugements péremptoires – ce sera pour quand ils seront repartis ! –, se contentant de m'interroger à la manière de « Et pour... comment fais-tu ? ». Je réponds à chaque question en insistant sur la facilité avec laquelle on se déshabitue de ce qui est devenu superflu.

Pour une raison déjà oubliée, la conversation vient à porter sur les OGM. Tous répètent des arguments en leur défaveur, qui n'en sont pas et qu'ils ont entendus au travers de médias formatés pour leur être hostiles. Vu mes conditions d'existence, ils m'imaginent également « dans l'opposition ». J'essaye d'argumenter un peu en sens inverse. De suite, je suis face à un public silencieux et gêné, qui ne comprend pas qu'il puisse exister, sur ce si important sujet d'avenir, d'autre vision que celle qui leur a été, au fil des émissions et des « spots », inculquée.

Je renonce vite à essayer d'aller plus loin seul contre tous... dont le plus grand nombre n'a aucune idée des questions réellement posées. C'est, je le note, un manque de courage...

Vendredi 5 septembre

Le temps très beau, chaud dans la journée et fort sec continue. Un vrai mois de septembre ensoleillé comme souvent.

Dans le sous-bois, spécialement au sein des parties un peu dénudées, l'eau est attendue impatiemment : les bouleaux présentent des feuilles de plus en plus jaunes, qui chutent ; il en va de même au niveau des branches basses des châtaigniers. Même les splendides fougère-aigle, parfaitement dressées, ont des frondes qui vacillent. Les ronces, qui n'ont fourni au début que peu de mûres en août, ne présentent plus que des fruits desséchés ainsi qu'il est plus tard courant en fin de saison.

En revanche, les myrtilliers sont très verts. Ils ont un peu produit et sont limités aux plus forts ombrages.

Les pins, toujours magistraux, oscillent légèrement au gré des courants d'air. Que leur odeur est forte et tenace, enivrante à bien des titres !

Et toute cette couverture de surface en décomposition qui file sous les chocs de mes pointes de sabots : elle est particulièrement sèche et j'ai beau essayer de trouver un peu d'humidité, il me faut aller bien loin, au moins à trente centimètres, pour en découvrir un peu.

Quels dangers d'incendie un tel milieu présente ! L'embrasement serait rapide et foudroyant, et le feu, par toutes les galeries souterraines, mettrait des jours, voire des semaines, à être vaincu, comme ce fut le cas, dans les années 90, en forêt de Monnaie.

Il reste à être vigilant et à « croiser les doigts » car ce ne serait pas chose facile que l'arrivée des secours au sein des parcelles.

Samedi 6 septembre

En tant que délégué du maire de Lignières au Parc naturel régional Normandie-Maine, j'aurais dû être cet après-midi à l'assemblée générale annuelle des élus. On m'aura remplacé…

Ce parc, dont le siège se trouve à Carrouges, a maintenant quarante ans et couvre une vaste zone sur les départements de la Manche, de la Mayenne, de l'Orne et de la Sarthe, intéressant notamment tous les pays des hauteurs représentées par les collines du Maine et de Normandie et une bonne fraction du bocage.

Les activités réalisées et proposées couvrent en conséquence d'immenses étendues et peuvent être appliquées à des sujets très variés comme une moule de ruisseau, la pérennité du bocage ou la connaissance des richesses architecturales, et concernent des publics variés à l'infini comme les enfants des écoles, les personnes du troisième âge toujours prêtes à randonner et découvrir, les touristes résidents ou de passage qu'il faut essayer de séduire. Une gageure pour une petite équipe de trente-cinq personnes environ, chacune avec sa spécialité et son goût pour promouvoir ce qui la passionne.

Sur ces quatre décennies, j'estime que les travaux réalisés, les guides publiés, les prises de conscience induites et l'élan impulsé sont très positifs. Sans compter la « Maison du Parc », son siège et son satellite, qui sont des sources puissantes de ce qui fait la richesse de nos terrains et présentent des produits issus de nos spécificités. Les grincheux diront que cela coûte cher ! Il faut savoir ce que l'on souhaite quand on doit mettre en valeur des atouts qui, pour ne pas être « mondiaux », sont très dignes d'intérêt et porteurs d'avenir dans notre futur perturbé.

Dimanche 7 septembre

La chaleur continuant, ma situation « hydrique » se détériore. Alors que la citerne du toit était à demi-pleine vers le 20 août, mes besoins domestiques et quelques prélèvements pour des arrosages l'ont complètement vidée... et il n'y a pas de pluie à l'horizon, c'est le cas de le dire !

Je suis donc conduit, pour avoir de l'eau propre de boisson et de cuisine, à filtrer celle de l'étang sur la bougie de porcelaine « coloniale ». Comme c'est long, j'opère en permanence.

Du côté lavage, je ne rencontre pas de difficultés puisque la pièce d'eau m'accueille avec son eau autour de 24 ° C, un vrai délice dans lequel je rentre (presque) sans hésiter.

Comme toutes les années à cette saison, son niveau baisse sérieusement, actuellement de 40 cm par rapport à son plein hivernal et une trentaine en regard de son niveau stabilisé à la belle saison. Qu'il est agréable de nager dans sa partie la plus profonde car ailleurs il ne reste actuellement plus guère de 50 à 60 cm d'eau et le toucher avec les pieds de la vase maintenant épaisse, douce et gluante n'est pas très agréable, mais on s'y habitue !

Il faudra bien que je me décide un jour à « vidanger » afin de retirer toutes ces matières accumulées en vingt ans et de réapprofondir surtout les zones périphériques, perturbées aussi par les dégâts faits aux berges par les ragondins.

Cependant, comme toujours, je pense que je remettrai en raison de la stabilité actuelle que je ne me lasse pas de contempler.

Lundi 8 septembre

Ce matin, en descendant de la terrasse pour effectuer mon parcours d'observation et de surveillance habituel, j'aperçois un mulot déguerpir puis disparaître parmi les fougères voisines.

Je ne sais pourquoi, mais cet événement, fréquent dans la nature, me fait repenser à une expérience fort simple que je me plaisais à présenter à mes étudiants.

Deux compartiments en plastique fermé sont séparés par une section contenant de l'eau et suffisamment profonde pour qu'il faille qu'un petit animal soit obligé de nager pour passer de l'un à l'autre.

D'un côté, on place trois rats adultes de bonne activité. Dans l'autre, une nourriture appétissante séparée en morceaux. Un premier rat se hasarde à franchir la section aqueuse et revient voir ses congénères un morceau dans la gueule. Arrivant fatigué, les autres non seulement lui dérobent l'appât, mais l'empêchent de rester et l'obligent à repartir... ce qu'il est obligé de faire !

Bon soldat, le premier poursuit ainsi ses déplacements jusqu'à épuisement de la nourriture et atteinte d'une fatigue extrême : il n'aura pu profiter d'une once de récompense et se retrouvera finalement en marge de la société de ses deux compères qui l'empêcheront de s'approcher d'eux.

J'ajoutais à mes étudiants que « Toute ressemblance avec... ». Ils comprenaient évidemment l'allusion aux comportements si courants des Humains entre eux, avec exploitation puis rejet des faibles...

Mardi 9 septembre

En passant par le « Conservatoire », je constate, une fois de plus, que les aucubas (*A. japonica*) ont subi des attaques de limaces bien qu'elles apparaissent peu en ces moments secs. Depuis l'implantation de trois plantes issues de semis et qui mesuraient une trentaine de centimètres, c'est le *statu quo* : chaque printemps, je note quelques pousses assez vigoureuses, annihilées progressivement par l'appétit des mollusques. En automne, il ne reste plus que les tiges assez grêles. Qu'en serait-il si je plaçais des répulsifs ? Mais ce serait dévier de ma route : ne pas intervenir – sauf retirer des ronces ou des fougères étouffantes – et voir si, par eux-mêmes, les végétaux introduits arrivent à s'installer, croître et devenir des habitants de ce milieu. Et j'imaginais que l'aucuba, si commun dans nos jardins, pourrait en faire partie.

Cet arbuste puissamment décoratif, aux sexes séparés, se plaît en effet en tout endroit tant soit peu fertile, au soleil et à l'ombre. En hiver et au printemps, les plantes femelles produisent de gros fruits rouges décoratifs qui font la joie de certains oiseaux, notamment des merles qui s'ingénient à les décortiquer séparant paroi et pulpe.

Ce que j'admire c'est le panachage des limbes foliaires. Et panachage est un terme trop général pour caractériser l'extrême diversité des couleurs – du vert au jaune – des motifs constitués : points des deux couleurs, larges zones entourées de vert, aspects brillants ou plus ternes, uniformes même... Et cette variété apparaît au même niveau d'une tige à deux aisselles opposées !

Virologue il y a longtemps, j'avais cherché en vain à isoler d'éventuels virus qui auraient pu être une cause de ces panachures inexpliquées par la littérature... il est vrai peu abondante. On se contente d'évoquer une « origine génétique » comme dans le cas de la plupart des « plantes panachées ».

Mercredi 10 septembre

Avec ce début septembre, la saison agricole a repris. Dans une grande parcelle située de l'autre côté de la route qui gagne Couptrain, du colza a été semé à la suite du passage d'une herse rotative dans les derniers jours d'août. Comme le sol avait été copieusement humidifié par les fortes précipitations des deux premières décades de ce mois, la levée a été rapide et, de ma terrasse, je vois aujourd'hui distinctement les lignes de plantes sur les trois hectares environ ensemencés.

L'agriculteur concerné – et ils sont maintenant nombreux ainsi dans la région – a adopté, sous la pression économique, la rotation blé / colza qui est celle permettant de dégager actuellement la meilleure marge brute.

Le maïs destiné à l'ensilage est de plus en plus hors rotation sur des parcelles dédiées sur lesquelles cette plante, qui a révolutionné les techniques d'élevage, est cultivée quelques années de suite.

Dans les deux cas on « joue avec le feu » en matière de salissement des parcelles et de résistance à des herbicides qui ne sont plus si nombreux.

D'autant que, dans le premier cas, le travail du sol est minimum et que les stocks de graines d'adventices s'accumulent allègrement.

Avec les exigences et contraintes dites « agroenvironnementales » - et les aides qui leur sont liées -, on risque fort, dans peu d'années, de se retrouver dans des situations sans issues, spécialement lorsque de nouvelles matières actives auront été retirées de la vente pour cause de toxicité non supportable. Et comme, d'ici-là, les parcelles auront encore crû en taille et que les cultures concernées se seront développées, les remèdes risquent de ne pas être nombreux...

Jeudi 11 septembre

Est-ce qu'en ces lieux, il serait possible de vivre en totale autarcie ainsi que le firent mes lointains devanciers ? Je passe sur l'aspect santé et médicaments qui pourrait toujours être réglé en cas d'urgence grâce à des voisins compatissants. Ces questions ne se posaient pas, au moins en ces termes, il y a quelques siècles !

Mais pour le reste ? Vivre avec mon installation actuelle, c'est-à-dire en bénéficiant de l'éolienne, du panneau solaire et du réfrigérateur à gaz suppose de parer à d'éventuelles pannes et de disposer de recharges nécessaires... sauf à accepter de s'en passer en n'ayant pas de courant ni de produits au frais et de se contenter d'un garde-manger placé au nord.

Côté chauffage, ce serait sans problème, la croissance des arbres suffisant à répondre aux besoins de la saison fraîche et froide.

Mais pour la nourriture, il faudrait évidemment produire plus, et donc amender au préalable une surface accrue car, sinon, le choix des plantes à cultiver serait trop limité, développer poulailler et clapier, réaliser pas mal de conserves pour l'hiver et bénéficier d'une production accrue de poissons.

Resteraient deux questions importantes, celles des fruits et des produits laitiers. Pour les premiers – mis à part les châtaigniers –, planter quelques pommiers de variétés robustes et à la production successive en terrain potager ne poserait pas de difficulté si ce n'est l'attente d'une production significative.

Quant au lait si nécessaire à une alimentation équilibrée et aux besoins en calcium, l'affaire supposerait de disposer d'une vache de race rustique et peu exigeante comme une Bretonne pie noire ou une Jersiaise... qu'il faudrait alimenter toute l'année. Pas simple. Comme je donne gracieusement les six hectares de prairie que je possède, il serait toutefois possible de m'entendre avec l'exploitant pour qu'il me livre deux ou trois tonnes de foin… et quelques grains et racines.

Un projet envisageable avec des dépenses réduites alors presque à zéro.

Vendredi 12 septembre

Les évocations précédentes peuvent surprendre. Elles ont été faites dans le cadre d'un choix de vie : être en un lieu isolé et « sauvage », en entretenant le moins de relations possibles avec les Hommes et en subsistant en quasi-autarcie.

Certes, beaucoup de personnes dans nos campagnes vivent dans des maisons loin de tout et le plus souvent à l'écart d'échanges importants et suivis, mais elles communiquent avec le monde *via* le téléphone, la télévision, le courrier, voire l'Internet… et font, elles-mêmes ou au travers de relations, les courses nécessaires à leurs différents besoins, souvent limités d'ailleurs.

Dans mon cas, la démarche est différente : il s'agit d'un isolement volontaire de la société dans le double but de m'enrichir par le lieu où je me trouve et d'avoir une vie intense d'introspection, ce que j'ai eu la chance de vivre déjà depuis plus de huit mois.

En indiquant les conditions de franchissement d'un nouveau pas, c'est-à-dire d'une indépendance substantiellement accrue et d'une arrivée en autarcie quasi complète, je veux montrer que, moyennement quelques investissements de départ – de l'ordre de 5 000 avec le foncier – on peut très bien, même dans notre société, exister sans dépendance palpable, pour peu que l'on ait la volonté et le courage d'entretenir un vaste potager, de petits élevages, de scier beaucoup de bois et de laisser s'écouler les jours sans se soucier de ce qui se passe à l'extérieur ni au voisinage.

En acceptant aussi des conditions de vie rudimentaires en pleine nature et en mettant en œuvre tout ce qui concourt à permettre le quotidien.

Samedi 13 septembre

En indiquant ces possibilités, je me situe cependant dans une réflexion abstraite. Ma vie cette année est rendue possible par le fait que ma famille a accepté de ne pas m'avoir avec elle pendant une longue période, ce qui est déterminant, et de gérer aussi mon quotidien, qu'il soit administratif, bancaire ou relationnel.

Et je mesure la chance qui m'est fournie : avoir l'esprit libre des mille contingences qui assaillent et empoisonnent souvent la vie courante et auxquelles on « doit » (?...) répondre.

Il est bien évident que ma vie actuelle ne pourra se poursuivre au-delà du 1er janvier, mais que j'ai pu jeter les bases d'une installation longue, voire pérenne, dans de telles conditions.

Cette vie est tout à fait possible pourvu que l'on ait la force de caractère de demeurer dans un isolement presque total, quelles que soient les saisons et leurs contraintes. La question de demeurer ainsi est simple : il faut avoir une force de caractère suffisante pour « résister » et donc pouvoir occuper pleinement son esprit, en dehors des périodes quotidiennes de travail, soit en réfléchissant soit en mêlant réflexion et écriture, ce qui est mon choix.

L'exemple que nous donnent les religieux cloîtrés avec un partage de leur temps à peu près égal entre prière, travail, sommeil et repas correspond bien à ma ligne d'existence... sauf que la première section est limitée dans la journée et suppléée par une activité de création littéraire.

Dimanche 14 septembre

« Et je m'en vais

Au vent mauvais

Qui m'emporte

Deçà, delà

Pareil à la

Feuille morte »,

Paul Verlaine, Poèmes saturniens « Chanson d'automne ».

Le temps a changé depuis hier et pluie et vent ont succédé à une longue période ensoleillée, chaude et sèche. En conséquence, je remets ma corvée d'arrosage du potager.

Installé sur la terrasse, à l'abri d'un grand parapluie fixé à la balustrade, j'observe, note et médite.

Le vent se tourne au sud-ouest et des pluies faibles et continues frappent la végétation. Beaucoup de feuilles de bouleaux et de châtaigniers ont déjà chuté et forment par endroits un tapis bien sec difficile à mouiller. Les frondes de fougère aigles brunissent de plus en plus.

Sous l'effet de la brise qui s'intensifie par moments, houppiers des pins et branchettes des feuillus ploient puis se redressent.

Je suis les mouvements des feuilles chahutées par les courants, frappées par les gouttes, retournées, écartées, envolées parfois.

Cela « sent » la fin des beaux jours et une odeur caractéristique de matière organique mouillée monte vers moi. Depuis que je la connais en cette saison, je la reconnaîtrais entre mille. Elle signifie la reprise d'une vie microbienne et autre, intense, qui va durer jusqu'à la mi-novembre avant de s'assoupir. Je profite de ces instants qui annoncent de profonds changements de mon environnement.

Lundi 15 septembre

« Tous les hommes ont peur. Tous. Celui qui n'a pas peur n'est pas normal ; ça n'a rien à voir avec le courage », Jean-Paul Sartre, Les Chemins de la liberté.

Les rares personnes qui sont passées par mon ermitage m'ont toutes demandé s'il ne m'arrivait pas d'avoir peur, seul au fond du bois, notamment quand les jours étaient courts.

Je leur ai à chaque fois répondu que non, même si ce n'est pas l'exacte vérité. J'avoue ne pas trop connaître ce sentiment, surtout si je me trouve en groupe, comme lorsque nous faisions, il y a un demi-siècle, nos marches de nuit à Madagascar. À Lignières et dans ses environs, il en a été de même avec des nuits passées à observer les étoiles, à « coucher à la belle » ou à franchir la Forêt de Monnaie par la route Fremont, sous un minimum toutefois de clarté lunaire.

Seul, c'est autre chose et je peux en témoigner par ma vie ici. Même quand il fait jour, je n'arrive pas à m'abstraire de chercher la venue éventuelle de quelqu'un ou d'un chien ou encore d'un gros animal... même si je sais que la probabilité est faible... mais non nulle ! Non pas que je craigne quelque chose – avec des exceptions en temps de chasse –, c'est l'idée d'être surveillé, espionné, surpris qui me dérange.

De nuit, je suis hardi à traverser mon petit domaine, mais moins lorsque je suis au lit et que j'entends le concert incessant des bruits de la forêt, des branches s'entrechoquant, des animaux aux mœurs nocturnes. Je me sens alors « bien », ceinturé par la faible protection qui m'environne. Cependant, j'écoute et trop souvent ne peux refermer l'œil. Une forme de crainte ?

Mardi 16 septembre

« Personne n'entend ceux qui disent vouloir être seuls. La volonté de solitude, c'est forcément une pulsion morbide », David Foenkinos, La délicatesse.

En voulant m'enfermer ici, et dès que mon projet a été connu et surtout a commencé à se concrétiser, j'ai ressenti bien des réactions certes diverses, mais qui, toutes sauf celles de ma proche famille, avaient en commun l'idée que je rejetais « la civilisation » et qu'en réalisant cette vie d'ermite je m'éloignais du monde en voulant détruire ce qui fait le quotidien de tout un chacun.

Au début, j'ai tenté d'expliquer les causes et les conséquences attendues de ma décision, mais devant l'incompréhension de mes interlocuteurs j'ai vite renoncé à justifier ce qui, au total, ne concernait pas les autres.

Toujours cette idée que ceux qui vivent en marge des habitudes et des convenances sont à critiquer, à surveiller et que, s'ils agissent ainsi, c'est qu'un ou des éléments inconnus et forcément suspects les ont poussés à cela.

Peu m'importe finalement, ce qui compte et a de l'importance c'est de réaliser ce choix d'existence, de me retrouver longtemps face à moi-même, de méditer et d'écrire loin des interférences inutiles.

Et, sur tous ces plans, la réussite est au rendez-vous et me donne au contraire un surcroît de volonté d'action et d'intervention lorsque j'aurai regagné la compagnie « des autres ».

Mercredi 17 septembre

Après une dizaine de belles journées et sous un fond qui paraît peu automnal, si ce n'est une longueur nettement amoindrie, je note un fraîchissement certain ce matin qui m'invite à pratiquer quelques opérations au potager.

L'essentiel est consacré à la récolte des pommes de terre « Institut de Beauvais » restées en terre après une végétation de grande vigueur et une floraison, comme de coutume avec cette variété, abondante et longue. Comme il n'y a pas eu ou presque de survenance de mildiou, j'ai laissé venir leur mûrissement.

Aujourd'hui, les fanes sont desséchées depuis longtemps et je m'emploie à découvrir ma récolte que j'avais seulement échantillonnée par quelques prélèvements : les tubercules sont peu nombreux par touffe, bien groupés, et gros avec leur aspect caractéristique en forme de boule et souvent de cœur, montrant des petites zones roses au voisinage des « yeux ». C'est un vrai plaisir de travailler ce sol, bien sec et assez poussiéreux. Ma récolte achevée, je laisse l'ensemble en surface afin de le mettre en conditions optimales de conservation future. J'estime la production par pied à 7 ou 800 grammes comestibles, avec peu de variations. Un bon résultat.

Pour le reste, je prélève des carottes en fonction de mes besoins et fais de même avec les poireaux d'été restés peu gros. Ceux d'hiver les ont presque rattrapés et d'ici à deux mois ils devraient présenter un développement tout à fait satisfaisant.

Les mâches de fin juillet et début août sont belles, mais j'attends encore avant de procéder à de premières récoltes.

À cette époque, je me contente de quelques arrosages tous les trois ou quatre jours, notamment des poirées toujours gourmandes et des condimentaires.

Jeudi 18 septembre

« Carré blanc sur fond blanc », titre d'un tableau de Kazimir Malevitch.

Je regrette que ce peintre inventeur du suprématisme, qui montre le caractère infini de l'espace et indique les relations d'attraction et de rejet des formes, n'ait pas consacré un de ses chefs-d'œuvre au vert ou plutôt aux verts.

Si proche de la Nature et vivant en permanence à son contact immédiat, je trouve toujours admirables la juxtaposition et les recouvrements des tissus chlorophylliens dont il est souvent difficile de montrer la diversité tout en finesse par la photographie.

Que celle-ci soit argentique ou numérique, la technique, pour sophistiquée qu'elle soit, rend difficilement les nuances, les frontières et encore moins les mélanges. Un ensemble qui n'échappe pas à l'œil humain, et c'est heureux.

Je ne me lasse jamais d'observer cette diversité dans l'unité, par exemple avec des feuilles de chêne recouvrant partiellement des aiguilles de pin ou l'inverse, des feuilles de châtaigniers jouant dans la brise avec celles de bouleaux ou encore de sombres feuilles de ronce chevauchant la clarté de la molinie. Le vent accentue les effets et les dynamise, soulignant l'extrême finesse des détails et faisant découvrir perspectives, reliefs et palettes. Rien ne se ressemble, mais tout converge.

Comment se lasser de tels spectacles, sans cesse renouvelés et variant au fil des saisons, aujourd'hui dans un trop-plein résultant de saisons très généreuses ?

Vendredi 19 septembre

« Ah ! ce récit ! que j'aimerais vous le redire ! Mais il faudrait une autre voix, il faudrait oser ce [patois] qui donne aux vieux mots une odeur, cet accent qui les peinturlure... », Paul Géraldy, La Guerre, Madame...

J'ai envie de dire : « Ah, le patois mayennais... ». Dans mon enfance, il avait déjà disparu des habitudes, mais toutes et tous, notamment au sein des nombreuses petites fermes de l'époque, en utilisaient encore beaucoup de mots et conservaient de son usage un accent fort reconnaissable qui débordait au nord sur l'Orne, preuve d'une communauté de mode de vie et d'usage au-delà de la frontière toute administrative des départements. Disons que la dernière génération vraiment concernée est celle qui s'est éteinte avec le XXème siècle et qu'elle concernait alors une fraction modeste de la population, notamment des hommes.

Aujourd'hui, il n'en reste que quelques mots et déformations usités par les Anciens comme « anhui », « as'teur », « gnôle » ou « carabin », avec encore un certain accent, un ensemble perdu ou presque par les personnes nées après la Seconde Guerre.

Pendant longtemps, les journaux comme « Mayenne – Républicain », aujourd'hui disparu, comportaient une rubrique en patois intitulée « Le coin à Gros Jean » qui était difficile à comprendre si l'on n'était pas un peu initié.

Heureusement, pour que ne soient pas perdus cet héritage et la culture associée, des structures se sont mises en place, animées par des passionnés et qui ont même publié un glossaire il y a peu. Des initiatives à encourager car le langage est aussi le véhicule de ce qui a fait la richesse d'un terroir ou d'une contrée.

En attendant, « anhui i pieu ».

Samedi 20 septembre

« Ce qui nous rend la disparition d'un être plus sensible, ce sont les mots de passe qui existaient entre lui et vous et qui soudain deviennent inutiles et vides », Patrick Modiano, Villa Triste.

Je suis d'un âge où l'on doit s'habituer de force à des disparitions, à des rangs qui se clairsèment et à des regrets.

En témoigne par exemple ma « classe » à Lignières, nombreuse car correspondant à l'espoir de fin de la Guerre, puis à la Libération. À chaque réunion annuelle en début d'automne, nous sommes une bonne quinzaine à lui demeurer fidèles par une journée festive partagée, avec nos conjoints, dans l'amitié affectueuse, l'évocation « d'avant », les évolutions familiales et nos difficiles adaptations, comme pour toute génération, à la modernité qui nous assaille et nous oblige à lui faire face.

Chaque matinée de « Retrouvailles », nous nous rendons d'abord au cimetière afin de nous recueillir et dire quelques mots sur ceux qui ont fait notre quotidien et reposent aujourd'hui en leur terre natale.

Le parcours entre les sépultures est probablement fait pour repérer des dates trop vite oubliées, évoquer des souvenirs, regretter des actions qui n'ont pas été conduites en leur temps et nous rappeler la vanité de beaucoup de choses ici-bas.

Ainsi, je déplore chaque fois de ne pas avoir profité de la présence de « figures » lignièroises riches d'expériences et de souvenirs, et qu'il m'aurait fallu interroger sur ce qu'elles avaient concrètement vécu, en faisant dans les détails qui font la richesse d'époques révolues et sont maintenant perdus à jamais.

On croit toujours, comme avec des membres de notre famille, « avoir le temps ». La réalité est tout autre. Dommage, mais c'est à nous d'agir quand c'est encore le moment !

Dimanche 21 septembre

Hier soir, j'ai rentré mes volailles en leur donnant ce qu'il leur faut pour une journée de nourriture car elles ne mèneront pas aujourd'hui leur furetage habituel en raison de l'ouverture officielle de la chasse.

Mieux vaut en effet limiter les risques, d'autant que j'ai aperçu deux lièvres en limite du petit pré au nord, récemment planté.

Tôt ce matin, j'ai entendu plusieurs coups de fusil assez lointains, et en cette fin de matinée toute une équipe entourant L. traverse la vaste parcelle en blé située sous le bois, en envoyant ses chiens vers la haie en bordure du chemin.

J'observe en entendant des voix précipitées et sans doute inquiètes de la réalisation d'un « tableau » minimum. Soudain, trois tirs arrivent qui visent un lièvre que je vois détaler vers l'autre extrémité de la parcelle… qu'il n'atteindra pas car un quatrième l'arrête en pleine course. J'entends des commentaires satisfaits.

À partir de ce jour et pendant environ cinq mois, je vais devoir composer avec la présence immédiate et aléatoire de chasseurs à proximité et sur mon territoire. Surtout un peu plus tard ici à la recherche du « gros ». Une présence pas très agréable, souvent goguenarde et sûre de ses droits même s'ils sont usurpés, mais « garantis » par la collectivité, gardes et maréchaussée étant peu enclins à faire respecter la réalité des situations.

Et encore ici n'avons-nous pas, comme dans le Midi notamment, ces « Sociétés de chasse » qui ont *de jure* tout pouvoir en la matière sur les biens d'autrui. Il faut donc composer avec, même si cela laisse un certain goût d'amertume...

Lundi 22 septembre

Tôt ce matin, la parcelle en blé que j'évoquais hier subit une façon superficielle qui vise à l'ameublir en réduisant – tardivement – ses pertes en eau. Les cinq hectares seront ainsi traités en moins de deux heures, avant, je l'imagine, un semis d'escourgeon ou d'orge d'hiver qui interviendra vers le quinze octobre couplé à une nouvelle façon culturale superficielle. Foin du labour avec ces façons culturales simplifiées à l'extrême et pour l'instant sans effets caractéristiques répertoriés. On en constatera les résultats plus tard...

Je ne peux m'empêcher de me représenter les façons d'un antan qui ne remonte pas loin même si les tracteurs avaient remplacé les attelages de deux ou trois percherons. À cette époque – années 80 et 90 – peu avait changé au niveau des opérations depuis au moins deux siècles : on ménageait l'existence de rotations minimales, et il ne serait venu à l'idée de personne de ne pas respecter l'indispensable labour entre deux cultures, suivi de façons superficielles aboutissant à l'établissement d'un « lit de semences » adéquat.

C'est terminé et les pratiques, aidées par des machines efficaces, sont devenues opportunistes avec les rotations les plus rentables – et non les plus souhaitables –, les passages les plus réduits, les apports d'engrais selon les besoins – ce qui constitue, enfin, un bien –, et les économies en tout genre afin d'engranger le maximum avec le minimum d'intrants. L'avenir dira si ces pratiques auront été les bonnes. Assureront-elles une gestion « en bon père de famille » ?

Qu'ils paraissent lointains les « drée » et les « ticqwau » des charretiers d'il y a cinquante ans seulement dans la plupart des situations !

Mardi 23 septembre

« Voici l'automne, monotone, le bois se dégarnit, il jaunit… ».

L'automne arrivant ce jour, je ne résiste pas à citer le début d'un poème de l'auteur de ces lignes, retrouvé dans son cahier de « huitième » d'alors. J'en avais alors écrit un pour chaque saison, mais je me souviens que celui-ci avait été le premier composé et qu'il avait mes faveurs. Passons sur ces souvenirs vieux de soixante-deux ans. Chaque enfant, à un moment ou à un autre, est un poète !

Ce jour « J » n'est pas ici le théâtre de grandes transformations : avec la chaleur de fin d'été, il y a longtemps que les fougères-aigles ont commencé à prendre leur teinte brun-brique et le sol est jonché de feuilles de bouleaux et, de plus en plus, de châtaigniers. Le vent disperse ces vestiges de la belle saison sur le potager.

Il fait encore très beau, et soleil et nuages alternent sans cesse, prodiguant une lumière jaune soutenu de belle qualité qui s'infiltre plus facilement entre les branchettes.

Assis sur la terrasse, je profite de ces rayons bienfaisants. En ce jour d'équinoxe, je mesure dans le lointain le champ perdu depuis le soleil d'été… et aussi ce qu'il reste à perdre d'ici décembre.

Le petit vent, qui n'a pas cessé depuis ce matin, me caresse et je sens combien sa douceur est éphémère. Il faudra bientôt allumer le poêle car les nuits sont devenues bigrement fraîches. Cependant, je résiste !

Je demeure émerveillé par ce jeu des saisons, ces continuités dans les ruptures, bref, cette beauté infinie que je n'avais jamais si bien mesurée avant que d'être ici.

Mercredi 24 septembre

Les premières bogues chutent laissant s'échapper de fort petites châtaignes, les plus légères.

Chaque année, je réalise pour les élèves de ma sœur N., professeur des écoles, des semis en godets, en prenant quelque distance avec le nombre de ses élèves – une trentaine – car la germination est parfois capricieuse et sujette à l'action contrariante de champignons que l'on retrouve sur les fruits, les germes et les premières racines. Quel plaisir d'observer les enfants recevant, en mai, un plant qu'ils mettront en terre chez eux ou dans les jardins de leurs grands-parents !

Cette année, je vais en outre procéder à des semis importants, car je suis décidé à planter plusieurs centaines de petits châtaigniers. Au cours des décennies récentes, j'en ai implanté fréquemment, certains ayant maintenant une dizaine de centimètres de diamètre.

Pourquoi agir ainsi ? Afin de disposer d'une densité importante de petits feuillus en sous-étage des pins, car je crains toujours, dans ce milieu si favorable au feu, un embrasement rapide les années sèches

Dans cette perspective, je ne fais évidemment pas appel à des « plants améliorés » et j'utilise la production locale si bien adaptée au milieu, ce qui ne la met toutefois pas à l'abri de nouvelles maladies ou souches d'anciennes et de ravageurs en expansion.

Avec cette optique, je planterai en godets, autour de la Toussaint, un demi-millier des plus beaux fruits trouvés sur mon territoire, après une désinfection superficielle dans une eau fortement vinaigrée.

C'est un certain avenir qui sera ainsi lancé !

Jeudi 25 septembre

En cette journée douce et agréable, je me décide à réaliser, en complément de ce que j'ai fait précédemment mais qui s'avère être nettement insuffisant, quelques nouveaux travaux de soutènement des berges de l'étang mises à mal par les ragondins, notamment dans les zones les plus ombragées à son nord. Là, il n'y a qu'irrégularités et trous sournois qui surprennent et peuvent faire bien mal. D'autre part, le comblement progressif par la terre ainsi dégagée réduit sérieusement la profondeur et en ce début d'automne bien sec, la baisse du niveau mettant à l'air plusieurs zones concernées.

Le travail à réaliser est simple mais fastidieux : il faut d'abord retirer la terre qui menace de chuter et la rejeter au-dessus, spécialement là où les trous existent, l'étaler et tasser l'ensemble. Ensuite, je plante des piquets de châtaignier en les enfonçant d'une quarantaine de centimètres derrière lesquels j'empile trois ou quatre rondins de pin d'un mètre – ressource oblige, même si ce n'est pas la meilleure pour cet usage – et je comble leur arrière avec de la terre vaseuse à nouveau sortie du fond.

En pratiquant ainsi sur la majeure partie de la journée, j'ai réussi à réaliser dix mètres linéaires et il me faudra répéter l'opération au moins sur le double afin de traiter les zones les plus dégradées.

Je contemple mon œuvre qui ne donne pas un aspect naturel à la berge mais assurera au moins sa stabilité un certain temps.

Vendredi 26 septembre

« Entre les promontoires rocheux, ce sont des parcelles de terre acide infectées de vipères », Jean-Louis Bachelet, La vie cachée des papes.

Durant toute ma jeunesse et un certain temps après, j'ai vécu dans la crainte des serpents, spécialement des vipères, alors si nombreuses. Dès qu'il faisait un peu chaud, nous évitions les haies, les fourrés, les fougères et les ronciers, et avant tout les endroits rocheux exposés au soleil. Ainsi, pas question de faire l'ascension des Roches d'Orgères ou alors botté et muni d'un bâton de noisetier (« de coudre ») qui servait à annoncer notre venue et à nous protéger en cas de mauvaise rencontre.

Avec l'avènement du réfrigérateur dans les années cinquante, ma grand-mère achetait en précaution un nécessaire à sérum avec la seringue adéquate qui aurait permis d'attendre la venue du médecin, « de famille », cela va sans dire.

En fait, j'ai vu des vipères dans des haies et une au fond du jardin, mais pas dans les lieux critiques. C'était très différent pour les couleuvres, nombreuses il y a encore peu. Toutes les familles agissaient de même, recommandaient de faire attention à leurs enfants partis à la pêche et transmettaient ainsi ce qui leur avait été inculqué, un peu à la manière de l'attitude face aux loups de jadis.

Les évolutions des milieux ont bien modifié ces craintes : l'arrachage des haies, le broyage des ronciers et surtout les apports massifs de pesticides ont fait chuter les populations de reptiles, devenus presque des curiosités en peu d'années. Et c'est bien dommage pour l'équilibre de la nature !

Samedi 27 septembre

Depuis mes deux millionièmes du territoire forestier français et, plus sérieusement, des 31 % du territoire national français boisé avec environ 17 millions d'hectares induisant l'emploi de plus de 400 000 personnes pour un chiffre d'affaires de 60 milliards d'euros… mais 6 de déficit, on ne peut qu'être stupéfait de la situation existante malgré des soutiens publics de près d'un milliard.

Comment cela est-il possible avec les produits de la quatrième forêt de l'Union européenne, présentant une grand diversité y compris amazonienne ?

On sait qu'un quart des massifs, ceux appartenant à l'Etat et aux collectivités territoriales sont gérés par l'Office national des forêts et fournissent plus du tiers des bois commercialisés. Les trois quarts, privés, sont la propriété de 3,3 millions de personnes, avec des parcelles morcelées et souvent sous ou jamais exploitées, constituées de résultats de successions, souvent « oubliées » mais représentant des liens dont on ne se défait pas facilement.

Les feuillus sont – contrairement à une idée ancrée depuis la dernière guerre – largement majoritaires avec plus de 9 millions d'hectares contre 3 pour les résineux et 2,6 de peuplements mixtes sans compter les « inclassables ». La filière est éclatée et son organisation répartie en trop de structures aux missions peu clairement établies, mais bénéficiant de taxes et de subventions ainsi disséminées. Le sujet est favorable à la production de « rapports » d'experts ou d'élus... vite mis au fond d'un tiroir (six ou sept en trente-cinq ans).

Et le secteur bois-énergie vient paradoxalement perturber l'affaire, représentant 45 % de l'énergie renouvelable et captant beaucoup de moyens publics.

Quant à l'ameublement, sa situation est catastrophique avec la vente de billes partant par exemple en Chine pour revenir sous forme de produits finis. Une politique « coloniale ».

Les rapports finissent tous par des propositions de bon sens mettant en cause habitudes et avantages acquis. Des raisons peut-être qui font qu'ils ne sont pas suivis d'effets ?

Dimanche 28 septembre

Les « revenus agricoles » constituent un enjeu national richement documenté chaque année par les Services statistiques de l'INSEE et du ministère de l'Agriculture, puis repris par les médias. Ils ne concernent pourtant que 2,5 % des emplois français pour encore environ de 400 000 exploitations.

Pourquoi un tel intérêt de la part des Pouvoirs publics, comme d'ailleurs dans la plupart des pays du monde ? Parce que les agriculteurs produisent de la nourriture, c'est-à-dire des biens dont on ne peut se passer trois fois par jour et que le thème est ressenti comme « sensible ».

Le revenu agricole est ainsi un enjeu politique qui s'insère dans le mécanisme complexe des « aides ». Pour que celles-ci ne baissent pas, il faut montrer au sein de l'Union européenne qu'elles sont indispensables à la survie des unités concernées.

Chaque année apporte son lot de bonnes et de mauvaises nouvelles, les éleveurs et producteurs laitiers se trouvant le plus souvent à la peine et ce, sans tenir compte en plus des charges et contraintes de leur travail.

Mais ce qui est le plus dérangeant dans ces données, c'est qu'elles constituent des moyennes pour des catégories aux limites souvent vagues et qu'au sein d'un même groupe, la variété est si considérable que la valeur résultante n'a pas grande signification. Par exemple, qu'y a-t-il de commun entre une étable de 300 laitières, une de 50 et une de cinq (eh oui, il en existe encore) ? Et du côté du végétal, particulièrement des productions dites spéciales comme le maraîchage et l'arboriculture fruitière, c'est pire. Et que dire des grands « châteaux » bordelais mêlés aux producteurs de l'Aude ?

Comment faire autrement sans aller à un nombre effarant de catégories ? C'est toute la question que de nombreux rapports n'ont pas réussi à rendre plus crédible.

Lundi 29 septembre

« La parité » ! Ah quel terme à la mode il y a quelques dizaines d'années, en France jusqu'à la fin des Trente Glorieuses, et qui figurait en tête des cortèges revendicatifs de tous horizons.

Aujourd'hui, il a disparu ou presque.

Que signifiait-il ? Une égalité de revenu pour un travail identique, au moins similaire. Jeune chercheur, je me souviens que nos syndicats réclamaient avec force l'alignement de nos traitements sur ceux du secteur privé, par exemple phytosanitaire ou des engrais alors en forte expansion, vu l'utilisation croissante et massive de ces éléments par l'agriculture.

Maintenant, il ne viendrait à l'idée de personne de la réclamer car les revenus dans le secteur public ont bien grimpé sur le moyen terme alors que ceux du privé ont beaucoup de mal à suivre sans compter les licenciements et les pré-retraites en raison de la chasse aux charges de personnel. Les « moyennes » - qui ne veulent certes pas dire grand-chose – sont d'ailleurs en faveur du premier.

Mais là n'est pas le problème. Quand, dans un but « égalitaire », on évoque la parité, encore faudrait-il que cette notion s'applique à tous les autres éléments qui font la vie professionnelle, entre autres la « sécurité de l'emploi », la durée de travail et celle des congés, les perspectives de retraite notamment quant à l'âge du départ, la difficulté et la dureté des responsabilités et de leurs conditions, les logements et véhicules de fonction, les avantages annexes, monétaires ou non, l'intensité réelle dans l'accomplissement des tâches et « l'épanouissement » (oh, que c'est subjectif !) que l'on peut – et souhaite – y trouver.

Une véritable « usine à gaz » que bien peu sans doute veulent aborder puis analyser, chacun essayant, pour beaucoup sans succès, de trouver une « niche » satisfaisante, ce qui est de moins en moins simple dans notre société.

Mardi 30 septembre

Et en matière agricole ? Je me souviens du contenu de ma première tribune libre écrite pour « Mayenne-Républicain » il y aura bientôt 50 ans, sous le titre « La parité en agriculture ».

Je n'y faisais étalage, comme tous sur le sujet, que de l'égalité de revenu – et l'on sait qu'elle est sujette à caution – mais en insistant toutefois sur le fait qu'il fallait aussi tenir compte du temps consacré et du capital investi, ce qui est plus que jamais vrai avec la financiarisation de l'agriculture moderne.

Mais peut-on comparer des situations qui ne le sont pas ? Le chef d'entreprise agricole, comme on dit aujourd'hui, est-il comparable au contrôleur SNCF, à l'enseignant, au vendeur au sein d'une grande surface, à l'artisan-boulanger ou à l'infirmier ? Je ne le pense en aucune façon : il travaille nettement plus et avec continuité, ne dispose pas ou presque de vraies vacances, engage dangereusement, en élevage surtout, ses capitaux, jouit d'une liberté de faire, d'un logement gratuit ou bon marché ainsi que de produits issus de son potager ou de ses petits élevages. On dira qu'il y a le cas des purs « céréaliers »... Certes, et l'on rejoint la question mal perçue de l'énorme diversité des revenus.

La véritable question est celle de la décence du niveau de rapport face au travail fourni et aux capitaux immobilisés. C'est hélas celle de la disparition si rapide des « petits » et de tous celles et ceux qui ne veulent plus vivre si contraints – mais en théorie libres – en tant de domaines.

Mercredi 1er octobre

Depuis la terrasse, je regarde le soleil décroître rapidement sur l'horizon quand j'entends aux églises de La Pallu et Saint-Calais sonner l'angélus. Il est donc 19 heures, ou plutôt « *7* heures » à la campagne.

J'aime ce moment : les cloches commencent par indiquer l'heure puis tintent d'abord joyeusement avant que d'expirer dans ce que je ressens être comme un abandon consécutif à l'amplitude de plus en plus faible de leur mouvement.

En l'entendant et surtout en l'écoutant, mon esprit s'évade de suite vers « L'angélus de Millet » qui nous montre des paysans au champ, recueillis et sur le départ vers « la soupe » car ce moment correspondait à la fin du travail quotidien. « Lever avec les coqs, coucher après le frugal repas du soir » comme on aime à dire.

Des reproductions de cette belle œuvre ont longtemps orné les murs des salles de classe des écoles au voisinage d'un portrait d'Antoine-Augustin Parmentier présentant des pommes de terre et d'images de Charlemagne et de Roland à Roncevaux. Quelques valeurs cardinales de la Troisième République aujourd'hui diffuses dans la mémoire collective !

Nos jeunes enfants savent-ils encore à quoi correspond l'angélus ? Connaissent-ils même le mot ? On peut en douter. Sonnera-t-il encore longtemps dans nos campagnes ? Déjà nos clochers ne sont plus mis à contribution la nuit, ce qui se comprend pour des raisons de repos et par le fait que chacun dispose de sa montre, son réveil et son portable.

Quant au travail des champs, il n'est plus borné depuis longtemps par des croyances et des contraintes morales. La motorisation et la mécanisation ont tout bouleversé… et ce sera de plus en plus le résultat au bon moment qui primera, efficacité économique oblige !

Jeudi 2 octobre

Même si le temps reste assez beau pour la saison, le potager a pris des airs d'automne. Qu'y reste-t-il ?

Des poireaux surtout. Comme ceux d'été végètent, j'accélère leur consommation et je fais des dons à mes commissionnaires. Leur feuillage présente par endroits des spores de rouille et je ne tiens pas à ce que la variété d'hiver, située plus loin, soit également attaquée. Elle progresse bien et je procède à un nouveau buttage afin de blanchir davantage les fûts.

Les carottes sont assez belles mais ne grossissent plus guère. J'en mange régulièrement.

Les mâches se sont bien, quoiqu'irrégulièrement, développées. J'attends d'avancer en saison pour opérer des prélèvements car je n'aurai alors plus d'autres salades. Pas de problèmes particuliers ou autres avec les condimentaires : persil, cerfeuil et sauge sont exubérants ; la ciboulette commence à pouvoir être récoltée et la bouture de romarin vient de produire de grandes pousses.

Côté fleurs, les cosmos sont splendides, atteignant jusqu'à 1,5 m, et les reines-marguerites opulentes. L'ensemble fournit des taches denses et colorées qui surprennent en arrivant du sous-bois. Je regrette seulement de ne pas avoir élargi une palette trop restreinte. Il en va de même pour les légumes, tomates et cucurbitacées qui auraient sans doute également prospéré. À essayer, donc.

Et puis, parmi les divertissements, il y a le petit coin dédié au sarrasin. Arrosé quand il le fallait, il dépasse le mètre et fleurit encore abondamment. Mes abeilles le fréquentent en permanence.

Vendredi 3 octobre

En établissant l'année précédente la liste des objets à inclure dans mon repaire, j'avais rejeté l'idée d'apporter un appareil permettant d'entendre des « CD ». Pourquoi ? Je me disais alors qu'écouter des sons étrangers au lieu, mais surtout des voix d'interprètes connus, romprait mon isolement. Je ne voulais pas recevoir de nouvelles du monde alors il ne fallait pas que je dispose de ce lien.

Il se serait agi de musique dite classique avec Vivaldi, Bach et Mozart en bonne place, d'accordéon de type musette et de chansons françaises dont celles de Brel, Aznavour et Ferrat, sans oublier mon opéra fétiche « Madame Butterfly ».

Après neuf mois de présence, cette absence m'a manqué surtout dans les premiers temps aux journées si courtes. Il m'arrive encore, le soir surtout, de regretter un fond sonore lorsque j'écris.

Je demeure cependant partagé : la solitude que je désirais devait être aussi stricte que possible – preuve en est le malaise dans lequel je me trouve en cas de visite ciblée sur ma présence – et constituer un retrait du monde. C'est ce que je pense encore essentiel. Mais, dans le même temps, je regrette un peu ces sonorités connues et aimées qui auraient certes constitué une entorse à ma règle de vie, une entorse cependant légère car maîtrisée. Et qui me dit que, si j'avais fait ce choix, j'aurais exercé la possibilité qui m'aurait alors été offerte ? Ce n'est pas certain.

Samedi 4 octobre

Matinée consacrée par mon voisin agriculteur à son semis d'orge d'hiver. Une opération qui eût été faite de bonne heure il y a quelques années mais qui aujourd'hui est tout à fait dans la norme, les expérimentations montrant toutes un lien fort entre précocité du semis, installation rapide avant l'hiver et rendement en grain et en paille. Il ne mettra pas longtemps pour ensemencer ses cinq hectares avec son large semoir.

Au loin j'en aperçois un autre qui fait de même, probablement avec du blé car il a récolté de l'orge cet été.

Et pourtant, chacun sait que ces pratiques d'implantation de céréale sur céréale – à paille – sont dangereuses au niveau des maladies, ravageurs et adventices, avec spécialement tout le cortège des champignons du pied auxquels on offre un boulevard pour leur maintien et leur développement. « On traitera » est la réponse.

Voilà d'ailleurs pourquoi le colza d'hiver a connu un tel succès jusqu'ici : il permet de rompre les cycles précédents en fournissant une tête de rotation à laquelle succéderont un blé puis une orge ou encore un second blé. Malheureusement les rendements demeurent bien fluctuants, mais en moyenne rémunérateurs, et les questions parasitaires propres sont souvent aiguës et accentuées par l'extension de la culture et donc la proximité induite des parcelles.

L'avenir qui est délibérément à la réduction des traitements phytosanitaires montrera s'il y a ou non impasse. D'autant que la survenue de maladies dites « réglées » par l'amélioration des plantes pourrait devenir réalité comme dans certains pays méditerranéens et moyen-orientaux.

Dimanche 5 octobre

Branle-bas matinal des chasseurs en ce troisième dimanche de la saison.

Dès le lever du soleil, un ballet de « 4x4 » aborde le chemin de desserte et laisse des personnes qui se postent en ligne : il s'agit donc d'une battue « au gros », très précoce, dans la forêt de La Croix-Guillaume.

Je vaque à mes occupations habituelles avec les soins au poulailler et au clapier et mon tour d'inspection du potager. Entre les arbres, j'aperçois les véhicules tout-terrain garés à l'entrée de l'ancien petit pré. Je reviens par le chemin et essaye de nouer une conversation élémentaire avec ces chasseurs harnachés, munis de petites trompettes et dotés de fusils cassés. Personne ne me répond ou presque et je vois à leur expression entendue et à leur visage goguenard qu'ils ne veulent pas tenir compte de ma présence. J'arrive au dernier, posté à hauteur de ma résidence, et lui demande comment va se dérouler la battue : il consent à me répondre sobrement mais en m'indiquant que la partie démarrera de « l'étoile » et des chemins qui se dirigent vers l'est et l'ouest et que les éventuels animaux rencontrés, des chevreuils probablement, seront rabattus vers l'ancien château puis vers la descente, d'où leur présence en ce lieu.

Je lui fais remarquer que le bois dont il garde l'issue est ma propriété. Il se contente de répondre qu'on lui a dit d'être ici. La matinée se passe sans bruit ou presque sauf deux coups de feu avant midi. J'entends très vite les trompes puis, installé sur la terrasse, j'aperçois quatre chevreuils filant à toute vitesse à travers la parcelle récemment ensemencée. Ceux-là au moins auront réussi à s'échapper.

Peu après, des bruits de moteur accompagnent les véhicules qui repartent un à un. Pour aller déjeuner ? Personne ne revient au cours de l'après-midi.

Lundi 6 octobre

« Vous ne pouvez plus vous rappeler pourquoi vous agissez ainsi mais c'est sans importance parce que le monde s'efface, le monde tout entier », Jérôme Ferrari, Le principe.

Je fais mienne cette phrase de l'auteur de l'ouvrage consacré à l'immense physicien allemand Werner Heisenberg. Après trois-quarts d'année d'isolement et avec une volonté délibérée de ne pas être au contact des « nouvelles du Monde », je ressens que les contours de ma vie d'avant commencent à sérieusement s'estomper. Un peu à l'image de ce qui nous arrive lorsque l'on quitte un lieu pour un temps de vacances et qu'on oublie très vite les contraintes du quotidien. Au retour, on se dit que la plupart étaient superflues, au moins à relativiser, et que notre absence n'a pas changé grand-chose. Et encore est-on entouré et au fait de ce qui se passe.

Ici, il y a et la durée et la solitude absolue. J'avoue ne pas réfléchir, ou presque, à tout cet environnement que j'ai quitté et qui ne me manque pas. Mes seules pensées tournées vers ma vie d'avant sont consacrées à ma famille dont j'imagine facilement les activités. J'ai de même mis un trait sur ce qui me restait d'occupations professionnelles, c'est-à-dire académiques ; elles referont surface en temps venu. Seule concession bien sûr, ce qui est déplaçable, c'est-à-dire la lecture et l'écriture. Quelle merveille de rêver ou rêvasser si souvent à ce qu'on va mettre sur le papier dans la journée ou plus tard !

Oui, l'extérieur s'estompe vite, son intérêt se réduit et je ne me sens plus concerné.

Mardi 7 octobre

En regardant cet après-midi sous le soleil redevenu radieux les poteaux qui supportent ma terrasse, je me dis qu'il s'agirait d'un lieu adéquat d'implantation d'arbres dont les produits nécessitent de la chaleur et une protection en fin de végétation.

Cette idée est loin d'être originale, des générations de paysans y ont pensé avant moi et beaucoup de vestiges en témoignent.

Dans la région, on trouve ainsi le poirier à fruits « de table », le figuier à drupes vert-jaune à maturité et la vigne à grappes « blanches ».

À Lignières, dans ma proximité immédiate, la maison de mon oncle porte depuis toujours un grand poirier qui ne grossissait d'ailleurs plus, conduit plein sud en espalier, jamais malade et produisant de délicieuses poires rouge foncé, de taille modeste à maturité. Chez un voisin, exposé à l'ouest, un figuier produisait chaque année. Moi-même ai planté plein sud du « Chasselas doré de Fontainebleau » il y a près de 50 ans, rarement malade et à la production savoureuse mais irrégulière, et plus récemment un figuier « d'Argenteuil » qui fructifie chaque été, puis modestement à l'automne.

Sur Lignières, ces deux arbres – plutôt arbuste pour le second – sont présents sur la plupart des murs bien exposés des hameaux comme à La Vannerie. La vigne est plus rare, souvent couverte d'oïdium et de mildiou dès l'été.

En descendant vers Saint-Calais, sur le coteau exposé plein sud, les treilles sont très nombreuses, et en bon état sanitaire. Je me suis parfois posé la question de leur diversité génétique. Population de pays sans doute, à produits blancs, vestiges des vignes cultivées il y a longtemps pour le vin de messe et les besoins familiaux ?

Mercredi 8 octobre

« Mon Dieu, c'est tellement beau ! Jamais je ne pourrai partir », Jérôme Ferrari, Le principe.

Les jours défilent vite et je commence à appréhender l'échéance de mon départ qui se rapproche. Je suis d'ailleurs « fait comme cela » : j'aime la stabilité des lieux où je me trouve et dès que je sais que je dois les quitter, j'y pense et je m'inquiète des tâches à réaliser avant et de devoir partir, « laisser », même si c'est pour peu de temps, par exemple une quinzaine de jours de vacances.

Alors ici ! Après une longue permanence avec les contraintes que je suis seul à m'imposer, c'est une autre affaire.

L'essentiel est cependant ailleurs. Ce milieu qui m'entoure, me caresse et me protège est d'une beauté incroyable. Je l'ai toujours pensé « avant » mais la vie continue que je mène ici a multiplié mes sensations heureuses et apporté l'osmose que j'imaginais, sans croire à quel point elle serait puissante.

Plus j'avance en présence, plus ma complicité avec ce milieu est forte, plus je le sens et le ressens, plus il m'imbibe et me réjouit, plus les rayons du soleil qui me parviennent sont chauds et chaleureux, plus la grisaille et la pluie sont perçues autrement, comme des parenthèses nécessaires apportant des sensations complémentaires, plus la végétation qui me touche est mon amie et plus il m'arrive de lui parler et de croire entendre ses réponses.

En un mot, j'estime ne plus être un intrus mais un compagnon ou plutôt une composante de ce milieu si divers qui m'a accueilli et me comble.

Jeudi 9 octobre

Au moment où j'ai commencé à envisager concrètement mon installation à La Croix-Guillaume, deux alternatives à mon choix final furent évoquées.

La première était une caravane avec un auvent suffisamment vaste et la seconde un « camping-car ». Comme je ne possédais ni l'un ni l'autre, il m'aurait fallu procéder à un achat, d'un coût modeste vu les marchés de l'occasion.

Ces solutions étaient en compétition avec celle finalement retenue : la construction d'une cabane en bois avec terrasse, le tout à l'endroit en pente selon moi idéal pour être en retrait de la limite du terrain et à la vue qui me paraît être la plus belle.

Si je n'ai pas choisi l'une des deux premières solutions, c'est pour des raisons qui m'ont semblé rédhibitoires.

Installer un engin roulant de l'encombrement de ces deux véhicules suppose de trouver un endroit à peu près plat et accessible, ce qui m'aurait contraint à ne pas avoir de vue lointaine, à moins d'abattre beaucoup trop d'arbres.

Ensuite, mon installation électrique ne pouvait être montée qu'en un lieu suffisamment dégagé pour accéder au vent et à la lumière. Dans le même ordre, la récupération d'eau de pluie supposait un vrai et assez grand toit pour ne pas être anecdotique.

Enfin, c'eût été renoncer au feu de bois, ce que je ne pouvais envisager...

Mais, au-delà de ces difficultés techniques, les obstacles essentiels étaient éthiques : je ne voulais pas d'une sorte de campement éventuellement mobile, au moins portant en lui une idée de déplacement et de temporaire, et il fallait que je me fonde dans le milieu qui allait me recevoir, à la manière de ses habitants.

Le choix fut en conséquence vite fait.

Vendredi 10 octobre

Vaquant à mes occupations au potager, je suis surpris d'entendre braire à quelque distance. Par curiosité, je m'approche du chemin et aperçois un couple d'une cinquantaine d'années marchant d'un pas alerte, un bâton à la main et escortant un âne flanqué d'un bât chargé de chaque côté de quelques sacs de taille différente.

Je me dirige vers eux et engage la conversation puis je leur propose de venir prendre un café, ce qu'ils acceptent malgré la surprise que je devine sur leur visage. L'animal est vite attaché à un arbre et j'installe mes deux compères de rencontre sur la terrasse pendant que je prépare la boisson promise.

Ce couple me raconte avoir beaucoup « bourlingué » dans sa vie, d'abord pour des raisons professionnelles avec des emplois en Asie et en Afrique du Nord, puis être revenu en France pour occuper des « petits boulots » car, sans enfants, ils veulent rester libres. De temps à autre leur vient une idée d'activité originale. Ainsi ont-ils décidé de quitter il y a trois semaines, et malgré la saison, leur village situé près d'Amiens dans la Somme, où ils disposent d'un pré accueillant leur âne, pour un périple qui devrait les mener jusqu'à la Vendée, avant un retour par les côtes bretonnes... si le temps le permet. Pour arriver jusqu'ici, ils ont longé la vallée de l'Oise puis traversé l'Eure, gagné l'Orne et aujourd'hui la Mayenne. Ils disposent de cartes à bonne échelle et essaient de ne pas emprunter trop de voies revêtues.

Ils m'interrogent un peu sur ma vie isolée avant de reprendre leur chemin.

Il arrive de faire de surprenantes rencontres dans ce pays du Désert !

Samedi 11 octobre

Au long des routes de nos campagnes – ainsi que dans les bourgs où n'y a pas encore eu « enfouissement » - le réseau téléphonique filaire est dense, chacun ou presque étant ainsi relié au monde extérieur, même si la quasi-généralisation du portable induit une diminution des raccordements.

Qu'en sera-t-il dans l'avenir ? Avec les immenses progrès dans la qualité des relations hertziennes et aussi grâce à leur multifonctionnalité, on peut légitimement douter d'un futur radieux en ce domaine.

Toujours est-il que le réseau existe, avec sa grande densité et une « beauté » à laquelle on ne s'habitue jamais.

Dans un pays autant boisé que la France et avec des prélèvements qui n'atteignent pas la moitié de la croissance biologique, on ne peut qu'être surpris, voire scandalisé, par l'utilisation très large de poteaux métalliques pour supporter les fils. Il y a quelques dizaines d'années ce choix apparaissait comme s'inscrivant dans la modernité par rapport à ceux en bois dégoulinant de produits noirâtres de conservation, et qui avaient pourtant fait leurs preuves en matière de résistance, de durabilité et de flexibilité.

Le monde avait changé... et en plus les oiseaux se faisaient piéger par l'orifice terminal.

Il est vrai que, depuis quelques années, les remplacements sont faits le plus souvent en bois, aujourd'hui traité avec des produits cupriques qui accroissent notablement sa durée de fonctionnalité. C'est une bonne chose, également pour une meilleure inscription dans les paysages.

Souhaitons que, vu les besoins, il ne nous faille pas importer la matière des pays scandinaves à l'image de beaucoup de résineux nécessaires à notre économie, alors que nos ressources sont si élevées !

Dimanche 12 octobre

À l'époque pas si lointaine où l'agriculture était centrée sur la cellule familiale et utilisait toute la main-d'œuvre disponible pour des travaux essentiellement manuels, le faible rapport, en dépit d'un travail long et souvent pénible, conduisait à valoriser toutes les ressources végétales et animales disponibles.

Dans nos contrées d'élevage, on n'aurait pas laissé perdre le « regain » des prairies de fauche soit en le faisant pâturer, le plus souvent, soit en opérant une seconde coupe.

Maintenant, on ne parle – on est obligé d'agir ainsi pour se maintenir dans la course – que rentabilité de chaque pratique, ce qui conduit à renoncer à certaines car leur rapport en proportion de leur coût n'est pas en faveur de l'action. D'où des parcelles, souvent exiguës et peu commodes d'accès, qui ne sont plus fauchées et repartent à la friche rapidement arborée, terrains qui ne seraient jamais restés sans preneur il y a même vingt ou trente ans.

Et dans ce contexte, s'ajoutent l'abattage puis l'arasement des haies pratiqués par ceux… qui défendent le bocage… chez les autres !

La « pression » est mise en permanence pour « gagner », au moins si l'on veut rester compétitif !

Je me souviens d'un repas récent chez des amis auquel participait un agriculteur du voisinage qui a passé tout le temps de son déjeuner à utiliser son téléphone portable pour être tenu au courant du marché boursier du blé car il avait vingt tonnes de grain à vendre.

Qui prétend que l'agriculture a encore des spécificités ?

Lundi 13 octobre

Dans un ordre d'idées semblable, la séparation statistique entre exploitations professionnelles et autres a rendu l'usage des terres de la seconde catégorie difficile pour leurs propriétaires non exploitants.

Lorsque vous possédez, comme c'est mon cas, sept hectares de prés dont vous voulez conserver la jouissance et décider de l'avenir, vous n'avez pas beaucoup de solutions pour les mettre en valeur quand vous ne pouvez pas le faire vous-même par absence de matériel adapté.

La première solution consiste à donner à bail, ce qui vous retire toute liberté. Et même si ce contrat est « à titre gratuit », le résultat en est le même.

La seconde est de vendre l'herbe sur pied, moyennant compensation ou non (don). Même dans cette dernière hypothèse, il faut changer de preneur chaque année au risque d'une action en requalification du contrat.

Pendant des années, j'ai opéré ainsi et sans contrepartie, si ce n'est un entretien de fait. L'an dernier, j'ai à nouveau cherché une personne intéressée, mais sans aucun succès… malgré les vingt à vingt-cinq tonnes de foin « gratuites »… sauf le coût de la réalisation des opérations.

Je me suis donc replié sur une troisième alternative, celle de faire « broyer » ce qui signifie détruire les récoltes à venir. Un prestataire de service du voisinage viendra désormais trois fois par an, en mai, août et octobre et me rendra, en une quinzaine d'heures au total, des parcelles propres, belles à voir et sur lesquelles ne pèsera pas de doute quant à un droit, perpétuel, d'exploitation.

Changement d'époque ! Ce qui me gêne, c'est cette destruction de la production pour pouvoir conserver son bien. Et chacun sait que les besoins sont pourtant si grands...

Mardi 14 octobre

Avec la tendance marquée, et à mon avis durable, à l'extension des surfaces de production végétale dans nos régions herbagères, c'est une partie sensible de l'économie locale qui risque d'être bouleversée. Certes, il y a longtemps que la plupart des exploitations n'emploient plus de salariés, se contentant d'avoir recours à des stagiaires, voire à des saisonniers... difficiles à trouver et à fidéliser.

Ce qui compte pour l'emploi sur place et dans un rayon de 30 km, c'est que le lait et les viandes induisent beaucoup d'activités quant à la fourniture d'intrants et à l'abattage et la transformation des produits. Avec plein de métiers commerciaux, dont de négoce, associés.

Avec l'extension continue des céréales à paille et des oléo-protéagineux, le risque est grand d'aboutir à un « monde silencieux » ou plutôt actif quelques mois par an seulement et muet le reste du temps. Il n'y a qu'à constater ce qui se passe en Beauce pour s'en persuader.

Nous n'en serons peut-être jamais là, du moins je l'espère, compte tenu des structures et du climat, mais il y a de grandes chances pour que ne demeurent que quelques ateliers à taille accrue de production laitière ou de viande, à côté de fermes de polyculture à laquelle ne sera plus accolé le terme élevage, et qui seront progressivement regroupées.

Le tissu induit s'effilochera en conséquence...

Mercredi 15 octobre

Le beau temps de cette arrière-saison n'en finit pas et c'est tant mieux. Mais les nuits récentes sont devenues bien fraîches et j'admire, ce matin, lors de mon tour habituel, les jaunes intenses et roses légers des érables champêtres, peu nombreux mais qui forment par endroits un sous-étage ne dépassant pas deux mètres. D'autant que des rais du soleil matinal en atteignent certaines parties... vite déplacées à cause de sa course apparente devenue si rapide.

C'est aujourd'hui que je me rends compte ici de l'automne, protégé que j'en étais par les conifères de mon environnement immédiat et des hauteurs voisines.

En fait, je faisais une exception avec les nombreux châtaigniers qui jaunissent beaucoup et irrégulièrement dès la seconde partie d'août même s'ils n'ont pas vraiment manqué d'eau cette année ! Maintenant, le sol est déjà jonché de leurs feuilles d'un brun très clair uniforme qui craquent et volent un peu lors de mon passage.

Cette année, la chute des bogues aura été précoce et est presque achevée. Je dois d'ailleurs terminer mes récoltes commencées il y a deux semaines. Ici, en plein bois, les fruits ne sont jamais bien gros mais comme ma glane représente malgré tout quelques kilos, j'entrevois les soirées, maintenant obscures, au cours desquelles je sentirai leur odeur de terroir et entendrai quelques éclatements lorsqu'elles cuiront sur mon poêle. Et comme je dispose encore d'un peu de cidre, ce sera un régal qui suffira à mon dîner.

Jeudi 16 octobre

Changement de temps ! Il a beaucoup plu cette nuit et toutes les odeurs typiques de l'automne envahissent le sous-bois. Elles sont indéfinissables en ce sens qu'elles sont un mélange résultant de la végétation de surface et du sol avec toutes les décompositions en cours...

Des forêts du voisinage émanent des odeurs comparables et il suffirait que je me trouve dans l'une d'entre elles pour que je reconnaisse ma région, mais avec une touche spécifique à tel ou tel lieu.

Ainsi, je suis certain que, conduit les yeux bandés et les oreilles obstruées à La Croix-Guillaume, je retrouverais non seulement mon terrain, mais aussi ses différentes parties bien que non aidé alors en cela par les bruits du sol sous mes pas.

Ce parfum est puissant et envoûtant – en tout cas il m'envoûte – et je serais curieux de connaître sa composition. Mais est-ce nécessaire, car mieux vaut profiter de cette résultante si suave que d'avoir une analyse qui servirait d'ailleurs on ne sait à quoi ?

Une légère brise souffle. Est-ce elle qui ajoute des odeurs de champignons ? Peu après, je tombe face à un groupe de lactaires récemment sortis et dont la coupelle est remplie d'eau. Ils n'ont subi aucune attaque de limaces pour l'instant. Aussi j'en profite pour les récolter. Je connais maintenant mon menu de ce midi !

Vendredi 17 octobre

La réglementation sur les feux de végétaux est devenue de plus en plus contraignante et elle risque d'aboutir à une interdiction pure et simple, même pour les agriculteurs. Et pourtant cette pratique de « mise au net » est aussi vieille que l'agriculture et fait partie du paysage à la mauvaise saison. C'est d'autant plus vrai dans nos contrées aux si nombreuses haies et parcelles de bois éparses.

Il est bien certain que l'émission de fumée dérange et perturbe le voisinage et que l'opération n'est pas sans dangers, spécialement à l'automne et lors d'un début de printemps secs. En témoignent d'ailleurs dans la région des incendies de landes, bois et forêts qui ont trouvé leur origine dans cette pratique, par exemple en 1954 et à la fin des années 1990.

Mais la raison invoquée est tout autre et a trait à l'émission de gaz à effet de serre (GES). Les végétaux constituent des réservoirs (« puits ») de carbone et celui-ci est en effet libéré dans l'atmosphère quand on les brûle. Et le gaz carbonique induit vient renforcer ce qui se trouve au-dessus de nos têtes. C'est pourquoi il est demandé de laisser « pourrir »... et donc de libérer graduellement le carbone emprisonné, tout en augmentant la matière organique du lieu où les coupes sont entassées. Une recommandation louable mais qui aboutit pour le gaz carbonique à un résultat similaire cependant échelonné.

Il n'en va pas de même pour les oxydes d'azote moins relargués en conservation longue des débris que par combustion rapide.

Pour les gros chantiers, une alternative est proposée, celle du déchiquetage, c'est-à-dire de la fragmentation (« bois raméal fragmenté ») et de l'utilisation du produit comme couvert et surtout en tant que combustible dans les appareils de chauffage à bois. Le bilan énergétique n'est cependant pas fameux car il faut préalablement broyer, souvent à partir de la force de moteurs à énergie fossile...

Ces pratiques ont fait naître des tas de contestations, y compris scientifiques. Toujours est-il que la réglementation en évolution rapide va modifier bien des habitudes traditionnelles et millénaires.

Samedi 18 octobre

« ... je commençais à comprendre que la meilleure chose pour moi, c'est d'aller vivre là où ce n'est pas vrai », Romain Gary (Emile Ajar), La vie devant soi.

Je repense assez fréquemment à toutes les hésitations qui ont précédé ma décision de m'établir ici sur une longue durée... Dans un tel cas il y a tout ce qui est rationnel : la famille, l'absence longue, la vie coupée du monde et ce qui l'est moins comme la crainte des conditions à affronter, les dangers voire l'ennui. Le long mûrissement que je me suis accordé étant en fait accolé à une décision déjà prise. Il en va d'ailleurs ainsi sans doute pour tous ceux qui envisagent une situation en rupture comme les navigateurs au long cours, les marcheurs de longue durée ou qui décident tout simplement de changer de vie.

Sinon, on ne fait rien.

Ce qui m'a surpris, ce sont les réactions des personnes avec lesquelles j'en discutais alors et qui ne mesuraient pas bien, selon moi, l'écart de vie que j'allais m'infliger. Un écart modeste géographiquement parlant mais une différence importante avec ce projet de solitude... même si la « civilisation » se trouve à moins d'un kilomètre de ma cabane. Ce qui comptait pour ces personnes, c'était bien le grand changement auquel elles avaient peut-être pensé un jour sans vouloir – ou pouvoir – le concrétiser.

C'est en ce sens que les projets « nouveaux » ont de l'importance même si la plupart pensent – hélas – qu'ils ne sont pas possibles. Ceux qui les mettent en action ne le regrettent quant à eux jamais.

Dimanche 19 octobre

Le vent est à l'est - sud-est, le ciel d'un bleu intense, inhabituel en cette saison. Tout annonce une très belle journée, avec déjà 20° en milieu de matinée. Le tour étant effectué, je décide de consacrer mon temps à du farniente sur la terrasse bien éclairée, la course du soleil étant beaucoup réduite.

Ce sera sans doute l'une des dernières – la dernière ? – à être aussi agréable depuis mon ermitage.

Aussi, je décide de déjeuner, lire un peu et surtout rêvasser face à l'astre lumineux. Un très léger vent agite les feuilles des chênes encore bien vertes mais de plus en plus teintées de rouille qui se trouvent en bas de mon horizon. Les grandes fougères aigles, prématurément roussies, ploient puis se redressent : elles ne seront bientôt plus qu'un souvenir après que quelque forte rafale les aura aplaties définitivement. Il y a quelques craquements de branches qui s'entrechoquent et les bruits mats des feuilles de châtaignier atteignant le sol après avoir virevolté.

Mais la nature semble déjà assoupie ou plutôt en pré-sommeil. Ils sont bien loin les bruits joyeux et clairs de la renaissance du printemps !

J'accompagne des yeux le soleil qui finit son parcours après Neuilly-le-Vendin : il est solitaire, sans nuages escortant son coucher qui se contente d'être jaune bleuté. La fraîcheur du moment me rappelle à la réalité...

Lundi 20 octobre

Un coup de feu retentit en contrebas puis des véhicules tout-terrain montent vers mon bois et s'arrêtent un peu plus loin. J'ai compris pourquoi : il s'agit d'une chasse au gros gibier – avant tout chevreuil et sanglier – sur le domaine forestier de La Croix-Guillaume dont la limite à l'est immédiat est mon modeste territoire. Il doit y avoir encore beaucoup de « bracelets » disponibles en cette fin de premier mois d'automne et les invités seront nombreux.

Mais pourquoi cette arrivée de chasseurs par l'ouest ? Tout simplement pour « récupérer » hors des limites les animaux qui ne manqueront pas de fuir la battue. Et en restant postés sur le chemin rural, il n'y a aura qu'à bien viser...

Une mauvaise journée pour moi car je vais me trouver jusqu'au soir entre les tirs croisés de ceux qui ne veulent pas perdre le résultat de leurs recherches et les autres, bien décidés à ramasser la mise avec peu d'efforts.

La matinée est émaillée de peu de bruits sauf ceux des chiens qui paraissent loin, probablement au centre du massif. L'après-midi, elle, est ponctuée de fréquents appuis sur les gâchettes.

Quand le soleil a déjà décliné fortement, j'entends des bruits pressés au nord de la cabane : trois chevreuils fuient à toute allure, peut-être rescapés d'un groupe plus important ; ils franchissent le chemin au pied de la brutale montée et ne sont pas vus par les attentistes qui n'ont pas osé aujourd'hui se poster près de mon domaine. Peu après, ils redescendent, peut-être sans cuissots à se séparer.

Mardi 21 octobre

Conseiller municipal « absent excusé » pendant neuf mois, je n'oublie cependant pas de penser à la vie de ma Commune sur laquelle je me trouve à son extrémité sud-ouest.

N'étant, là aussi, informé d'aucune affaire, j'en suis réduit à faire certaines suppositions. Il en va ainsi de la tenue du traditionnel « repas des Aînés » offert aux habitants de plus de 70 ans qui le souhaitent par le Centre communal d'action sociale, et tenu au cours de la seconde quinzaine d'octobre.

Je trouve que cette habitude, qui heureusement perdure, est une excellente chose, d'abord car elle est un trait d'union entre le Conseil, les Jeunes qui servent et les personnes âgées qui ont beaucoup contribué à faire ce que le village est aujourd'hui. Ensuite, c'est une journée de gaieté pour tous et notamment celles et ceux, désormais seuls, qui vivent retirés, parfois au fin fond des hameaux et qui reçoivent bien peu de visites si ce n'est celle du facteur… et encore pas tous les jours !

Après un repas agréable au cours duquel sont évoqués nombre de nouvelles, de « bruits » et surtout de souvenirs, des « histoires » sont narrées au dessert puis des chants occupent l'après-midi. L'ambiance est joyeuse, d'autant que l'un des convives – il change chaque année – a apporté une bouteille de « goutte » et qu'il a fait avec elle le tour des tables. Des photographies permettent de conserver le souvenir de la journée, dont celle du maire du moment entouré de la doyenne et du doyen de cette assemblée.

Une composante non négligeable de vie commune.

Mercredi 22 octobre

« La contemplation des paysages est ce qui nous révèle le mieux » (Poésie japonaise, citée par Amélie Nothomb, « Pétronille », 2014).

Au cours de mon année solitaire, combien d'heures aurai-je passées à contempler la Haute-Mayenne, par tous les temps et sous tous les ciels, bleus ou gris uniformes, nuageux, menaçants, enflammés et si changeants ?

J'ai toujours été un amoureux des paysages, témoignages précis des rapports entretenus par les hommes avec leur milieu.

Ici que d'ondulations, pas toutes molles, que d'arbres qui font penser à une vaste forêt entrecoupée de clairières et que de villages épars blottis autour de leur église ! On perçoit bien d'ailleurs en observant ainsi, la réalité du mot « paroisse » à des époques où la vie obligeait au rassemblement pour les besoins qui ne pouvaient être pourvus par soi seul. Une réalité qui a duré dans cette contrée un millénaire et qui perdure sous la forme de villages ouverts et reliés au monde en mouvement, à ceux aussi du travail et des distractions.

Il est bien vrai que l'individu trouve son propre effet dans le paysage. Présentez le même à plusieurs personnes puis demandez-leur de l'exprimer sans concertation entre elles : vous serez surpris par le résultat et la diversité des appréciations, reflet du populaire « Il faut de tous les avis pour faire un monde ».

En cette matinée copieusement ventée, les gros nuages porteurs de pluies à venir défilent, se dispersent et modifient sans cesse la lumière dans leur projection, créant de multiples paysages.

Jeudi 23 octobre

Dans un peu plus de deux mois, je quitterai mon domaine et cet avenir commence à m'inquiéter.

Je me remémore à ce propos les magnifiques phrases de Dostoïevski qui, condamné à mort, ne savait pas qu'il serait gracié à la dernière seconde. Quand il raconte ensuite son expérience face au peloton d'exécution, il évoque « les instants qui s'allongent jusqu'au vertige, la beauté insensée des moindres choses, les yeux qui s'ouvrent enfin à ce qu'il faut voir ».

Jusqu'à présent, j'avais dit au revoir aux saisons mais pas pris congé des mois. Maintenant, je sens l'accélération en route, même si l'arrivée de la « mauvaise saison » comme on aime à dire – mais dont je réfute le caractère négatif –, devrait m'inciter à ressentir moins de regrets.

Ces dix mois passés ici ont été pour moi d'une exceptionnelle richesse et densité, sans le moindre ennui, au moins après les quelques journées qui ont suivi mon retrait du monde. Aujourd'hui, je redoute de plus en plus le terme à venir. Comme dans la vie courante en société, on s'intéresse à nos urgences lorsqu'on sait que l'on va partir, sinon « on a toujours le temps de faire » car celui-ci nous paraît infini.

Il me reste beaucoup à œuvrer, à penser, à réfléchir, à écrire, à observer et à contempler surtout.

Je vais essayer de suivre la pensée de l'auteur de « Crime et Châtiment » et ainsi mieux « voir » ce qui compte vraiment pour moi.

Vendredi 24 octobre

Midi approche et je suis en train de préparer deux filets de perche déposés ce matin par mes ravitailleurs. Ma porte est ouverte malgré la fraîcheur matinale, afin de chasser les odeurs.

J'entends plusieurs pas lourds sur mon escalier. Je sors et tombe nez à nez avec trois gendarmes venus jusqu'à moi. Quelle n'est pas ma surprise face à cette visite de la maréchaussée !

Je les fais asseoir sur la terrasse et leur propose un pommeau régional qu'ils acceptent volontiers.

La raison de leur venue n'est pas très claire : ils « passaient par là » et avaient su ma présence par un agriculteur du voisinage. D'où leur camionnette à l'entrée du chemin, près de la route de Couptrain.

En fait, ils sont venus par curiosité pour voir de près ce que pouvait être un ermite de près de dix mois en ces lieux austères.

Nous devisons de tout et de rien. J'évoque les braconniers de passage qui « ne les concernent pas » car il y a une autre instance pour cela.

On va se séparer quand ils me demandent, en faisant mine de l'avoir auparavant oublié, si je n'ai pas récemment aperçu X..., connu sur Lignières pour des faits de petite délinquance et qui se serait enfui du bourg sur son vieux cyclomoteur par des chemins impraticables par eux. Ma réponse est négative, d'autant qu'il aurait tout fait pour m'éviter même si ce qu'on lui reproche apparaît bien anodin.

Il est difficile aujourd'hui de vivre réellement isolé du monde...

Samedi 25 octobre

Début de soirée calme après une journée fort grise et quelques légères averses. Mais, vers 21 heures, je suis tiré de ma quiétude par le bruit fait au loin, bien au loin, par des pétards et des instruments de musique. Je gagne la terrasse : l'obscurité est profonde à cause d'un ciel sans étoiles.

En regardant en direction de La Pallu, je comprends ce qui se passe. La « renaissance » d'Halloween a incité à des fêtes automnales utilisant pour base les citrouilles, et cette commune perpétue maintenant ce rassemblement à vocation d'animation locale.

Sous l'égide de l'association s'occupant des chemins de randonnée – « La Sentine » –, les enfants sont invités l'après-midi à déployer leurs talents artistiques sur ces cucurbitacées. Le soir venu, les citrouilles, portant une ou plusieurs bougies, sont déposées au large d'un sentier qui grimpe vers le bois dominant le village. Le parcours est ainsi balisé et petits et grands y circulent alors en écoutant des histoires contées. Beaucoup de petites mains doivent serrer bien fort de plus grandes...

À l'arrivée au terminus, un feu de branchages est allumé autour duquel les présents chantent et dansent, avant que de se réchauffer avec une boisson.

Une autre façon de ressusciter nos fameuses veillées qui ont créé pendant tant de siècles liens et convivialité, et permis, le soir venu, de rompre le grand isolement de nos campagnes, à des époques où l'on n'avait ni voix ni images extérieures, et encore moins de moyens de locomotion individuels pratiques et fiables.

Dimanche 26 octobre

Le potager commence à prendre ses quartiers d'hiver : à part les « herbes » qui croissent bien lentement et demeurent mouillées toute la journée, demeurent en place les mâches, déjà bien développées car elles ont bénéficié des pluies d'août puis du magnifique temps de septembre et les topinambours dont les tiges atteignent pour certaines près de trois mètres mais commencent à noircir, signe de la maturité des tubercules.

J'avais installé trois variétés et sur de bonnes surfaces, persuadé de la réussite en ce milieu qui leur convient : une rouge-violacé « Violet de Rennes », que l'on trouve souvent sur les étals, une autre blanc-ivoire avec des reflets rouges, allongée et d'un goût très fin, et la troisième « Patate », arrondie, très productive et à la saveur délicate.

Aujourd'hui, je réalise ma première récolte en choisissant la seconde qui m'apparaît précoce et a abondamment fleuri en septembre : les tubercules sont magnifiques et trois coups de bêche suffisent amplement à un premier repas. Je vais les préparer recouverts de gruyère après les avoir fait cuire à l'eau une trentaine de minutes.

Il y a soixante-dix ans, les populations ne pensaient qu'à oublier topinambours, rutabagas et autres choux-navets qui leur avaient tant rendu service en ces moments de restrictions mais dont elles avaient été tellement rassasiées qu'elles ne voulaient plus même y penser.

Depuis les années 2000, c'est leur retour, spécialement dans les magasins « bio » mais pas seulement. Comme en matière de prénoms, on redécouvre les valeurs anciennes. En tout cas, je vais me régaler au dîner.

Lundi 27 octobre

Sous un ciel gris plutôt plombé, quelques gros nuages bas envahissent l'espace avant que de laisser la place à un soleil radieux qui durera jusqu'au soir.

J'ignore pourquoi mais j'établis un lien entre un cumulus bas et les panaches de fumée rejetés à quelque distance par les trains de jadis.

D'ici, j'aperçois – ou plutôt je peux facilement imaginer car je le connais bien – le parcours de l'ancienne ligne qui suivait souvent la vallée de la Mayenne entre Pré-en-Pail et Couterne avant de la poursuivre vers Domfront ou de bifurquer en direction de Bagnoles-de-l'Orne.

Il s'agit d'une voie unique à écartement normal, reliant Alençon à Domfront pour un total de 68,7 km, construite sous la direction de Fulgence Bienvenüe. Le tronçon qui nous intéresse a été ouvert le 26 mai 1881. Dans les années 1900, quatre omnibus reliaient chaque jour Alençon à Domfront, tandis qu'au départ de Couterne vers Bagnoles (6,8 km), il y avait au moins cinq navettes qui atteignaient Briouze et deux qui s'arrêtaient à La Ferté-Macé. Dans l'entre-deux-guerres, les omnibus furent complétés par des autorails. Peu avant la Seconde Guerre, le trafic, ayant beaucoup chuté, fut reporté sur route et seul subsista un train mixte par jour entre Couterne et Briouze. Mais, en février 1941, l'exploitation fut suspendue et la voie déposée. En revanche, entre Alençon et Domfront, un omnibus fut rétabli au début de la Guerre, remplacé ensuite par des autorails dont des modèles à gazogène à partir de 1944. Officiellement, cette partie de voie avait été fermée au trafic voyageurs le 15 mai 1938.

Après la Libération, le transport des marchandises est limité puis, à partir de 1971, le terminus devient Couterne et rapidement Pré-en-Pail. Entre ces deux localités, la voie, en bonne partie sous la végétation, a seulement été déposée pour la traversée des routes, par exemple à l'ancienne gare de Couptrain mais il en reste encore sur des axes étroits et peu fréquentés.

Des gares, souvent réaménagées, subsistent çà et là et sont devenues les seuls témoins visibles d'un passé qui a beaucoup contribué à « ouvrir » la région.

Chut ! J'essaie d'entendre le halètement des locomotives d'alors et les nombreux sifflets prévenant de l'arrivée des trains…

Mardi 28 octobre

Journée en partie consacrée à mes animaux.

Depuis quelques semaines, je suis déçu de ne plus manger d'œufs et mes pondeuses ne paraissent pas du tout enclines à reprendre leur production. Et pourtant rien ne leur manque car je leur fournis le grain nécessaire et toutes les verdures dont elles ont besoin avec ce bel automne qui produit beaucoup. Pourquoi ? La saison sans doute.

Depuis ma dernière récolte de miel – que de pots à offrir à mon retour ! – l'activité est devenue moins vive. Aujourd'hui, j'opère un traitement contre le varroa et sépare les hausses sans provisions de celles bien fournies au moyen d'une plaque de carton. Ainsi ce petit peuple pourra plus facilement se concentrer et se réchauffer lorsqu'il fera bien froid dehors.

Tour d'observation à l'étang : tout ralentit et j'ai beau jeter quelque nourriture, les carpes ne se jettent plus dessus. Il serait étonnant qu'elles soient déjà envasées car l'eau est à 15°. Je ne m'y suis pas baigné depuis la fin de la première quinzaine de septembre quand les 18° ne me faisaient pas trop hésiter à entrer dans l'onde.

Je tente ma chance en pêchant depuis le ponton. Que le soleil glisse vite maintenant, éclairant puis mettant à l'ombre ! Après une bonne heure d'attente, j'en suis à trois gardons dont un beau… tous vite remis à l'eau.

Quelques grenouilles ou crapauds me signalent discrètement leur présence… et la fin de l'après-midi. C'est le troisième soir « à l'heure d'hiver ». Dans une heure il fera nuit.

Mercredi 29 octobre

Tôt en matinée, j'entends le bruit d'un tracteur en contrebas accompagné d'un fond répété de hachage. J'observe : il s'agit du fauchage des talus le long de la route qui mène à Couptrain.

Une pratique devenue banale depuis une quarantaine d'années, faite d'abord sous l'égide du Syndicat inter-communal à vocation multiple et aujourd'hui de la Communauté de communes récemment élargie.

Chaque édile communal cherche à ce que les bas-côtés des routes de son village soient « nets » le plus tôt possible à la saison de grande pousse, mais, comme tous le demandent, il ne reste qu'à attendre son tour qui obéit à des règles quelque peu obscures…

Depuis que cette pratique a lieu, elle suscite deux réactions opposées. Ceux que l'on qualifie d'« écologistes » souhaitent qu'elle n'ait pas lieu… à tout le moins le plus tard possible pour laisser aller à graines la diversité végétale qui recouvre les talus. J'ai constaté par exemple que les primevères jaunes illuminant le printemps, souvent dès mars, régressent là où la coupe est précoce. D'autre part, ces bordures coupées ras sont beaucoup plus sensibles à la sécheresse et aux coups de soleil – à la manière de nos pelouses –, et qu'en conséquence faune et flore y évoluent vite... trop vite sans doute.

Et puis il y a tous les autres, dont une partie des mêmes, qui déplorent le danger routier associé aux grandes herbes qui réduisent beaucoup la visibilité, et avec nos routes sinueuses et souvent étroites, c'est un réel problème pour se déplacer et se croiser.

Pour concilier ce qui ne l'est pas, les passages sont devenus moins nombreux pour des raisons économiques et plus tardifs compte tenu de la charge de travail avec des moyens actuellement peu extensibles.

Jeudi 30 octobre

L'entretien des bords de routes me remémore le travail de nos cantonniers qui étaient, contrairement à leur nom, des employés communaux. Ils seraient aujourd'hui territoriaux…

Jusqu'aux années 1960, voire début 70, leur travail était très peu mécanisé et l'une de leurs tâches principales était l'entretien des bords de route.

À Lignières, avec ses 52 km de voies « communales » et son vaste territoire, ce n'était pas une mince affaire. Je les revois encore en train de rendre « propres » les bas-côtés avec leur faux, leur faucille, leur couillier contenant la pierre à affûter et un bâton. Un travail directement inspiré des pratiques agricoles d'alors mais qui finissaient d'exister dans nos campagnes avec la mécanisation et la motorisation.

En effet, beaucoup de parcelles – souvent petites – étaient « détourées », c'est-à-dire fauchées manuellement au long des haies avant l'arrivée de la moissonneuse-lieuse puis de la moissonneuse-batteuse.

C'est ainsi que des kilomètres de talus étaient coupés de manière certes plus irrégulière et moins près du sol qu'aujourd'hui, mais l'ensemble était net grâce au labeur de ces hommes qui travaillaient par tous les temps et au loin du bourg ou de leur domicile en gagnant leur lieu d'exercice à pied ou à vélo. La circulation était alors beaucoup moins importante qu'aujourd'hui mais la vitesse souvent supérieure car on ne tenait pas compte de limitations... qui n'existaient guère !

Un passé proche par les patronymes présents dans nos têtes et les descendants directs, la plupart encore sur place.

La peine physique au travail a beaucoup régressé.

Vendredi 31 octobre

En cette fin octobre, le spectacle des feuilles est remarquable, d'autant que je bénéficie de celui offert par de nombreuses espèces caduques.

Châtaigniers, bouleaux, érables et chênes virent plus ou moins vite aux bruns, en passant par le jaune, l'orange, le rouge et tous leurs intermédiaires.

La baisse marquée de la durée du jour constitue un signal mais ce n'est le seul facteur qui explique cet événement ; sans quoi il se produirait à date fixe. Température et hygrométrie jouent sur le déclenchement des parcours et leur durée. Ainsi, un gel prononcé et précoce amène une chute rapide des feuilles sans étapes.

C'est le résultat de toute l'alchimie subtile entre la chlorophylle qui doit être constamment recréée ce qui est alors moins le cas, le carotène et la xanthophylle, respectivement de couleur orange et jaune, et auparavant masqués par la première, et des anthocyanes responsables des rouges, roses et violets, non présents à la belle saison mais apparaissant en automne quand les sucres s'accumulent.

Chaque arbre ou arbuste réagit à sa façon, selon son patrimoine, sa situation, son âge et sa proximité des rayons du soleil, d'où cette diversité au sein des groupes de même espèce et aux arbres pourtant voisins.

Certaines feuilles ne chuteront pas : on parle de feuillages marcescents qui resteront attachés jusqu'à la pousse printanière suivante. Ainsi, avec des chênes et des châtaigniers qui continueront à me faire croire à un automne éternel lors de mes promenades à venir.

Quelle merveille dont on ne finit pas de se lasser, avec son évolution si rapide en peu de temps.

Samedi 1er novembre

Dans deux mois, je quitterai mon ermitage et il est temps de faire le point sur mes activités d'écriture.

En m'isolant du monde, j'avais à ce niveau deux objectifs : écrire un Journal, témoignage de ma présence et de mes réflexions, et achever un ouvrage auquel je tiens beaucoup, concernant l'œuvre d'un Frère des écoles chrétiennes : Eugène-Marie.

Pour le premier, j'ai conservé le rythme en m'astreignant, parallèlement à la tenue de mon carnet d'activités, à écrire chaque jour sur un sujet différent relativement à ce que je fais, pense ou observe. Il comportera, le 1er janvier prochain, 366 rubriques.

Au niveau du second, c'est devenu plus compliqué. L'ouvrage en question traite de l'ensemble de l'œuvre d'une Personnalité hors du commun, autodidacte qui, à force de travail et de persévérance, a réussi, dans la seconde moitié du XIXème siècle, à devenir une référence nationale, voire plus, en matière d'agronomie. Professeur puis directeur de l'Institut agricole de Beauvais pendant vingt-neuf ans, il est de ces individus au savoir encyclopédique qui, à cette époque, ont damé le pion aux « savants installés ». Parmi ses titres de gloire, il a créé la pomme de terre « Institut de Beauvais », variété qui conserve une certaine importance cent trente ans après sa mise au commerce... et présente à La Croix-Guillaume cette année !

Après avoir écrit un livre sur cette obtention, j'ai voulu faire plus et traiter dans sa globalité de cette vie hors du commun.

Ce sera chose faite dans deux mois mais je reconnais avoir sous-estimé au départ une œuvre importante, fort variée et d'une profondeur scientifique digne des « savants » de ce siècle.

J'ai donc accumulé de très nombreuses pages au fil des journées sur ma terrasse, ou à n'importe quelle heure près de mon poêle... pages qui seront remises, à mon retour, à N.M. qui, depuis pas mal d'années maintenant, met en forme, avec délicatesse et une rare intelligence, tous mes écrits.

Dimanche 2 novembre

En ce « Jour des Morts » pour beaucoup de personnes, croyantes ou pas, mes pensées s'attachent au Prieuré de Saint-Ursin, si proche de moi.

Au cimetière de Lignières, il n'y a, comme déjà indiqué, nulle trace des religieux y ayant vécu et les documents, importants, en notre possession, ne font nulle part mention des lieux où ils ont été enterrés, sans doute très simplement selon la coutume de l'ordre.

Or, durant la longue présence des Croisiers, une grossière approximation permet d'évaluer à une centaine les Pères et Frères ayant passé ici leur vie de prière, de dévotion et de recherche d'aumônes et ce jusqu'à leur décès.

Par ailleurs, rien n'a été colporté sur leur lieu de sépulture par ceux qui ont vécu sur place après eux, de génération en génération. Il est donc à peu près certain que leurs restes reposent au voisinage de la chapelle. Et comme les parcelles alentour ont dû toujours être en prairie compte tenu de la grande humidité du sol à cet endroit, aucune fouille culturale n'y a été pratiquée. On peut penser aussi que les corps placés dans un linceul étaient simplement déposés dans des trous avec peut-être une croix de bois permettant, ou non, de les identifier.

Dans mon voisinage, c'est donc toute une collectivité qui repose pour l'éternité et ce d'autant que l'avenir sera fort calme, les Eaux de Bagnoles, propriétaires du site, veillant à ne pratiquer aucun aménagement qui pourrait modifier la qualité du produit dont elles sont propriétaires.

Lundi 3 novembre

Important changement de temps : après avoir bénéficié de mois de septembre et octobre exceptionnels par leur ensoleillement et leur grande douceur – un véritable « automne indien » –, avec 23° à l'ombre le 31, un vent fort s'est levé et de gros nuages noirs ont défilé depuis hier. Aujourd'hui, le ciel est plombé, la pluie abondante et la température maximale ne dépassera pas 13°. Même si je regrette ce passé récent, me voici plongé dans le véritable automne avec les aspects de la vie caractéristique du sous-bois.

Les fougères sont toutes brunes et maintenant abattues, les feuilles chutent rapidement, et même celles des chênes, pourtant plus résistantes, sont devenues ternes dans leur camaïeu de couleurs.

Quand le soleil n'est plus là, rien ne ressort : il y a comme un continuum des fougères jusqu'au sommet des arbres, surtout des feuillus car les pins émergent avec leur vert foncé un peu noirâtre et sinistre. On croit observer une brume qui occupe tous les espaces libres, témoignage d'évaporations qui ne s'évacuent guère et restent coincées par les formations végétales qui leur sont supérieures. Le milieu, vu ainsi, est un peu oppressant, et l'on se demande si quelque chose ou quelqu'un ne va pas apparaître. Va pour ce « merveilleux » ressenti car on sait que c'est sans doute un songe suscité par la nature devenue mélancolique.

Une forte et pénétrante odeur de pourriture, disons de dégradation, règne. Tout évolue encore vite après les récentes chaleurs.

17h30. Je regagne mon logis car il fait presque nuit, en avance nette sur les jours précédents. Il fera bon faire chauffer quelques châtaignes...

Mardi 4 novembre

Même si cette affaire est maintenant ancienne – au printemps 2011 –, je souhaite la raconter. Quand j'étais enfant, mon oncle H.B. nous rappelait souvent que, pendant la Seconde Guerre, voulant revoir sa Mère à Lignières – il était opticien à Paris mais officiait aussi à Lignières et à Couptrain –, il avait fait le trajet de 220 km environ à vélo, avec donc une bicyclette de l'époque. Cela nous subjuguait mes cousins, mes sœurs J. et N. et moi-même... car cette affaire s'était passée à un moment où, à part Paris-Brest, faire du vélo n'était pas à la mode d'aujourd'hui. Et en plus sous l'Occupation ! Ce devait être en 1944 car il avait eu à faire face en chemin à des alertes liées à des interventions aériennes des Alliés et avait dû se cacher dans les haies.

Je m'étais toujours dit, quant à moi, que je ferais un jour le trajet Paris-Lignières à pied. C'est chose faite depuis une belle semaine du printemps 2011.

Il est bien difficile de prendre des chemins sauf après Verneuil-sur-Avre. J'ai donc suivi, de près ou de loin, la nationale 12, avec un départ le lundi matin aux aurores pour une très longue étape jusqu'à Dreux. Certes, je marche beaucoup habituellement mais de 5 à 15 km seulement par jour. Arrivé à Dreux à 20h, j'y ai pris une nuit réparatrice. Ré-attaquer le lendemain a été bien difficile, pour atteindre malgré tout Verneuil en soirée. Après, ce fut une « promenade de santé » par petites routes et chemins avec deux étapes nocturnes : Moulins-la-Marche puis Sées, car ayant emmené très peu de bagages et pas de tente, il me fallait calibrer mes trajets sur la présence, devenue rare, d'un hôtel.

C'est le vendredi en fin d'après-midi que, venant de Carrouges, j'ai aperçu du sommet de la côte de Monthard, mon clocher si familier, après donc mes derniers 32 km.

Il avait fait beau presque tout le temps et j'ai franchi le panneau de ma commune bien-aimée très bronzé, heureux d'avoir réussi et relativisant les difficultés. Mais mes pieds et surtout genoux me rappelaient à la réalité de ces 217 km ! Un très bon souvenir aujourd'hui.

Mercredi 5 novembre

Cette grande randonnée pédestre m'incite à évoquer la marche à pied de nos Anciens récents ou non, non pas dans un but de loisir et de santé comme aujourd'hui mais par obligation.

Je pense à deux cas typiques de ces années, de ces siècles. Si le marché du vendredi de Lignières n'a jamais été conséquent, il a toujours constitué – ainsi que les quelques foires – un but pour se réapprovisionner, y rencontrer les autres, faire une halte au café pour les hommes et se tenir au courant des nouvelles.

Longtemps, disons jusqu'aux années 70, les femmes, surtout, faisaient le trajet à pied, certaines sur plus de 5 km aller, habillées en général de noir, leur panier au bras avec quelques œufs pour des connaissances ou de la famille. Elles repartaient avant midi pour aller « préparer la soupe » emportant leurs quelques emplettes et leur gros pain (souvent plusieurs) qui leur suffirait pour la semaine. Les « tournées » ont mis rapidement fin à ces transports de marchandises.

Et puis il y avait les enfants qui, scolarisés de 5 / 6 à 13 ans, marchaient beaucoup, sous tous les temps, chaussés de leurs sabots ou galoches. Ceux qui habitaient loin apportaient leur gamelle, réchauffée le midi sur le poêle de la classe. À la mauvaise saison, l'instituteur les libérait plus tôt l'après-midi afin qu'ils atteignent La Bicterie, La Trévannière et même La Vannerie avant la nuit. Personne ne rechignait, et il ne l'aurait pas fallu face à des parents qui considéraient l'école comme un privilège et un devoir.

Que de contrastes en cinquante ans ! Gare aujourd'hui si la voiture des parents ne peut déverser son monde à l'aplomb de l'entrée de l'école !

O tempora, o mores ! Cicéron, *in* Les Catilinaires.

Jeudi 6 novembre

Une question relative à la vie au sein de nos villages me taraude depuis bien longtemps et je ne suis pas le seul ! Celle de la présence et de l'offre faite par nos commerces au sein de nos bourgs.

Lorsque j'étais enfant, et je m'en souviens parfaitement, il y avait sept épiceries à Lignières, deux boulangeries, deux boucheries, trois salons de coiffure, un tabac-café et un hôtel restaurant. C'était il y a environ soixante ans quand très peu de foyers disposaient d'une voiture et que l'idée même de « grande surface » n'existait pas ou presque…

Dans notre maison, nous vivions comme tous, au sein de ces relations de proximité immédiate : l'épicerie la plus proche était à trente mètres, la boucherie à 150 et l'une des boulangeries à 200.

Et tout le monde, donc chacun, ne se posait pas de question. Les « patronnes » montaient au bourg au moins le jour du marché pour celles des « villages » avec leur sac à provisions, tandis que celles du centre de la commune faisaient leurs emplettes lorsque le besoin s'en faisait sentir... et que la bourse était suffisamment garnie !

Quant aux cafés, on en dénombrait au moins sept, au moins car il y avait en place les « officieux » tenus par « la Mère... » ou « la... » et que ne fréquentaient quasiment que les hommes, notamment le vendredi et le dimanche.

Cette situation a perduré, ou presque, jusqu'aux années 1960 et même début 1970. Le recul et le retrait ont alors été excessivement rapides...

Vendredi 7 novembre

Aujourd'hui à Lignières il reste encore trois commerces. Je dis « encore » car il ne me paraît pas du tout certain que la situation soit stabilisée pour le moyen terme.

Le salon de coiffure a ouvert à la place d'un ancien restaurant-café l'« Auberge de Monnaye ». Des trois coiffeurs d'il y a quarante ans, il n'en restait plus un seul. Cette installation s'est inscrite dans un mouvement qui a touché et touche la plupart des petites communes rurales : aller chez le coiffeur – surtout pour les dames – participe d'une recherche de bien-être dans un cadre où l'on évacue pour un temps ses soucis. Et les hommes fréquentent aussi le salon.

Le café-tabac-journaux et fleurs constitue le seul lieu de vie de la commune. Il est ouvert depuis tôt le matin et jusque tard le soir. Il rend service à beaucoup. En hiver où on le note davantage, il est le seul point éclairé et accessible de la commune. C'est en son sein que l'on se renseigne sur toutes les nouvelles qui font la vie quotidienne.

La boulangerie-supérette ou point multi-services est une création récente voulue par la municipalité qui a réussi, en mobilisant différents financements, à édifier un bâtiment moderne et fonctionnel dont les produits permettent à quiconque de vivre – avec une variété forcément limitée – sur place. C'est un progrès et un atout. Il y a encore peu, la boulangerie, installée depuis toujours à son endroit, ne pouvait offrir que du « dépannage ».

Chacun sent cependant la fragilité de cette offre qui repose sur la disponibilité de ces commerçants sur de grandes plages horaires.

Samedi 8 novembre

Et à Orgères-la-Roche ?

Commune peu peuplée et aux habitants assez disséminés, Orgères n'a jamais eu beaucoup de commerçants, au moins sur le XXème siècle. Et aujourd'hui, il n'en reste plus que quelques souvenirs par des cartes postales d'il y a cent ans [DRUET CAFETIER avec les mentions latérales « Débit de tabac » et « Épicerie »] et aussi quelques témoignages.

Particulièrement intéressant est celui de Madame D., l'une de mes voisines au bourg de Lignières qui a tenu avec son mari le café-épicerie qui a dû être fermé, faute de clientèle, dans les années 1970 (« On ne faisait plus rien »).

Dans l'après-guerre, il y avait en fait trois lieux de vente d'épicerie et de produits divers au bourg d'Orgères, deux étant de taille bien modeste mais permettant de se ravitailler comme on le faisait à l'époque. S'y ajoutait le passage de commerçants ambulants dont un boucher de Lignières mais tout ceci a disparu progressivement.

Aujourd'hui, les habitants d'Orgères, comme les autres, viennent faire quelques courses à Lignières et leurs grands ravitaillements dans les surfaces dédiées alentour.

Une autre évolution a été celle de la baisse de fréquentation du café, du « cabaret » comme on disait à une époque pas si lointaine : il s'agit du recul d'une certaine forme d'alcoolisme – car celui-ci s'est transformé – basé sur la consommation de vin et surtout de notre bonne « goutte » en accompagnement du café noir, habitude presque systématique jusque dans les années 1970. Cette clientèle a totalement disparu. Parallèlement, la pratique de l'apéritif à domicile entre amis et connaissances est devenue habituelle.

Dimanche 9 novembre

Et l'artisanat ?

Il s'est maintenu de façon importante mais a beaucoup changé dans ses cibles.

Pendant des décennies et même des siècles, il a eu pour premier objectif d'accompagner l'agriculture dans ses besoins, c'est-à-dire faire ce que les paysans ne pouvaient effectuer eux-mêmes : charrons, bourreliers et maréchaux-ferrants notamment. Ces artisans se sont eux-mêmes adaptés à l'évolution lente puis rapide des techniques jusqu'à ne plus pouvoir suivre compte tenu de la formation et des moyens à mettre en œuvre : ce sont tous les changements auxquels les mécaniciens agricoles ont eu à faire face.

Et puis il y avait aussi les différents corps de métier : couvreurs, maçons, peintres mais moins..., nécessaires aux bâtiments d'habitation et agricoles. Pour une majorité de clients, il s'agissait de réaliser des travaux sommaires mais cependant nécessaires. Seules quelques « maisons bourgeoises » avaient droit à des soins attentifs.

Si la première catégorie a quasiment disparu – ou qu'elle s'est adaptée à de nouveaux besoins comme ceux liés au cheval, animal de compagnie et de loisir, mais assez peu sur Lignières –, la seconde s'est maintenue en un tissu assez dense qui répond aux besoins de la population en place. Et nombre de jeunes poursuivent les activités de leurs parents ou créent de petites entreprises, par exemple en matière d'entretien des espaces verts ou forestiers.

Certes, l'adaptation à l'offre n'est pas toujours facile et implique de rechercher aussi des chantiers lointains.

Une entreprise de maçonnerie locale, qui dépasse 80 ans d'existence, emploie encore un personnel salarié nombreux. Elle constitue une exception.

Lundi 10 novembre

À part les topinambours, les mâches et quelques autres salades d'automne, mon potager s'est vidé. Quittant mon lieu de retraite dans moins de deux mois, je n'avais pas jusqu'à présent envisagé son avenir. C'est chose faite maintenant.

Grâce aux apports de vases pratiqués sur ce terrain très acide et impropre à la plupart des cultures, j'ai réussi à obtenir cette année des productions décentes et assez variées. Aussi ai-je décidé de poursuivre son exploitation et je vais mettre à profit le temps qui me reste pour le préparer en le bêchant à grosses mottes. Quand je reviendrai « à la civilisation », j'épandrai alors un engrais complet afin d'entretenir sa fertilité et avant de le mettre à nouveau en culture au printemps.

À moins que...

Je réfléchis en effet à la possibilité pour quelqu'un d'autre de poursuivre ma vie solitaire. L'installation est faite et pourra résister de longues années ; le potager, le poulailler et les ruches sont en place. Il n'y aura que le problème du combustible-bois à régler car je parviendrai sans doute presque au bout de mes réserves, mais apporter une dizaine de stères secs ne constitue pas un problème majeur et il faudra abattre en prévision du futur.

Je pense particulièrement à l'un de ces jeunes qui vit dans le bourg de ce qu'on appelle les « minima sociaux » et a bien du mal à trouver son chemin. Pourquoi ne pas lui proposer un long temps de réflexion solitaire, loin des tentations faciles de la vie en groupe quand le désœuvrement est là ?

Ce serait une expérience parallèle et complémentaire à la mienne dont on pourrait ensuite évoquer les effets sur une personne jeune et donc pleine d'avenir.

Mardi 11 novembre

Dans quatre ans, nous célébrerons les 100 ans de l'Armistice d'une Guerre qui aura été si terrible à tous égards et aura induit une véritable révolution dans les mentalités et les habitudes de vie.

Nul doute qu'à l'endroit où je me trouve, on entendra les cloches de toutes les églises sonner pour rappeler aux Vivants d'aujourd'hui les sacrifices et les malheurs d'alors.

La Guerre de 14-18 est encadrée par deux recensements de la population : en 1911 Lignières et Orgères comptaient 1 724 habitants et seulement 1 372 dix ans plus tard, soit une diminution supérieure à 20 %. Tout a alors commencé à vraiment changer dans nos campagnes à cette époque...

Et les pertes en hommes ?

Sur le Monument aux Morts de Lignières, elles figurent de chaque côté des mentions « On ne passe pas » et « Aux Enfants de Lignières morts pour la France. 14-18 », avec quatre listes de 13 victimes comportant l'initiale du prénom et le nom de chacun ; une plaque dans l'église mentionne 50 noms et une autre célèbre le sacrifice, en 1918, du vicaire du moment.

À Orgères, le Monument, très simple, porte la mention « Aux Enfants d'Orgères » et cite 14 prénoms et noms repris dans l'église au sein d'un ensemble polychrome d'une grande beauté.

Soit un total de 66 hommes, jeunes pour la plupart, essentiellement de simples soldats, et représentant environ 15 à 20 % des mobilisés.

Une terrible saignée... avec beaucoup de conséquences en de nombreux domaines.

Mercredi 12 novembre

Aussi loin que mon regard porte depuis la terrasse, ce ne sont principalement que des champs de blé d'hiver – quelques-uns d'orge – qui s'offrent à ma vue.

Le phénomène est nouveau ici et remonte à deux ou trois ans seulement, à une époque où le prix du blé sur les marchés a atteint des sommets, avec aussi le maintien des aides de la Politique agricole commune.

Plusieurs autres facteurs ont favorisé cette évolution : les suites du remembrement avec l'agrandissement des parcelles, l'élimination progressive des haies et des anciens chemins ruraux, les prix insuffisants obtenus par les éleveurs de bovins et le souhait de réduire un peu les contraintes liées aux animaux.

L'année précédente il y avait aussi beaucoup de colza, une nouveauté dans nos contrées, mais moins pour cette nouvelle campagne en raison de questions mal réglées, notamment d'ordre phytosanitaire.

Les deux parcelles sous mon domaine, qui dépassent chacune les cinq hectares, sont déjà bien vertes et uniformes en raison de la douceur de l'automne et d'une humidité suffisante mais pas excessive.

C'est à une évolution très rapide que l'on assiste et qui conduit à une perte d'identité de nos territoires d'élevage et, forcément, lorsqu'il y a des départs – ce qui est le cas – à un agrandissement des exploitations dites « professionnelles ».

Dans les régions de « grande culture », c'est ce qui s'est passé depuis longtemps avec réduction du nombre d'espèces cultivées, uniformisation des assolements et disparition quasi totale des animaux.

Mais ici… ! Il y a beaucoup de conséquences à prévoir avec un phénomène qui sera sans doute durable.

Jeudi 13 novembre

Dans les premiers temps de l'entretien de mon bois, j'essayais de retirer le bois mort, branches et troncs, allant même jusqu'à, après séchage en tas, détruire par combustion ce que j'avais rassemblé et qui était important. D'où des feux qui n'en finissaient pas… de fumer et de créer des risques d'extension *via* la terre de bruyère si favorable à une combustion lente et à un développement des flammes par les galeries de rongeurs.

Aussi suis-je devenu rapidement plus raisonnable en me contentant de couper ce qui devait l'être et d'établir de grands tas en laissant pourrir toute cette matière au bénéfice de l'environnement, ou plutôt en étalant sur une longue période le relargage de dioxyde de carbone et en maintenant sur le temps long le retour au sol forestier de la matière organique.

Pour les gros troncs, même très « vermoulus », l'opération peut demander trente ans mais est très bénéfique à la biodiversité locale.

Aujourd'hui, je suis passé à une troisième étape, celle du maintien en place des branches mortes, par exemple les plus basses des châtaigniers, et des arbres entiers qui ont fini de vivre et sont assez nombreux, notamment les plus vieux pins maritimes. C'est, et de loin, la meilleure pratique écologique car la vie intense qui s'y trouve est certes maintenue mais en plus dispersée, ce qui est favorable aux équilibres de proximité.

Bien entendu, ce n'est pas la meilleure pratique de productivité forestière, spécialement en raison du maintien des « nœuds » dans le bois des arbres en vie.

De façon générale, la recherche de « propreté » des lieux, longtemps poursuivie, est en large retrait aujourd'hui, même par l'Office national des forêts, et c'est tant mieux, d'autant que ce phénomène est de plus en plus compris par les promeneurs et l'opinion publique.

Vendredi 14 novembre

« Pensez à l'environnement avant d'imprimer ce message ! »

Combien de fois – chaque jour, mais pas ici ! – lisons-nous cette recommandation ?

Et pourtant le papier, qui provient du bois pour 40 %, apporte les ressources nécessaires à la gestion et surtout à la conservation sur le long terme des espaces boisés, car il donne une valeur à des produits qui n'en auraient pas ou si peu.

On estime à un tiers de la ressource ce qui est issu des activités de sciage : les déchets également nommés délignures sont compressés puis traités par l'industrie papetière. Les deux autres tiers ont pour origine les coupes d'éclaircie sans lesquelles les peuplements s'étioleraient, deviendraient plus sensibles aux tempêtes et ne produiraient, après des dizaines d'années voire plusieurs siècles, que des produits de qualité secondaire alors que ce sont les meilleurs que l'on recherche et valorise le mieux.

Quant à l'origine des autres 60 %, ce sont les papiers et cartons recyclés d'où l'intérêt d'un tri sélectif sérieux dès le départ.

Du point de vue environnemental, le papier n'est donc absolument pas l'ennemi de la forêt puisqu'il contribue à obtenir des peuplements forestiers de meilleure qualité et permet de valoriser des sous-produits qui ont bien peu d'autres usages, au moins économiquement rentables.

Mais une autre histoire est celle des besoins en eau des papeteries et de l'utilisation d'agents de blanchiment dont la soude qui posent problème pour leur traitement.

Il faut donc garder mesure et avoir conscience que certaines idées largement reçues sont fausses.

Samedi 15 novembre

Il ne m'est pas encore venu à l'idée d'évoquer la gestion de mes ordures. Loin de moi de les faire reprendre par mes amis qui m'approvisionnent hebdomadairement.

Je ne souhaite évidemment laisser aucune trace polluante de mon long passage, aussi me suis-je organisé ainsi : tout ce qui peut être brûlé l'est dans mon poêle et c'est pour cette raison que lors de ma pré-installation, j'ai réduit au minimum les contenants en verre ou en plastique.

Ensuite, tous mes déchets de cuisine fermentescibles sont soit dirigés vers mes volailles qui s'en régalent le plus souvent soit, quand elles les dédaignent, déposés sur le tas de compost en formation installé à un angle du potager. Et en mélangeant bien déchets verts et bruns, la fermentation a été rapide cet été et je vais déjà utiliser la masse produite lors de mon bêchage d'hiver... même si mon sol ne manque pas de matière organique !

Restent « les autres », déposés dans des compartiments délimités par des planches sous la cabane, avec trois catégories : le verre, le plastique et... les boîtes de conserves. Lors de mon départ en janvier, j'emporterai tout ce que j'ai ainsi accumulé et le déposerai dans les circuits correspondants, mais je suis surpris de la faiblesse du volume produit en plus de dix mois de présence.

Comme quoi, une gestion prévisionnelle sérieuse de cette affaire permet de limiter énormément ce qui ne peut être utilisé ou détruit directement. Dans cette optique, je réalise chaque semaine mes commandes en fonction de mes besoins finement calculés et je n'ai eu à jeter aucun aliment périmé ou en surplus.

Dimanche 16 novembre

« Ce ne sont pas les prairies, les feuilles d'un vert cru et froid qui font les admirables paysages, ce sont les effets de la lumière », François-René de Chateaubriand, Itinéraire de Paris à Jérusalem.

Comme l'auteur des Mémoires d'outre-tombe a raison ! Cette journée aura été un enchantement de ce point de vue. Dans une phase de transition entre un anticyclone qui a du mal à se déplacer vers l'est et une dépression ayant atteint la Bretagne – je le devine à l'observation de mon baromètre et de ses mouvements erratiques la semaine dernière puis à sa chute récente –, les gros nuages noirs fournisseurs de quelques pluies fines se sont succédé toute la journée, entrecoupés de passages ensoleillés particulièrement lumineux et donnant une douce chaleur pour la saison qui avance.

Assis sur ma terrasse, je contemple la fin de l'après-midi qui est éclatante. Le soleil d'aujourd'hui se couche presque sur Couptrain, signe qu'il lui reste peu de chemin à parcourir avant que de reprendre sa voie dans l'autre sens qui débutera dans un bon mois ! Je ne pensais pas pouvoir l'admirer il y a une heure car une épaisse couche de nuages très noirs occupait le couchant. Maintenant, à 17 heures, le soleil a vaincu l'ombre grandissante, surplombant une barre foncée qui couvre la ligne sombre en direction de Javron de laquelle partent des rayons dorés.

Je pense un instant que le ciel va se dégager complètement, mais non et tout finit malheureusement très vite. Un quart d'heure a passé, il fait presque nuit et j'attends un peu en observant les détails devenus sombres qui s'offrent à ma vue.

Lundi 17 novembre

Matinée occupée par le blanchissage de mon linge. J'ai rejoint mon poste de « laveuse » – puisque bien peu d'hommes faisaient jadis ce travail ! – à la sortie de l'eau de l'étang.

Tout aura bien fonctionné dans cette installation qui épargne l'environnement. Avec les pluies de début novembre, le niveau a gagné deux centimètres et le courant qui passe devant la pierre à laver est suffisamment vif pour que je n'aie pas de grands gestes à faire pour mouiller suffisamment ma brosse en chiendent.

Par manque d'habitude, et peut-être aussi parce que mon dos me fait souffrir en raison du bêchage en cours de mon potager, ma position n'est pas confortable et je me remémore ce qu'a dû être la vie de ces « laveuses » qui se rendaient avec leur brouette ou leur panier jusqu'au lavoir de leur voisinage mais assez souvent à celui où s'agitaient leurs copines.

Cette pratique, à Lignières, n'a vraiment cessé que dans les années 1960 au moment de l'arrivée des premières machines à laver électriques qui succédaient à celles à main qui n'avaient pas eu beaucoup de succès par ici. Avec cette évolution, le recours au lavoir a rapidement cessé, sauf dans quelques familles possédantes, agricoles surtout, qui ont conservé leurs domestiques jusqu'à la fin de la vie de ceux-ci.

Aujourd'hui, peu de lavoirs subsistent, au moins en bon état, même s'ils n'ont plus, sauf un, de toit. Les « pierres » des autres ont souvent disparu avec les travaux de curage et d'alignement des rus et ruisseaux. Et ceci en cinquante ans.

Mardi 18 novembre

Levé avec le jour, donc pas très tôt, vers 7h15, j'ai décidé d'occuper cette journée qui s'avérera humide, à une dernière recherche de champignons au-delà des limites de mon propre territoire.

Je vais donc parcourir le massif alentour mais sans atteindre ni dépasser, comme je me le suis imposé depuis mon arrivée, les routes revêtues. Une quête qui me prendra tout de même l'ensemble de la journée et c'est pourquoi j'emporte avec moi, dans mon panier, de quoi me restaurer frugalement ce midi.

À la mi-novembre et malgré la douceur, il ne devrait pas rester grand-chose, à part des amanites tue-mouches habituées de la saison et quelques représentants d'espèces marron clair, visqueuses, non toxiques mais de peu d'intérêt culinaire. Par ailleurs, des « cueilleurs » sont passés au moment du « pont » du 11 novembre et la « pousse » est devenue beaucoup plus lente.

Je pars, mon panier à la main gauche et un bâton à l'autre afin de ne pas laisser échapper quelques proies agréables sous les fougères brunies mais décidément bien denses.

Mon itinéraire n'est pas tracé et je vais aller un peu où me guident mes pas… et mes éventuelles découvertes, disons dans un grossier carré qui atteint les bois de Saint-Ursin, les franges de la forêt de Monsieur S. et les cultures et rares prairies qui bordent ma pointe.

Bien mouillé jusqu'aux cuisses, je rentre en fin d'après-midi porteur d'un panier assez rempli contenant seulement deux beaux cèpes de Bordeaux, quelques girolles mais une grande quantité de trompettes de la mort trouvées… c'est un secret !

De quoi préparer dès ce soir et au coin du feu, un dîner de fête avec quelques œufs.

Mercredi 19 novembre

Plus les jours passent, plus j'arrive à comprendre comment et pourquoi des personnes peuvent vivre isolées du monde sur une longue période. Et je m'efforce d'imaginer la façon concrète de la vie des ermites qui ont fréquenté ces contrées dans des situations très éloignées de mes propres conditions matérielles de vie.

Passons sur l'isolement volontaire puisqu'il est le même, et encore, car nous sommes tellement imprégnés du recours aux médias que c'est peut-être plus difficile maintenant. Je m'avoue d'ailleurs mon contentement de ne pas avoir utilisé une seule fois – ou presque – mon téléphone portable depuis le 1er janvier !

Du point de vue matériel, les différences sont, elles, considérables : je dispose d'un logis certes spartiate mais d'un relatif confort, je peux me chauffer quand je le souhaite et je suis ravitaillé régulièrement.

Alors qu'il y a dix siècles, par exemple, mes lointains prédécesseurs devaient sans doute se contenter d'une modeste cabane non chauffée ou d'une anfractuosité dans les grés – il y en a plusieurs au voisinage –, et n'avoir recours à aucun apport extérieur de nourriture, se contentant de maigres cultures, de baies, de fruits et de plantes diverses du voisinage. Et ce afin de faciliter leur introspection et leur réflexion, le plus souvent « Pour la plus grande gloire de Dieu ».

Certains ont dû passer dans ces conditions des dizaines d'années, guettés qu'ils l'étaient par les intempéries, les maladies, la faim et les loups, nombreux dans la région. Qu'il est dommage que nous ne disposions pas de sources sur les vies qu'ils ont menées !

Jeudi 20 novembre

Très différente – mais sans doute rustique – a dû être la vie des Croisiers, mes anciens voisins de Saint-Ursin.

Tout d'abord ils vivaient en communauté de quelques membres et célébraient ensemble les offices exigés par leur Ordre.

Ensuite, ils circulaient beaucoup, d'abord pour surveiller leurs possessions en terres et en bois du voisinage, en assurer la gestion et en tirer un maximum de bénéfices pour leur prieuré, et aussi à plus longue distance afin de s'occuper de leur « annexe » de Saint-Aignan-de-Couptrain et d'y assurer les responsabilités qui étaient les leurs auprès des malades dont ils avaient la charge.

Enfin, vivant d'aumônes, ils allaient par les chemins rencontrer les habitants des hameaux et des bourgs afin de les solliciter et d'obtenir d'eux une partie de leur subsistance, ce qui leur fournissait moult contacts.

Leur ordinaire devait être plutôt simple. La visite de ce qui reste de la maison priorale invite à le penser. À part le salon du prieur et la belle fresque qui réchauffait les cœurs, le réfectoire et les cellules étaient modestes et dotés d'un confort très limité mais qu'il faut certes replacer dans son époque. Et que dire de la vie qu'ont dû avoir les religieux non Frères et les domestiques qui accompagnaient toujours les fondations religieuses !

C'est cependant à comparer à ce qu'enduraient les paysans et à leurs dures conditions d'existence.

Vendredi 21 novembre

À ce dernier propos, il n'y a pas beaucoup d'efforts à faire car j'ai eu le privilège de connaître dans mon enfance ce qui a été vécu pendant des siècles dans cette contrée pauvre du Bas-Maine.

Et si l'on voulait en avoir aujourd'hui un aperçu, ce serait encore possible en visitant d'anciennes demeures abandonnées et laissées dans leur état de l'après-guerre.

Jusqu'aux grands changements des années 1960, l'habitat des petits agriculteurs détenteurs d'un « bordage », et surtout des journaliers, était demeuré à peu près inchangé avec une « pièce de vie » et à feu unique, un sol en terre battue souvent revêtu d'un carrelage grossier et rouge, une armoire normande, une horloge comtoise et un ou deux lits rehaussés d'édredons et de couettes épaisses entourant la cheminée. Il y avait quelques niches à objets dans les murs aux pierres apparentes ou recouverts d'une couche de plâtre, une grande table ceinturée de bancs et de quelques chaises, et un coin cuisine formé d'un fourneau et d'un évier sur lequel n'arrivait pas d'eau courante mais celle qu'il fallait aller chercher au puits.

Les annexes étaient au voisinage, souvent attenantes aux quelques bâtiments d'exploitation dont l'essentielle étable, le fenil, l'endroit de stockage du bois préparé pour la mauvaise saison et aussi la cuisine quotidienne, et quelques instruments simples tels qu'un brabant double, une herse, un concasseur, un van, une fourragère et un tombereau (« beugniot »)... et encore !

Ce style de vie subi, car on ne pensait pas alors à des changements, a évolué très vite avec la disparition des aînés et l'arrivée du « progrès » dans ses différentes composantes. On cherche d'ailleurs à l'oublier aujourd'hui, à tout le moins à le faire remonter à bien avant.

Samedi 22 novembre

« Quant aux enclos proches des habitations, ils constituaient le domaine réservé aux jardins et aux fruitiers – *hortus* – ; ils étaient abondamment fumés et activement soignés », Christian Ferault, Une Histoire des agricultures, 2012.

Toute exploitation agricole de Lignières, tout bordage surtout, entretenait, et entretient encore, un jardin plus ou moins vaste, « tenu » et qui consacre l'essentiel de sa surface à des légumes variés avec pour composantes principales les pommes de terre, les carottes, les haricots et divers choux et salades. Les fleurs sont venues progressivement et elles ne font défaut dans aucun.

Ces surfaces sont généralement soignées par les femmes et les aînés après avoir été préparées par les hommes, à la bêche et pour les plus grands aujourd'hui, grâce à une charrue associée à un motoculteur ou à l'aide d'une fraise. Ceux qui s'en occupent y trouvent « de la légume saine » et une base non négligeable quasi gratuite de leur alimentation.

Depuis des millénaires – ici un seul – le jardin a toujours fait l'objet de soins méticuleux et il a également contribué à sauver nos ancêtres des disettes si fréquentes et même des famines. À cette époque lointaine, la pomme de terre n'existait pas ici et les espèces cultivées étaient les plantes à racines, des choux et des graines pour les potages, plat de base alors de l'alimentation paysanne et rurale.

On re-découvre d'ailleurs aujourd'hui les vertus des jardins producteurs de légumes et d'« herbes » en les présentant à la mode du Moyen Âge.

Toujours est-il qu'ils ont rendu des services éminents et qu'ils ont heureusement traversé les siècles.

Dimanche 23 novembre

En apercevant le clocher de Saint-Calais-du-Désert, je me remémore les grands débats qui ont agité la Haute-Mayenne, mais surtout les autorités départementales et les associations de défense de l'environnement au début des années 1990 à propos de la construction d'un barrage sur cette commune.

De ma situation haut-perchée, je ne peux voir que les versants de ce qui aurait constitué un grand lac réservoir sur une emprise de 130 hectares pour un contenu de 14 millions de m^3 environ avec une hauteur bétonnée de 32 mètres. Le tout pour 100 millions de francs de l'époque.

Pourquoi un tel ouvrage ? À l'époque, la consommation d'eau était en forte croissance, et des étés et hivers secs avaient montré la fragilité de l'alimentation du département. D'où ce projet porté par le Conseil général à l'image de ce qui avait été fait nettement plus en aval, à Saint-Fraimbault-de-Prières, mais pour un volume trois fois inférieur.

La construction, actée en 1995, devait être achevée avec le changement de siècle ; elle entraîna de nombreux achats de terres et de bâtiments dont d'anciens moulins. Un second barrage, à vocation touristique, était également prévu...

Ce projet rencontra d'importantes oppositions menées en particulier par « Mayenne vivante » sous forme de pétitions et de mobilisation constructive des populations et d'élus. Cette fois – et contrairement à d'autres perspectives en matière d'aéroports, de barrages ou de retenues collinaires –, il n'y eut pas de violences.

Le temps passa et en 2005 le projet fut définitivement abandonné, aux motifs des risques de rapide envasement, de ressources souterraines suffisantes et d'un accroissement moins rapide que prévu de la consommation des ménages et industrielle. Les études préalables avaient-elles été bien conduites ? Cet arrêt, consensuel, n'a cependant rien résolu et seul l'avenir de ces questions permettra de dire qui avait raison. Et également en matière de tourisme au nord-est du département...

Lundi 24 novembre

Quand je parcours mon bois, j'aime à regarder le ciel à travers les rameaux et branches terminaux des arbres et ainsi voir les nuages.

Plusieurs des pins maritimes les plus vieux sont morts récemment ou sont fortement dépérissants et je suis frappé de la grosse quantité de pommes qu'ils portent à leurs extrémités.

Ce phénomène, général aux végétaux, est peu noté.

Il se produit dans deux circonstances. D'abord dans la période de jeunesse lorsque la plante subit un important stress comme une réduction de ses racines à l'occasion d'une transplantation par exemple. Un phénomène que l'on observe souvent avec des fruitiers mis en conteneurs et qui produisent un peu l'année de leur plantation définitive avant que d'oublier de le faire pendant un certain temps.

Ensuite, au cours de leur sénescence, comme s'il y avait un « besoin » d'assurer une descendance. Je me souviens ainsi d'un pommier « clochard » planté à ma naissance par ma grand-mère pour abriter un futur jardin où j'ai longtemps fait pousser des radis et des capucines. Il est mort, ce bel arbre, soixante ans plus tard, non sans avoir fleuri comme jamais les deux années qui ont précédé sa disparition.

Et il en va ainsi de ces pins qui ont lutté pour survivre pendant un siècle sur ce sol ingrat et dont les pommes ont répandu beaucoup de semences alentour. Un phénomène qui est expliqué physiologiquement, et dont on note ici le résultat.

Mardi 25 novembre

« *Laudator temporis acti* », vers d'Horace s'appliquant à quelqu'un faisant l'éloge du temps passé.

Comme chaque matin, je parcours en tous sens mon petit domaine afin de noter changements et évolutions qui sont nombreux en cette saison quand tout paraît si bloqué à l'observateur peu attentif.

Je trouve toujours un plaisir particulier à observer les différentes bruyères, ce sous sous-étage des landes acides si nombreuses encore dans la région au milieu du XXème siècle. Il n'était pas rare alors de lire dans « Mayenne - Républicain » ou « Le Courrier de la Mayenne » des annonces de ventes de « bruyères », par exemple à la limite de Lignières et de Saint-Calais où elles étaient nombreuses. À une époque où l'on reboisait avec force conifères et où le droit de chasser n'avait pas la valeur qu'il a aujourd'hui, les acheteurs devaient payer 200 francs 1960 de l'hectare soit un petit quart du SMIC de l'époque !

Ces « bruyères » évoquaient un passé révolu mais qui, rappelons-le encore, n'était pas si ancien car les landes, entretenues par des animaux – surtout des ovins – correspondaient à des défrichements que l'on maintenait volontairement avec un peuplement rase, composé également d'ajoncs, de genêts et de molinie, des végétaux qui avaient chacun leur usage dans une exploitation méthodique du territoire où chaque élément était compté.

L'après-guerre a vu leur abandon rapide en tant que ressources agricoles et leur enrésinement par plantation ou, plus lentement, par graines. Il en subsiste bien peu de nos jours et elles sont souvent protégées, par exemple celles de la Corniche de Pail.

Mercredi 26 novembre

« Un amateur de jardinage
Demi-bourgeois, demi-manant,
Possédait en certain village
Un jardin assez propre, et le clos attenant.
... »,

Jean de La Fontaine, fable Le Jardinier et son Seigneur.

Comme prévu en cette fin novembre toute de douceur et légèrement pluvieuse, j'ai entrepris le bêchage d'hiver de mon jardin. Mon objectif est de terminer cela au plus vite, en tout cas avant les premières gelées importantes qui peuvent atteindre en décembre -6°, au moins sur ma moyenne de plus de vingt ans maintenant !

Retourner une telle terre est un vrai plaisir, vu son extrême légèreté.

À Lignières, c'est le cas le plus souvent, au moins sur les sols granitiques et *a fortiori* gréseux avec leur haute teneur en sable.

Ici c'est le sommet, s'il en est un, car l'opération faite avant mon arrivée a permis de briser racines et radicelles des arbustes que j'avais dû couper et aujourd'hui j'enfonce l'outil sans effort et retourne la motte que j'essaye de ne pas briser afin qu'elle profite au mieux des alternances de gel et de dégel, ce qui conduira, au printemps, à disposer d'une véritable poussière dans laquelle j'implanterai de nouveaux légumes et quelques fleurs qui feront le bonheur de ma famille ou, pourquoi pas, de mon successeur.

J'ai finalement préféré ne pas employer mon tas de compost dès maintenant car il est modeste en volume compte tenu de la compétition pour les déchets avec mes animaux pensionnaires, et les réserves en matières organiques de ce sol sont considérables.

J'avance bien dans le silence automnal du sous-bois avec l'objectif de terminer cette fin de semaine, en étalant donc cette tâche qui m'est agréable sans faire de dégâts à mon dos toujours sensible à ces travaux.

Jeudi 27 novembre

Il a plu fortement et continûment la soirée dernière et toute la nuit. J'ai donc mal dormi en raison de l'absence totale d'isolation de mon plafond. Ce serait d'ailleurs une question à résoudre par quelqu'un désirant se retirer du monde sur un temps plus long ou de façon définitive (! ?).

Pour moi, anachorète d'une seule année, le problème se pose chaque fois dans ces conditions même si je sais que le terme se rapproche... et que je n'ai pas à aller travailler le lendemain !

C'est une occasion de plus de réfléchir, d'autant que la nuit, si obscure ici, est favorable à l'introspection. Cependant, comme dans la journée où nous sommes sans cesse dérangés par un bruit, une vision, une herbe qui bouge ou un oiseau qui s'enfuit, notre esprit a une forte tendance à vagabonder et à nous amener à penser à d'autres sujets qui paraissent plus faciles... jusqu'au retour du précédent qu'il faut reprendre et c'est souvent laborieux.

J'ai fréquemment, au cours de ma longue vie « au monde », ressenti cela, de même que l'oppression et l'attente du jour que ceux qui dorment mal subissent, et ils sont nombreux !

Cette nuit, j'ai essayé de beaucoup penser au surnaturel, sujet capital – voire unique – pour tous. Et plus je réfléchis, plus je me sens en accord avec la religion catholique qui a imprégné mon enfance puis ma jeunesse et ensuite toute ma vie, certes avec des remises en cause passagères et des hésitations. Ce qui me paraissait le plus dur à imaginer, comme la résurrection de la chair, a trouvé une solution qui me satisfait... au moins ce matin quand je parcours mon bois, rapidement mouillé par ce qui s'échappe des frondaisons.

Vendredi 28 novembre

« *Intelligenti pauca* » [« À ceux qui peuvent comprendre, peu de mots suffisent »], Stendhal, La Chartreuse de Parme.

J'aperçois de ma terrasse les éoliennes qui ont peuplé en peu d'années l'horizon proche (Saint-Cyr-en-Pail) ou plus lointain (Le Horps). D'ici, je ne pourrai voir celles qui vont être prochainement (?) construites à la limite de Lignières et de Saint-Calais-du-Désert.

Cette observation me rappelle les discussions infinies sur ce sujet au début des années 2000, entre les « pro » et les « anti », nul n'ayant alors de position intermédiaire ou nuancée.

J'ai toujours été surpris, moi qui me sens bien dans les échanges rationnels, du refus d'un dialogue constructif de la part des tenants des deux thèses. Et pourtant, ce sujet est pour le moins « bordé » dans la mesure où ses composantes sont pour la plupart connues avec leurs effets positifs et négatifs ainsi que les quelques questions en suspens comme celle du bruit induit et du prix de rachat de l'électricité produite par EDF, un aspect tout politique.

Plus généralement, car cela est vrai des autres questions à la mode qui engagent notre avenir commun, il est aujourd'hui difficile d'échanger sur les thèmes qui touchent au développement durable – quel terme proche d'un oxymore ! – et à l'écologie, tant le dogmatisme de ceux que l'on regroupe sous le vocable de « Verts » est intransigeant et me rappelle quelque peu ce qui se passait il y a longtemps maintenant, dans un vaste pays de l'Est à la fois européen et asiatique : pour ne pas être mis à l'index – ou plus – il fallait alors être opposé à des connaissances fondées de biologie végétale et animale.

Samedi 29 novembre

J'entends un passage en bas du chemin voisin : ce sont deux randonneurs en chaussures de marche et avec un sac à dos qui viennent de traverser le bois. Vers quelle destination se dirigeront-ils lorsqu'ils seront arrivés à la route revêtue qui rejoint Couptrain ? L'antique chemin creux qui suivait, de l'autre côté, a disparu il y a longtemps maintenant, victime de l'agrandissement de la parcelle qui le bordait, de l'arrachage des deux haies... et du regard lointain et bienveillant alors du Conseil municipal de Saint-Calais. Leur situation n'est malgré tout pas fermée : ils disposent sans doute du « topo-guide » et trouveront en direction de Couptrain ou de La Pallu ce qui leur convient. À moins qu'ils n'empruntent le réseau revêtu dense et fort étroit qui rejoint Saint-Calais-du-Désert. Avec quels paysages !

C'est toute la question du tourisme dans notre « pays » et j'en suis d'autant plus conscient que je suis, entre autres, délégué de la commune de Lignières sur ce thème.

Un sujet neuf car il a moins de cinquante ans, à l'époque où quelques auteurs locaux essayaient de mobiliser, au moins de sensibiliser, sur nos richesses patrimoniales, des termes inconnus auparavant.

Je me souviens de tout ce que j'ai ressenti dans mon enfance en découvrant la région, notamment le mont des Avaloirs et ses landes d'alors, le Saut-à-la-Biche et le Sacré-Cœur de Lignières. Que je pédalais alors pour accéder à ces sites, certains privés, au niveau desquels j'avais une conscience diffuse et personnelle de leur richesse et de leur rareté, transportant dans un sac sur mon porte-bagages mon imposant « 6 x 6 » du moment et figeant pour l'éternité ce qui s'offrait à mes yeux !

Dimanche 30 novembre

Avec les années 1970 et la réelle ouverture de nos campagnes, les choses ont brutalement changé : ce fut le temps des premiers départs en vacances l'été, souvent pour une semaine ou deux, mais le pli était pris comme on dit, et les effets en étaient ressentis par exemple dans la fréquentation en baisse de notre fête du 15 août, la mobilisation plus difficile des « bonnes volontés » et les rangs de plus en plus clairsemés de la fanfare de Pré-en-Pail, partenaire fréquent et de proximité de nos réjouissances traditionnelles.

Et puis il y a eu l'arrivée des « Anglais » qui appréciaient notre bourg, son climat tempéré mais plus ensoleillé, sa relative proximité, et nos maisons rustiques et peu chères qu'ils allaient transformer pour leur donner le confort douillet qu'ils affectionnent. À Lignières, et sous ce terme générique alors qu'il y a quelques ressortissants d'autres nationalités, ils ont été très nombreux – jusqu'à cinquante foyers – avant que de régresser sensiblement. En revanche, une fraction s'est installée définitivement en menant sur place des activités artisanales ou culturelles dans un contexte social nettement différent du leur.

Une autre composante est celle que l'on classe sous le terme de « Parisiens »... même s'ils vivent principalement dans des villes et villages situés à bonne distance de la capitale. Au départ, ils étaient tous originaires du coin et avaient conservé la « maison de famille » pour leurs fins de semaine, leurs vacances – de moins en moins – et... leurs vieux jours. C'est une catégorie qui régresse fortement pour des raisons de coût, de trajets embouteillés et finalement, de crainte d'isolement. Mais il y a des exceptions et d'autres du côté de ceux qui n'ont aucun lien avec la région et viennent s'y installer. Avec grand bonheur semble-t-il...

Lundi 1er décembre

Et le tourisme local, comment a-t-il évolué ?

Il a suivi les modes de ces dernières dizaines d'années avec les « Vacances au vert », les chemins, les longues randonnées, par exemple vers le Mont-Saint-Michel, les découvertes et l'attrait pour les plans d'eau et les vieilles pierres.

Beaucoup d'initiatives ont été prises dans la région avec force dépliants publicitaires et, sous des appellations qui ont varié et varient encore, par les actions des « Syndicats d'initiative ».

Dans notre région de proximité, les paysages sont magnifiques, délicieusement verdoyants en toute saison ou presque, ondulés à souhait avec des vues immenses, les églises, chapelles et calvaires sont légion et présentent une grande variété et beaucoup de curiosités, les campings sont là – même si celui de Pré-en-Pail va disparaître –, les activités associées au cheval et à l'eau sont nombreuses, et quelques musées essayent de faire revivre le passé agricole, artisanal et rural.

L'offre existe mais la demande ?

Nous sommes sous une double contrainte que sont la mer et le soleil. La première est peu distante, même si elle est souvent rude, et notre généreuse source de lumière et de chaleur est nettement plus présente à partir de la Vendée. Et puis il y a les nombreux inconditionnels de la Bretagne… Comme pendant des siècles, le Maine demeure une terre de passage à un petit mi-chemin vers ces endroits privilégiés par une large majorité qui préfère, et de plus en plus, les vacances associées aux activités dites de loisir, au monde et à ses bruits.

Mardi 2 décembre

Une date célèbre : Austerlitz, un moment important pour nos Grandes écoles aussi.

Je trouve ce matin que le hasard fait vraiment bien les choses car j'assiste, depuis ma terrasse, à un événement climatique rare et merveilleux associé à une inversion de température que j'avais par exemple eu le loisir de contempler, il y a plusieurs années, depuis la plate-forme de l'église de Carrouges en direction de la colline de Monthard et de la Haute-Mayenne avec un premier plan sur le château éponyme.

De quoi s'agit-il ? Des nuages denses, floconneux et très blancs sont présents sur les dépressions, les marquent et les soulignent. Au-dessus, le soleil apparaît et éclaire un ciel bleu et transparent. S'il y a un peu de vent, des sommets d'arbres apparaissent puis se retirent, tout comme des fragments de routes, des clochers ou des toits de maisons.

Accroché à la rambarde, je n'ose à peine bouger, si ce n'est pour aller chercher, dans un mouvement rapide, mon appareil photographique doublement persuadé que je suis que les clichés ne rendent pas l'infinie beauté de ce que j'observe mais que je regretterais de ne pas en prendre.

Tous les bas-fonds sont d'un blanc profond puissamment jauni par les rayons du soleil qui progresse vite dans son ascension.

À ma gauche, je vois soudain le clocher de Saint-Calais transpercer ce coton qui semblait devoir demeurer uniforme puis tout va très vite avec la longue vallée de la Mayenne qui verdit et les grands chênes épars dont j'aperçois les bases. Un souffle me caresse ; il accélère la fin du phénomène en peu de minutes.

Je demeure dans l'attente mais le beau rêve est terminé.

Mercredi 3 décembre

« Et nous les petits, les obscurs, les sans-grade, Nous qui marchions fourbus, blessés, crottés, malades, Sans espoir de duchés ni de dotations... », Edmond Rostand, L'Aiglon.

Une nouvelle fois, je ne peux m'empêcher de penser à celles et ceux qui, pendant dix siècles, ont œuvré au sein de ce paysage dans des tâches éreintantes, répétitives et pénibles avec pour seuls espoirs de pouvoir modestement manger et de transmettre à leurs nombreux héritiers une maigre parcelle de bien.

J'imagine ainsi facilement – je crois les voir – tous ces « manants » qui ont façonné les bordures de parcelles qui demeurent, entretenu du mieux qu'ils le pouvaient les champs de céréales – plantes considérées comme sarclées à l'époque – et de racines destinées à leur alimentation d'abord et à celle des quelques animaux qu'ils élevaient, et effectué leur provision de bois, un besoin récurrent et manuellement fastidieux et bien dur.

Et en plus guettés qu'ils l'étaient par les décisions sans appel de leur « seigneur et maître » dont certains plaisirs, comme celui de la chasse, passaient par le mépris du travail effectué et de récoltes en devenir.

Et puis, il y avait tout l'aléatoire avec les épidémies et, pis que le seigneur, les invasions et les heurts si fréquents dans la région, auxquels on ne pouvait résister mais seulement essayer d'en pâtir le moins possible face à l'arbitraire généralisé de la part des puissants du moment.

Ce monde a heureusement bien évolué, dans la joie mais parfois la douleur et il est devenu susceptible de recours face aux décisions parfois arbitraires prises par de nouvelles classes de « puissants ».

Et pourtant la devise de notre République est si belle…

Jeudi 4 décembre

Depuis mon installation dans cet ermitage, j'ai toujours trouvé surprenante la liberté dont je jouis. Certes, à l'arrière, c'est-à-dire vers le nord, la forêt, son opacité et ses mystères me protègent facilement de la société. Mais devant, vers le soleil et tout ce qui me séduit principalement, il y a les hommes, leurs habitations et leurs activités. Je peux les observer, voire les entendre lorsque le vent est favorable, avant que mes yeux me détournent de ce que je ne souhaite pas vivre pour le moment.

C'est un peu aussi comme si mes voisins proches et plus lointains avaient renoncé à en voir et savoir plus sur mon compte qui doit leur sembler complètement ridicule et dénué de sens commun. Enfin je le pense !

Je les remercie – même s'ils ne le comprendront jamais – de m'avoir épargné pendant ces mois ce que je redoutais : devenir un objet de visite et ensuite de racontars.

Finalement, ma solitude est de la même nature que celle de mes devanciers d'ici et d'autres en retrait du monde mais plus lointains : avoir le moins possible de contacts et demeurer isolé pour être face à sa propre personne et aux questions que l'on se pose.

Jusqu'à maintenant la mission est remplie puisque je n'aurai fréquenté que moins de cinq humains en onze mois et que le système mis en place avec ceux qui pourvoient à mes besoins alimentaires fonctionne à merveille, dans une double et respective discrétion convenue.

Il fait très frais ce soir, le ciel s'entrouvre et une première gelée est possible. La fumée bleutée qui s'échappe de mon toit évoque ces gravures de chaumières au voisinage desquelles on note un porteur de fagot.

Vendredi 5 décembre

La saison froide précise son arrivée depuis cette nuit, une venue tardive il est vrai, avec -1° au lever du jour et… une fine couche de neige qui recouvre le paysage mais guère le sous-bois. Bien que le ciel soit très sombre, je sors de suite afin d'entamer mon tour et ainsi observer au plus près la nature.

Dans le chemin, les feuilles des châtaigniers ont reçu quelque neige et leurs bords sont ciselés par la gelée, elles ne resplendissent pas sous les effets du soleil matinal encore absent.

Tout est bien humide. Mes poules sont, sans doute depuis longtemps, en activité et s'approchent à ma venue mais j'ai les mains vides et elles reprennent leur recherche incessante de nourriture. Aucun bruit du côté de mes butineuses bien au chaud dans leurs ruches.

Je déborde un peu au nord de ma parcelle et suis surpris de voir, à cinq mètres, un beau lièvre détaler en partant d'un groupe de fougères sèches situées près de châtaigniers. C'est la seconde fois depuis mon arrivée que j'en vois un ici. Sans doute le même et ce malgré les nombreux passages de chasseurs seuls ou en battue. Je suis étonné qu'il ait son gîte à cet endroit, bien éloigné des parcelles ouvertes et cultivées qui constituent plutôt son domaine de prédilection.

Cette vision me fait penser aux « grands animaux » que je n'aurai guère rencontrés pendant mon séjour si ce ne furent toutefois quelques passages de chevreuils à grande vitesse mais pas de broutages printaniers longs et paisibles comme je les contemplais il y a peu d'années. Du côté sangliers, mon « tableau » est pour l'instant inexistant. Il est vrai qu'il y a bien longtemps que je n'observe plus les « fouilles » habituelles avant entre les arbres.

Samedi 6 décembre

Après la parcelle boisée au nord de la mienne, coupée à blanc dans les années 1970, laissée telle quelle et devenue depuis un mélange de bouleaux et de châtaigniers avec quelques résineux épars et des noisetiers colonisateurs, il y a eu pendant longtemps un petit pré de fauche, très allongé et non clôturé. Ses talus étaient couverts de primevères jaunes au printemps et j'aimais à y entendre les oiseaux, très actifs ici lors du réveil de la nature.

Mais l'hiver dernier, il a fait l'objet d'un reboisement intégral par plantation dans les règles de l'art avec une seule espèce : le châtaignier, dont les plants de 50 cm occupent maintenant la totalité. Chacun est accompagné d'un piquet et d'une haute protection anti-animaux en plastique.

Ainsi ce petit territoire, mentionné sur les cartes à faible échelle, a maintenant disparu et le paysage va en conséquence se fermer. Il fournira, dans trente ans ou un peu moins, de solides piquets de clôture s'il y a en a encore besoin car je me demande souvent combien d'animaux seront encore présents au voisinage dans les décennies à venir...

S'ils ne sont pas utiles à cet usage, les arbres ne seront pas dérangés dans leur futur assez proche mais il faudra attendre fort longtemps, de l'ordre de cinquante ans de plus, pour les exploiter en menuiserie.

D'ici à ce terme lointain de la fin du siècle, ils auront subi les effets du changement climatique en cours et irréversible, et peut-être les attaques parasitaires qui frappent leurs congénères dans d'autres régions.

Planter un arbre est toujours un acte de foi avec, en toile de fond, un environnement non modifié. Ce qui n'est plus le cas à l'échelle humaine.

Dimanche 7 décembre

Revenu dans cet observatoire en devenir forestier, je regarde au-delà des troncs des jeunes Douglas qui se trouvent de l'autre côté du chemin, vers les prés qui constituent le bordage de mon voisin G R-P, présent ici avec son épouse depuis des temps immémoriaux.

Il a été et est le parfait type du « bordagier » c'est-à-dire celui qui entretient quelques hectares de prairies et cultive une bonne variété et quantité de légumes, entretient clapier et basse-cour et loue éventuellement ses services contre une rémunération qui lui permettra d'obtenir quelques ressources financières bien nécessaires.

Ici, ils mènent leur vie dans un calme absolu, à quelques dizaines de mètres de la route qui conduit à Couptrain mais en retrait du monde. J'aurais d'ailleurs très bien pu conduire mon existence actuelle dans sa demeure... si elle avait été libre !

La superficie qu'il utilise est de quelques hectares plantés partiellement de pommiers qui lui permettent de dire à ses amis et aux personnes qu'il croise : « Viens prendre un coup de cite ».

Et encore ces hectares ne sont-ils que de l'herbe installée et maintenue contre la reconquête forestière, sur des sols gréseux, très secs lors des étés

« normaux » et dont la productivité est bien faible. Le terme « prairie » n'est pas adapté.

G. est bien évidemment l'un des derniers représentants de paysans qui se contentaient de fort peu et menaient une vie certes libre mais exigeante en temps car le travail manuel y était prépondérant, les revenus très faibles et de plus en plus avec la disparition de la vente de quelques litres de lait.

Le poids de l'isolement – s'il existe – faisait, et fait pour eux, partie d'une forme de vie révolue... mais qui ne manquait pas d'attrait.

Lundi 8 décembre

Je parcours un ouvrage du XIXème siècle qui correspond à des Annales contenant des travaux expérimentaux réalisés au sein d'une École supérieure agricole picarde créée au milieu de ce siècle et qui aura ensuite un développement particulièrement fertile, et je tombe sur un article consacré à « La grande et la petite culture ».

Le texte est clair, bien structuré et... prémonitoire !

Il y a cent cinquante ans environ, les Sociétés d'agriculture, dont les travaux s'exerçaient en général sur un arrondissement et qui étaient représentées par des notables issus de l'aristocratie souvent propriétaires terriens importants, et s'appuyaient pour le fonctionnement au quotidien sur des « professeurs d'agriculture » aidés d'expérimentateurs dévoués, distinguaient déjà deux composantes. Il y avait les « grands » établis, respectés car craints et jouant le rôle de guides et tous les autres vivant sur quelques hectares, et encore, louant leurs services afin d'améliorer le quotidien de familles le plus souvent très nombreuses, puis absorbés par les premiers à leur disparition, les questions de succession venant encore accroître les difficultés.

Certains des « petits » se spécialisaient, avec plus ou moins de bonheur, vers des productions, maraîchères surtout, permettant d'absorber une main-d'œuvre familiale toujours importante et qu'il fallait utiliser pour contribuer à la vie de l'exploitation.

Dans nos régions traditionnellement d'élevage, cela s'est fait avec retard ne serait-ce qu'en raison des productions animales qui permettaient de faire « vivre » (?) nettement plus de personnes par unité de surface.

Fort longtemps, les statistiques si bien documentées du ministère chargé de l'Agriculture indiquaient dans leurs « Recensements » des données relatives à « toute l'agriculture » incluant donc exploitations de subsistance et celles dites, de façon malhabile, de production.

Aujourd'hui c'est fini, avec deux catégories tranchées : « professionnelles » et autres. Certains avaient souhaité d'ailleurs faire correspondre les premières à « agriculture ». Une erreur manifeste pour l'avenir.

Mardi 9 décembre

Rien de spécial à dire sur cette journée fort courte, sombre et très humide.

En regardant mes notes, je constate qu'il ne reste plus que trois minutes à perdre le soir avant de rejoindre le 17, le début de la marche dans l'autre sens.

Une bonne raison de regagner ma cabane dès 17 heures car il fait presque nuit. Le poêle est devenu tiède et je m'empresse de le remplir de trois bûches. Il fait frais sinon froid dans ma pièce unique avec 13°. Aussi vais-je d'abord m'activer en épluchant des pommes de terre pour mon repas du soir et deux kilos de pommes afin de préparer une compote que je parfumerai avec quelques épices.

Une heure plus tard, il fait très bon et je reprends, avant de dîner, mon habitude de lecture qu'il est si agréable de prolonger le repas fini, allongé sur mon lit et ce jusque vers 23h, à moins que le sommeil ne m'ait gagné avant !

Au cours de cet ultime mois, j'ai dû faire appel à quelques ouvrages de réserve inavouée au départ. En effet, j'ai terminé la lecture, ou relecture surtout, des « grands » et « moins grands » apportés à mon ermitage.

Il me reste en fait peu de chose mais énormément à lire avec les deux œuvres majeures de Stendhal à mes yeux : « La Chartreuse de Parme » et « Le Rouge et le Noir ».

Je commence par la première, tout ému que j'étais dans ma jeunesse par les exploits – et non- exploits – de Fabrice del Dongo et l'image d'un tableau représentant une haute tour sur des constructions à sa base, dominant le Lac Majeur, ensemble placé en couverture sous des couleurs féeriques.

Mercredi 10 décembre

Il est trois heures du matin et, de temps à autre, j'entends quelques bruits de branches se frappant entre elles. Difficile de dormir, certes, mais cela est surtout dû à « La Chartreuse ».

Avant de dîner et un peu après, j'ai commencé par lire la vie d'Alexandre Farnèse, la biographie de Marie-Henri Beyle et les étapes du roman, ensemble annexe à l'édition que j'ai choisie. En revanche, j'ai refusé d'aborder la préface que je conserve pour la fin.

Restaient 600 pages environ que j'aborde avec le ventre plein et l'esprit peu fatigué.

On ne lit pas « La Chartreuse » comme un quelconque roman : il faut sans arrêt s'arrêter, revenir et confronter tant la prose de Stendhal est dense, touffue et ne sépare pas les actions des réflexions, si ce n'est au moyen des chapitres.

Chacun sait qu'il a écrit ce chef-d'œuvre en 52 jours, enfermé et protégé par son valet qui affirmait que « Monsieur Beyle est parti en vacances ». Et j'ai trouvé séduisant que le dernier cinéaste à avoir tenté l'aventure ait bouclé son film en tournant sur les vrais lieux des intrigues en 52 jours également !

La lecture de ce livre captive par des personnages si riches et si subtilement décrits par petites touches. À cette heure tardive, je pense avoir assimilé cent vingt pages et je vais maintenant dormir avec les exploits de la sublime Sanseverina et de l'enfant gâté un peu fantasque qu'est Fabrice. Il me tarde de poursuivre ma lecture demain et de découvrir la force et la constance du comte Mosca.

Et dire que l'on nous a obligés à l'école à lire de telles œuvres qui exigent maturité et culture ! En tout cas, je ne retrouve guère ce soir mes appréciations d'il y a cinquante-cinq ans... Elles sont magnifiées d'un facteur important !

Jeudi 11 décembre

Si je connais bien chaque arbre du bois qui m'entoure et sa position par rapport à ses voisins, je suis beaucoup moins renseigné sur les fûts, les ramifications et pas du tout sur les sommets.

Il y a pas mal d'années maintenant, les « scientifiques » (re) découvraient la diversité de la magnifique forêt primaire de Guyane française et s'essayaient à étudier entre autres sa biologie et sa physiologie. Je me souviens avoir accompli deux missions dans cet enchantement pour un naturaliste puisque protégé par les lois et la volonté de la République.

Une des trouvailles de l'époque pour aborder l'étude de la canopée avait pour nom « le radeau des cimes » que l'on a pu voir dans nombre d'émissions télévisuelles.

Son principe était fort simple : disposer d'une sorte de bulle légère, arrimable, et que l'on pouvait déplacer au sommet des frondaisons tout en y effectuant toutes sortes de mesures. Des clichés ont circulé dans des expositions puis ce support est passé de mode.

Aujourd'hui, je rêve de disposer d'un tel engin pour être au plus près de « mes » cimes, y circuler, prendre des clichés, observer des éléments que j'ignore et voguer sur des vagues peu élevées, ne dépassant pas quinze mètres, sur lesquelles seraient identifiés facilement les arbres les plus âgés, c'est-à-dire les pins maritimes dont plusieurs exemplaires sont dépérissants ou en fin de vie. Un spectacle que je pourrais effleurer alors que jusqu'ici j'en suis à l'observer de loin, donc mal, à partir d'un point haut.

Comme disposer de ce radeau est peu vraisemblable, je demanderai un jour à J.T. de m'enlever dans les airs grâce à son paramoteur et de venir sur ces lieux pour saisir ce moutonnement peu ondulé même s'il ne nous sera pas possible de nous y stabiliser.

Vendredi 12 décembre

« J'ai toujours éprouvé un religieux respect pour ceux qui tiennent un stylo [...], avec lequel ils tentent de nous montrer le chemin d'une étoile », Jean-Marie Rouart, Nous ne savons pas aimer.

Ça y est, j'ai achevé « La Chartreuse de Parme » avec sa conclusion triste et surtout précipitée. Alors que tout au long de cette œuvre resplendissante, Stendhal prend son temps, juxtapose et mélange les idées ce qui conduit à en rechercher souvent le fil, et là, en quelques pages, on saute d'une grande nouvelle à une autre. Son éditeur d'alors trouvait le roman trop long et l'a obligé à transformer la fin en une chute si rapide que l'on regrette de refermer l'ouvrage. Dommage !

Mais l'essentiel est avant et je ne suis pas étonné que tant de personnes et de clubs à travers le monde soient passionnés par l'œuvre et l'homme. De ce point de vue, la bibliographie citée dans l'édition que je possède est édifiante ; elle comprend un florilège d'œuvres – articles ou livres – qui témoignent du raffinement et de la méticulosité des pensées. Ainsi en va-t-il de « Echanges non verbaux et communication paralinguistique dans les romans de Stendhal », « Le langage des yeux dans «La Chartreuse de Parme» », ou « La symbolique du chiffre 3 dans «La Chartreuse de Parme» » pour n'en indiquer qu'un aperçu.

Je reconnais avec une gaîté sans retenue la trame si riche de ce roman, ses peintures colorées, cruelles ou affectueuses, le jeu des personnages, les multiples rebondissements et l'extrême densité du texte.

En l'achevant, j'ai pensé qu'il serait stupide de ne pas laisser à mon éventuel successeur la copieuse bibliographie apportée à mon arrivée. C'est que je ferai et qu'il (ou elle) enrichira à sa façon. J'en étais à calculer à combien de volumes on pourrait parvenir en vingt ans !

Samedi 13 décembre

À deux grosses semaines de mon retour au monde, je procède à mon bilan énergétique.

Côté chauffage, le compte est satisfaisant : j'ai épuisé ce qui avait été préparé à la fin de novembre et depuis j'utilise la réserve « Au cas où... » qui provient de l'abattage nécessité par la construction de ma cabane. Il en restera peut-être quatre stères.

Mais ce compte résulte de conditions climatiques très clémentes. L'hiver dernier, le plus grand froid n'a atteint que -6°, ce qui est bien rare dans cette contrée où l'on touche habituellement -10 à -12°. Cet « hiver chaud » a d'ailleurs épargné de nombreuses plantes d'ornement gélives. Et ensuite, il n'y a pas eu de ces grosses tempêtes qui sont actives sur le tirage d'un poêle. Toutefois, j'ai soigné mon confort sur ce plan car j'ai bien du mal à supporter la fraîcheur en habitation, surtout le soir. Disons que, pour supporter un hiver rude comme on en a connu, par exemple en 1983-1984 – année où beaucoup d'arbustes comme le laurier-sauce et le camélia ne sont « repartis » que de leur souche –, il faudrait prévoir au total un stock de vingt stères, ce qui est beaucoup mais nécessaire compte tenu des déperditions conséquentes d'un tel abri. Il y aurait alors sans doute un peu de marge...

Pour ce qui est de l'électricité, tout s'est passé ainsi que je l'espérais : la pale de mon éolienne et le panneau photovoltaïque ont fonctionné à merveille et leur complémentarité m'a permis de n'être pas plongé dans l'obscurité, par exemple lors de mes lectures nocturnes.

Quant à mon réfrigérateur, je pense que la deuxième bonbonne de gaz ne sera pas terminée à mon départ car j'ai changé la première en août.

Je peux donc déclarer à ce niveau important pour une vie à mes yeux acceptable : « Mission accomplie ».

Dimanche 14 décembre

« Ça a débuté comme ça. », Louis-Ferdinand Céline, Voyage au bout de la nuit.

Je me suis souvent interrogé sur ce qui a déclenché ma décision de venir vivre ici pendant une année entière.

Il y a deux composantes : l'isolement voulu et le lieu.

Depuis longtemps, je voulais prendre un recul conséquent et l'heure de ma retraite a constitué une sorte de glas. Il ne fallait plus trop attendre et ne pas être raisonné par des questions de santé de moi-même ou de mes proches. Or, mes Parents venaient tour à tour de partir après des fins de vie difficiles et mon Épouse, qui avait lutté avec détermination, courage et succès contre une grave maladie était maintenant tirée d'affaire. Nos enfants vivaient des vies bien remplies. Quant à moi-même, les quelques soucis associés à l'âge et à une vie professionnelle fort chargée et peu respectueuse de l'organisme pouvaient être réglés par la fréquence des venues de mes connaissances. Il ne fallait cependant pas trop attendre d'autant que j'allais franchir une nouvelle dizaine durant l'année. La décision fut donc prise.

Quant au lieu, il ne pouvait être selon moi que sur ma commune et j'avais toujours pensé à deux possibilités.

La première se situait à deux kilomètres du bourg dans un ensemble de prés conséquent (6 ha) au milieu desquels se trouve un étang. J'adore ce lieu, hérité de ma grand-mère qui y a vécu, puis agrandi, mais il y a des habitations à 200 mètres de son cœur et le paysage est ouvert. Comment aurais-je ressenti mon isolement ?

Restait La Croix-Guillaume, endroit pour moi de dilection, un peu mystérieux par sa situation, couvert de bois denses, abordable par un chemin rustique et doté d'une vue de rêve sur la Haute-Mayenne.

Ma décision se porta facilement sur ce coin chéri.

Lundi 15 décembre

« On ne peut rien écrire dans l'indifférence », Simone de Beauvoir, Les Mandarins.

J'ai souvent médité cette phrase en me demandant si l'acception que l'on en fait habituellement est la bonne. S'agit-il de l'indifférence à l'autre ou de celle que nous suscitons des autres ? Il me semble qu'il faille tenir compte des deux.

Le thème de mon premier livre en « fin de chantier » est, comme déjà indiqué, l'étude et l'analyse critique des travaux d'un brillant agronome du XIXème siècle, religieux de son état au sein de la congrégation des Frères des écoles chrétiennes, directeur pendant près de trente ans d'une École supérieure d'agriculture et grand chercheur et expérimentateur devant l'Éternel. Quelqu'un qui aura marqué son époque par ses résultats mais sans atteindre la renommée de chercheurs contemporains qui n'avaient pas, comme lui, beaucoup d'autres charges.

Depuis que j'ai eu connaissance de son existence et de son œuvre, disons il y a cinquante ans, je me suis promis de réaliser ce travail d'écriture, exécuté partiellement il y a deux ans avec ses recherches relatives à l'obtention de la fameuse variété de pomme de terre qu'il a obtenue.

Là, je vais plus au fond des choses en analysant l'ensemble de ce qu'il a publié et en le replaçant dans son contexte sur des plans nombreux et complémentaires. Je suis absolument certain que ce travail, presque achevé dans son écriture, n'aura aucun succès éditorial si ce n'est celui de la curiosité de quelques spécialistes, de la coutume d'achat par les bibliothèques universitaires ou d'organismes, et de l'intérêt naturel de l'École concernée. Un ensemble obligé mais quelque peu « indifférent »... Regrettable ! ?

Quant à moi, j'ai toujours ressenti le besoin d'aller au terme de cette lourde recherche même si d'autres sujets m'apparaissent aujourd'hui plus importants.

Mardi 16 décembre

Le livre consacré à ma vie à La Croix-Guillaume est d'une autre essence : voulant ses 366 parties réellement quotidiennes, je le conduis dans un souci constant des lecteurs à venir et face à eux, et de mes témoignages sur toutes sortes de choses, d'événements, d'observations et de réflexions.

J'ai tellement souhaité ce séjour original qu'il ne me serait pas venu à l'idée de le garder égoïstement et je désire d'abord le partager avec ceux qui vivent proches de moi et ont une certaine « culture », depuis toujours, de l'avant-poste où je me trouve et de ses environs.

Les réactions qu'ils ne manqueront pas de m'indiquer après lecture me seront précieuses et je les attends.

C'est délibérément que j'ai choisi de ne traiter qu'un seul sujet par jour, de lui réserver un espace limité et de tenter de varier mes préoccupations à l'image des vagabondages incessants de l'esprit quand il n'est pas trop distrait, en tout cas moins que dans la vie habituelle.

C'est pourquoi je souhaite apporter à mes futurs lecteurs une construction structurée comme il se doit, mais peu contraignante et assez fantaisiste...

Je me suis souvent posé la question de savoir si mon témoignage devait tenter d'exercer un attrait sur des personnes cherchant des repères et désirant le faire librement, avec un minimum de contraintes. Ce n'est pas un souhait premier mais peut-être caché que je réserve à celles et ceux qui trouveront ces pages...

Mercredi 17 décembre

« Le nez de Cléopâtre, s'il eût été plus court, toute la face de la terre aurait changé », Blaise Pascal, Pensées.

En relisant cette citation achronique, je me souviens de ces « conversations de bar » au cours desquelles on refait le monde avec des « si » et où chacun a, sur les sujets de société, un avis tranché en étant certain de détenir la vérité, mais plus certainement « sa » vérité.

On entend souvent parler de ces situations avec mépris par ceux qui ne les pratiquent pas. Et pourtant, ces lieux de vie correspondent à différents besoins de même nature depuis qu'ils existent.

Enormément de personnes – et de plus en plus – vivent seules soit par choix soit, le plus souvent, à cause de circonstances qui ont repoussé sans cesse les échéances jusqu'à un moment de non-retour. Or, l'Homme est avant tout un être sociable et son isolement dans sa maison, dans ses soirées, dans la mauvaise saison, dans ses problèmes matériels, dans ses réflexions pousse ainsi à aller vers la lumière qui attire et où chacun retrouvera un rôle convenu, une réputation, souvent un surnom, une façon de penser, bref, un « type » associé au simple fait qu'on aperçoive le personnage arrivant.

Outre offrir un peu de chaleur humaine, ces rencontres, souvent assez « arrosées », permettent de rêver à ce qui aurait pu être ou arriver. Pourquoi pas et c'est louable dans la mesure où ce qui a été vécu, et surtout subi, ne correspond pas à ce qui était désiré. Toutefois, une situation inverse conduirait au même résultat !

Blaise Pascal a eu bien raison d'illustrer sa Pensée 90 par un exemple plaisant et universellement connu.

Jeudi 18 décembre

Mauvaise surprise ce matin en visitant le potager : moi qui vantais il y a peu ma production abondante de topinambours et regrettais (presque) de ne pas encore avoir vu de sangliers cette année, ni même des traces, je suis servi. Ils sont venus cette nuit se régaler de mes récoltes qu'il faut laisser en terre sous peine de déplorer leur rapide flétrissement. J'emploie un pluriel car il y a dans la terre humide la marque de nombreuses pattes dont des petites.

J'avais coupé les tiges restantes et il ne reste plus grand-chose : tout est retourné et les tubercules qui affleuraient ont disparu... sans qu'ait été faite de distinction entre les trois variétés !

Emportés par leur élan, les animaux ont poursuivi leurs recherches dans les mottes récemment offertes aux rigueurs de l'hiver et je retrouve un tableau décourageant de ce que j'avais préparé avec soin.

Poursuivant mon périple, je me rends au poulailler où les pondeuses ne paraissent pas affectées alors que je note, pour la première fois, une tentative d'intrusion au niveau de la première couronne de grillage protectrice, avec un essai de soulèvement qui n'a heureusement pas été concluant. Quelles ont dû être les têtes de mes poules face aux hures des « cochons » qui, sur ce plan, sont repartis bredouilles !

Moralité, après ce premier incident : on ne peut laisser d'entrée libre un potager en plein bois, face à de gros animaux qui ont toujours faim et dont les mœurs poussent à « fouiller », peut-être pour, ici, rechercher des châtaignes restantes.

Il faudra y remédier par une clôture dissuasive.

Vendredi 19 décembre

Après avoir déjeuné, je prends l'air, redevenu doux, sur ma terrasse. Les petits froids récents ont un peu séché la végétation.

J'entends le bruit d'un moteur de tracteur qui tire un imposant pulvérisateur. L'ensemble s'arrête à l'entrée de la grande parcelle emblavée en blé qui se trouve sous mon territoire mais de l'autre côté du chemin.

Et l'épandage commence...

Il faut peu de temps pour que l'odeur du produit me parvienne alors que je suis éloigné de plus de deux cents mètres du convoi. Connaissant pas mal ces questions pour les avoir travaillées, je reconnais un herbicide (ou un mélange ?) qui correspond bien à la saison car il ne faut pas se laisser envahir précocement par les mauvaises herbes, surtout sous des conditions plutôt douces. Qu'en penser ? C'est la loi obligée pour obtenir de « bons rendements » c'est-à-dire ceux qui permettent à l'exploitant de dégager une marge suffisante pour vivre, investir dans de nouveaux matériels et qui sait ? s'agrandir.

Une pratique devenue permanente qui ne réserve pas de très bonnes choses pour l'avenir. Je ne peux m'empêcher de penser aux préconisations du « Grenelle de l'environnement » qui avaient pour objectif en ce domaine de diviser par deux les apports de pesticides à l'horizon 2018. Un terme dont on se rapproche très vite, avec quelques progrès enregistrés. Ils auront à être amplifiés fortement pour aboutir à ce qui a été souhaité par les partenaires.

Mais comment faire avec des impératifs de productivité fort prégnants et des charges qui augmentent ? Il est évidemment plus simple d'avoir des solutions au cours d'une réunion ou autour d'un café...

Samedi 20 décembre

« La vie ne m'intéresse pas assez pour que je puisse me passer d'écrire », Michel Houellebecq, pour l'annonce de « Confirmation du dernier rivage ».

À la sortie de mon ermitage, je serai, du point de vue écriture, dans une situation nouvelle pour moi qui suis toujours en retard, au moins à la poursuite de ce que je n'ai pas encore terminé.

Là, mes deux ouvrages prévus en commencement d'année auront abouti et il ne me restera, avec N.M., qu'à transformer des textes en documents mis en page et prêts à être pris en charge par les éditeurs... ce qui sera d'ailleurs loin d'être une sinécure !

Je retrouverai alors le rythme des articles plus ou moins associés à mes responsabilités à l'Académie d'agriculture de France, d'autres destinés à des Revues qui ont, à mes yeux, un énorme avantage, celui de ne pas réduire, déformer ou modifier ce qu'on leur confie, même si leur tirage est faible et souvent ciblé, et enfin dès qu'arrivera novembre, et ceux d'une catégorie que je privilégie car elle est contenue dans le Bulletin municipal qui paraît maintenant à l'occasion de la traditionnelle rencontre entre le Maire, son Conseil et la population invitée à participer.

Et au niveau livre ?

J'ai caressé l'idée, après le témoignage de mon expérience vécue ici, de proposer un court Essai, par exemple un an après mon départ, sur ce que je ressentirai alors. Pourquoi pas ? Et je n'oublie pas le serment que je me suis fait – d'une valeur en conséquence toute relative – concernant un écrit « important » qui paraîtrait à l'automne 2016, pour mes soixante-douze ans révolus, sur un thème de société dont je connais déjà les contours.

Il faudra cependant, et parallèlement, mener ma vie au milieu des autres, qui, contrairement à ce qu'a déclaré Michel, m'intéresse beaucoup !

Dimanche 21 décembre

Rentrant tôt ce soir dans mon logis alors qu'il est à peine 17 heures mais que le ciel est resté fermé et qu'une bruine tenace a perduré toute la journée, les éoliennes des lointains attirent mon regard avec leurs lampes signalisatrices passées récemment du blanc au rouge.

Je ne peux m'empêcher de penser à nouveau aux énergies alternatives – éolien terrestre et maritime, solaire, avant tout – qu'il va falloir déployer en bien peu d'années puisque le « Programme de transition énergétique » français prévoit de ramener la part du nucléaire des trois-quarts, voire 80 % actuellement, à la moitié en... 2030 soit d'ici à quinze ans ! Un programme auquel je ne peux que souscrire comme la plupart de mes concitoyens.

Et, je me pose une double question toute simple : comment va-t-on pouvoir faire si vite et en utilisant quelles surfaces ?

Le propre de ces sources d'énergie visant à remplacer l'usage des fossiles est qu'elles sont intermittentes et modérément prévisibles. Comme le « stockage » de l'électricité produite n'est pas solutionné de façon satisfaisante, et loin s'en faut malgré les promesses successives de solutions « certaines » à l'horizon 2000, puis 2010..., il faudra bien, en l'état actuel des connaissances, construire aussi des centrales thermiques... polluantes afin de venir en soutien aux productions « propres » mais fréquemment défaillantes. Un cercle vicieux !

Question rapidité, on peut être songeur, compte tenu des délais actuels pour aboutir face aux nombreux recours et aux considérables besoins de financement, supérieurs à 300 milliards d'euros en ce domaine.

Quant à la place qu'il faudra occuper, elle fait frémir avec probablement un million d'hectares rien que pour cette étape ! Souvenons-nous des protestations justifiées face aux surfaces destinées à la production de bio-carburants dont on ne parle d'ailleurs plus beaucoup en Europe... Curieux !

Lundi 22 décembre

En ce matin timidement ensoleillé et bien frais, mes regards se portent sur de nombreux bâtiments en ruines ou réaménagés, proches et lointains, qui restent le témoignage du morcellement du territoire et de l'agriculture de subsistance avant que d'être « familiale ». Et le contraste est saisissant avec les quelques « grandes » exploitations, leurs bâtiments aux normes, leurs stabulations de parpaings et de tôles, les vastes parcelles qui les entourent et la quasi-absence de haies. J'en fais le compte aisément depuis mon promontoire et il tient sur les doigts des deux mains ! seulement.

Que l'on a pu simplifier, voire galvauder, cette notion d'« exploitation familiale » qui a fait la force de notre agriculture et par conséquent de nos industries agro-alimentaires dont les places dans le monde ont été longtemps flatteuses avant de régresser sensiblement !

Dans notre pays, la notion d'« exploitation familiale » est assez bien comprise et admise par tous : elle est une forme d'agriculture dans laquelle le travail, la permanence des soins aux animaux et toutes les opérations qui concourent à l'entretien du fonds « en bon père de famille » sont conduits par l'exploitant et sa famille. Un modèle tout simple dans sa présentation qui a fait passer la France de chroniquement déficitaire en de nombreuses productions à excédentaire pour la plupart, et ce en trois à quatre décennies. Quelle efficacité !

Ce « modèle » n'est pas seulement français mais il s'est magnifiquement exprimé dans notre pays avant que d'évoluer fortement sous nos yeux depuis une grosse décennie… mais ceci est une autre histoire.

Mardi 23 décembre

« L'ermite croit qu'il a trouvé Dieu, parce qu'il a trouvé la solitude », Henry de Montherlant, Carnets, 1930-1944.

J'avais noté il y a bien longtemps cette phrase de l'auteur des « Jeunes filles » en ne lui accordant pas une grande valeur. La retrouvant aujourd'hui quelque part dans ma tête, je la médite en prenant le temps nécessaire.

En arrivant ici, face à moi-même et à l'environnement splendide qui me convenait, je pensais réfléchir souvent à ce grand mystère, à la faveur de l'immensité du temps dont je disposais. J'avoue être assez surpris par le résultat : en dépit du nombre d'heures consacrées à ce sujet essentiel, spécialement au cours des nuits ventées au cours desquelles il n'est guère possible de fermer l'œil, je n'ai pas vraiment avancé et demeure sur mes positions d'avant. Je suis certain que Dieu existe, qu'il est très différent de toutes les représentations que l'on en fait et qu'il est à chercher dans nos actions et notre conduite.

Alors et l'ermite ? Confronté à lui seul, admirant la beauté du monde, il est disponible au surnaturel, non accaparé qu'il est ni par les mille détails sans importance qui gâchent la vie ni par le spectacle trop souvent affligeant des comportements humains.

Grâce aux circonstances de sa nouvelle vie, il est en prise directe avec les éléments qui l'entourent – pourtant en compétition permanente – et ressent d'abord une grande harmonie qui est celle apparaissant à son regard. Une harmonie perpétuellement instable mais qui suffit cependant à magnifier la vie, souvent de prière en voulant qu'arrive ce que nous souhaitons.

Mercredi 24 décembre

Noël, mon premier Noël dans la solitude !

La journée se déroule calmement avec mes activités coutumières. Je fais une entorse au régime de mes volailles que je majore substantiellement en prélevant nettement plus que de coutume sur mes stocks d'orge et de maïs qui seront bientôt épuisés.

Côté de mon « réveillon » personnel – livré exceptionnellement ce matin – j'ai eu de bien douces surprises consistant en une bûche de marrons artisanale dont la préparation a été orchestrée par ma sœur N., grande préparatrice de la chose le 24, une autre de ma sœur J. au travers de morceaux de dinde et tout le reste, du foie gras d'entrée au fromage et aux diverses boissons d'accompagnement par mon épouse et mes enfants. Ce matin, je suis vite descendu lorsque j'ai entendu – le vent était orienté du bon côté – la clochette qui surmonte la boîte à dépôt qui constitue, depuis un an, mon seul lien au monde.

J'avoue un peu de fébrilité dans cette perspective de la fête de la Nativité alors que je serai à nouveau seul face à moi-même.

Le stock de bois à côté du poêle a été augmenté car je ne compte pas festoyer très tôt voulant respecter la tradition d'antan de la messe à minuit, en pensées, mais sans retour comme auparavant vers la maison chaude et les cadeaux miraculeusement déposés par le Père Noël.

Se posera alors une question que je n'ai pas encore résolue… avant minuit, celle de l'appel – des appels – à ma famille proche. J'ai envie de le faire car

Noël est la plus belle des fêtes – avec toutefois la lumière de celle de Pâques – et la Saint Sylvestre n'aura rien à voir car je partirai le lendemain. Réponse à minuit une !

Jeudi 25 décembre

Peu après minuit, j'ai franchi le Rubicon en téléphonant à ma famille. Cela m'a d'abord surpris – et je cherchais les bonnes touches. Il y avait presque un an que je n'avais appelé d'autant que j'ai eu la chance, pendant cette longue période, de ne pas être malade ou blessé, en tout cas suffisamment pour devoir joindre les secours.

Je ne dirai pas que je n'ai pas « parlé » au cours de tous ces mois puisque j'ai rencontré, fortuitement ou par des visites, cinq personnes et qu'il m'est aussi arrivé de renseigner brièvement des randonneurs à la recherche de leur bon chemin.

Par ailleurs, j'ai souvent chanté en travaillant ou fredonné sur ma terrasse ou dans ma barque en libre dérive, la tête au ciel. Et puis, je n'ai pas renoncé au fait de « me parler » ainsi que je le fais communément en m'interrogeant sur un choix ou une activité.

Ce matin tôt, c'était bien différent car je parlais à quelqu'un et d'abord à quelqu'une, les yeux très embués, cherchant mes mots car ne sachant par quoi commencer et comment ordonner ce que je voulais dire et demander.

J'ai d'abord été infiniment heureux de savoir que tout allait pour le mieux au niveau de mes proches, en constatant qu'ils étaient aussi émus que moi et que nous comptions tous les jours qui restaient – sept – avant de nous retrouver.

Ensuite, nous avons échangé un peu sur nos vies séparées cette année mais n'avons rien dit sur les « événements du monde » car je n'ai aucune envie de connaître maintenant ce qui fut saillant depuis le premier janvier, bien certain que je me réinsérerai très vite dans le quotidien dont beaucoup présente un intérêt tout relatif.

Vendredi 26 décembre

Petite course ce matin dans les bois qui m'environnent afin de trouver des ornements qui vont parer ma cabane pour cette fin d'année.

Je ne vais pas être original et donc rechercher comme je l'ai toujours fait des rameaux de houx que j'affectionne et quelques boules de gui. Les deux symbolisent l'hiver, le bien-être au coin du feu et le renouveau.

Ici, le houx constitue un sous-étage dispersé mais abondant et atteint, même sur ces sols si pauvres, des tailles respectables atteignant quatre ou cinq mètres, voire plus, si la lumière a pu passer en raison de chutes ou d'abattages de grands arbres qui lui faisaient obstacle. En bordure, on peut observer de vrai arbres atteignant vingt centimètres de diamètre à un mètre du sol, et dont la coupe est blanc nacré. Je me souviens, il y a longtemps, d'un petit marché entretenu par le scieur local de houx respectables ayant crû dans des haies et dont la destination n'était pas très claire... Comme chacun le sait, cette espèce « sauvage », avec de nombreuses variantes et obtentions, est dioïque. Seuls les pieds femelles portent des fruits d'un si éclatant rouge brillant pour peu qu'ils aient été suffisamment fécondés. En sous-bois c'est rarement le cas et il faut se contenter de quelques « boules » espacées sur les rameaux et plus orangées que rouges en ce moment. Aussi vais-je aller jusqu'à l'ancien petit pré voisin, entouré de quelques beaux spécimens que je sais porter chaque année de très nombreux fruits et commettre un modeste larcin, non sans avoir admiré au préalable leur tableau sur fond du ciel devenu bleu blanchâtre en peu de temps.

Pour le gui, ce sera plus simple et plus proche car quelques vieux pommiers de mon voisinage, non entretenus, en sont couverts.

Je rapporte le tout en deux étapes et installe l'ensemble sous le pâle soleil hivernal : du gui au-dessus de la porte et du houx au long de toute la balustrade ainsi qu'à l'intérieur de mon antre.

Il est bien certain qu'un certain air de fête est ainsi assuré... qui surprendra sans doute les promeneurs du Nouvel an !

Samedi 27 décembre

Coup de froid depuis hier soir sur la Haute-Mayenne. Avant de me lever je le ressens à la température intérieure et vais m'empresser de réalimenter mon foyer. Un regard extérieur me montre les rayons d'un beau soleil levant et un paysage blanchi par le givre. Il fait -4°. Une occasion de faire un tour matinal orienté spécialement vers mon étang.

J'y arrive et je l'observe recouvert d'une fine mais uniforme pellicule de glace sauf, bien sûr, à ses entrée et sortie. La barque est emprisonnée. Je casse et envoie les morceaux vers la surface comme si je voulais faire des ricochets si chers à notre enfance. L'épaisseur atteint bien trois millimètres.

Le soleil commence à arriver dessus à travers les troncs et branches situés à l'est mais surtout par le grand pré.

Malgré la fraîcheur, je m'assieds sur une pierre haute établie près de mon lavoir et j'y demeure attentif au spectacle qui va m'être offert. Et il va me combler.

Les premiers rayons touchent maintenant la glace et les herbes, graminées surtout, et aussi panais et grandes berces, mais la chaleur fournie n'est pas encore suffisante pour entraîner la fonte du givre. C'est le court moment où l'on peut admirer ce qu'on a souhaité voir, photographier, et je ne m'en prive pas, puis constater la fonte progressive puis rapide. Sur la glace en bordure, les rameaux voisins se reflètent de façon très précise, beaucoup plus qu'à partir de l'eau libre toujours dérangée par un peu de vent. Soudain, j'entends quelques craquements à ma droite, la glace réagit et commence à fondre. Le phénomène progresse lentement sur les bords. Je reviens dans l'après-midi quand l'air est à + 2° : il reste encore beaucoup de zones gelées au milieu qui n'auront sans doute pas le temps de fondre car la température va vite baisser.

Quel spectacle, doré à souhait et quelle sensation d'éternité des phénomènes climatiques !

Dimanche 28 décembre

Je respecte le repos dominical et lit, bien emmitouflé sur ma terrasse ensoleillée, un des récents ouvrages de Frédéric Lenoir « La Guérison du monde » (Fayard). Cet auteur est à la mode et on le voit fréquemment sur les plateaux de télévision. Son œuvre est abondante et diverse et touche surtout aux religions et au bien-être.

Ici, il disserte sur la fin du monde que nous connaissons puis propose les voies d'une renaissance. Je regarde attentivement ce qu'il écrit sur les crises environnementale et agricole qu'il traite en peu de pages. C'est toujours un bon test que de lire avec un regard critique des passages sur des sujets que l'on estime connaître un peu.

Et là, je suis surpris : les importantes questions évoquées dans ces sous-chapitres le sont de façon certes obligatoirement mais très (trop) consensuelle, sans originalité et en reprenant la « pensée dominante », par exemple sur l'agriculture « productiviste », sur les OGM ou quant aux risques associés aux changements climatiques. Une manière de satisfaire le « lecteur moyen » qui va retrouver ses marques, puis poursuivre par ce qui est consacré aux propositions, ce qui le conduira à les accepter plus facilement... et à recommander l'ouvrage à ses relations ! Est-ce le but recherché ? Je le pense et le regrette. C'est ce qui fait la valeur des pensées « engagées »... avec un défaut systématique : celui d'être excessif et de ne rien laisser au doute.

Je suis tout de même surpris que les bilans avant propositions, faits par des auteurs à la mode, soient aussi ternes, un peu comme si la partie bibliographique allait de soi, ce qui est loin d'être le cas. C'est tout l'intérêt de développer, par l'éducation, le sens critique des lecteurs...

Lundi 29 décembre

En septembre, j'avais demandé à mes ravitailleurs de me procurer quelques bulbes de jacinthe et pas mal de crocus afin de réaliser quelques potées qui éclaireront, dès fin janvier, l'hiver encore présent... et pesant !

J'ai planté le tout que j'ai placé à l'extérieur en recouvrant de mousse afin de mettre l'ensemble à l'obscurité comme il se doit.

Chaque année, j'aime préparer ainsi une floraison avant l'heure qui illumine l'intérieur de l'habitation peu de jours mais suffisamment pour faire oublier les frimas qui paraissent alors ne plus en finir.

Je savais bien, en le faisant, que les jacinthes ne pourraient éclore ici, durant ma présence, d'autant qu'il y a eu peu du froid indispensable pour réussir une floraison de qualité. À l'heure actuelle, leurs pousses ne dépassent pas deux centimètres et il est trop tôt pour les rentrer à la chaleur et à la lumière car leurs fleurs s'épanouiraient mais resteraient petites, encloses dans la base des feuilles. Nous les emporterons le premier janvier !

Pour les crocus, c'est différent car ils sont nettement plus hâtifs et, plantés tôt, ils ont eu le temps d'émettre leurs racines et de produire des pousses qui atteignent pour certains bulbes trois centimètres. Aussi ai-je rentré trois potées la veille de Noël dans l'espoir que les fleurs colorées de jaune vif, de blanc pur avec des étamines jaune foncé, et de violet intense, mais fugaces, soient écloses lors de l'arrivée prochaine de ma famille.

À « J-3 », j'ai quelques doutes malgré de gros progrès en quatre jours. Comme je commence à apercevoir des pointes florales colorées, il y a des chances que je puisse offrir à chacun un ensemble épanoui.

Ce serait un échange bienvenu de « soleils »...

Mardi 30 décembre

Le temps est bigrement doux.

C'est drôle comme on a du mal à se détacher de ses habitudes. Même dans mon isolement, j'ai les mêmes sensations en voyant le calendrier que celles que j'ai toujours ressenties en cette extrême fin d'année.

Tout d'abord un relâchement dans la pression du temps devenu d'hiver. J'ai maintes fois remarqué que la semaine entre les fêtes était douce et humide, et mes carnets en témoignent, un peu comme si on nous laissait reprendre des forces avant les épreuves de janvier. À la manière de ces calendriers que l'on trouve encore et qui nous annoncent le temps qu'il fera dans l'année à venir, divisée en semaines, et dont la « dominante » est bien sûr une moyenne. Et en cherchant la dernière semaine de l'année, on trouve effectivement les mentions « nuageux » ou « doux ». Un peu comme une tradition...

Ensuite, c'est une période de trêve qui correspond souvent à des vacances (« la cinquième semaine »), permettant de souffler après la célébration de Noël, de prendre avec bienveillance et amour les excès des petits et de préparer le réveillon sans trop de précipitation, surtout si les achats sont faits, ce qui est en général le cas à la saint Roger, une expression que l'on n'a plus guère le droit d'employer, laïcité oblige, même si notre Société s'est construite sur des forts fondements chrétiens pendant deux millénaires.

Enfin, c'est le moment de l'année où l'on a conscience de sa fin prochaine, mais habités que nous sommes par deux sentiments contradictoires qui ont pour noms regret et espoir. D'où cet usage des vœux qui a, entre autres mérites, de maintenir une forme de lien – la dernière – entre celles et ceux qui s'éloignent avec les années jusqu'au jour où il y aura rupture unilatérale... bientôt consommée par l'autre partie.

Mercredi 31 décembre

« Ce temps [...], on a l'impression quand on l(e) possède qu'on le gardera toujours.

Ce n'est qu'au bord de l(e) perdre qu'on s'aperçoit combien (il) était précieu(x). Mais il est trop tard ».

Jean-Marie Rouart, Nous ne savons pas aimer.

Lever de soleil sur le dernier jour de l'année et l'ultime pour moi d'une présence complète dans mon domaine de solitude !

J'ai assez souvent, au cours de mon séjour, appréhendé l'arrivée de ce terme mais la machine était lancée et il m'était impossible de la contrarier ! Ce fut aussi une raison qui renforçait mon souci de profiter intensément de chaque moment, ce que je fis.

Et pourtant, ce matin, en parcourant mon territoire, j'ai la sensation de tout observer de façon plus appuyée, de me retourner lorsque je repense à une vision ou une sensation oubliée dans l'instant. Bien sûr, je reviendrai mais ce ne sera jamais pareil car mes futurs séjours, forcément brefs, s'inscriront dans l'éphémère et, surtout, ils auront un but précis, ce qui ne fut pas le cas ces douze derniers mois pendant lesquels, à part les contraintes domestiques minimales que l'on a toujours, j'ai joui d'une liberté absolue de choix de mes activités et de mes errances.

Retour à mon domicile : je refuse de me laisser aller à la nostalgie de ce qui fut et vais me consacrer à la préparation de mon réveillon. Sa composition sera simple, mais attendue, avec une tranche de foie gras, deux cuisses de canard accompagnées de marrons et une bûche, non commandée et cependant livrée avec un jour d'avance sur mon calendrier du jeudi habituel, devenu si coutumier. Il y aura aussi la dégustation d'une demi-bouteille de « Veuve Clicquot » que je boirai lentement sur la terrasse en tendant l'oreille afin d'écouter les douze coups annonçant la nouvelle année.

Douze coups répétés aux clochers des nombreuses églises du voisinage, avec peut-être de légers décalages, et l'impression d'un événement qui se prolonge.

Jeudi 1er janvier 2015

Ma trois cent soixante-sixième nuit ici n'aura pas été calme, partagée entre rêves, réveils subits à cause de rafales de vent et craintes de ne pas être prêt le matin.

C'est vers dix heures que ma famille doit arriver jusqu'à ma demeure. Après avoir mis un peu d'ordre dans ma chambre, j'allume des bougies qui me restent ; leur lumière se reflète sur les murs et les décorations champêtres récemment installées produisent une impression de grande intimité.

Malgré la fraîcheur, je m'installe sur la terrasse car je ne veux pas manquer de voir ma femme et mes enfants gagner mon refuge par le chemin.

J'entends un bruit de moteur s'arrêter au loin vers la route.

Très vite j'aperçois trois silhouettes emmitouflées progressant à bonne allure vers moi. Je me lève et les salue de grands signes des bras. Des larmes abondantes coulent sur mes joues ; je descends mes quelques marches et me dirige à leur rencontre.

Que d'effusions et de serrements alors ! Chacun est ému à sa façon.

Ils n'ont pas changé en un an et je les retrouve ainsi que leurs voix comme si je ne les avais pas quittés.

Nous allons vers la cabane où nous attendent café et eau chaude pour le thé. Tous trois regardent avec surprise ce qui a fait si longtemps mon quotidien : les quelques meubles, les objets, le poêle et se penchent vers les fenêtres pour découvrir un paysage uniformément gris et resté sombre. À quoi pensent-ils ?

Nous échangeons peu… tellement nous avons à nous dire ! Et je les interroge seulement sur la santé et les événements qui ont touché nos familles.

Je leur propose de faire le tour de ce qui fit et fut mon quotidien. Un peu à la manière déjà d'un pèlerinage, j'ouvre leur chemin et nous passons successivement par le poulailler, le rucher, le conservatoire, le potager et l'étang de la surface duquel part une canne que je n'avais pas vue en arrivant.

Il est temps, au retour, de préparer le repas « de fête » avec foie gras, chapon et marrons, fromage et bûche déposés hier par mes amis L., le tout agrémenté d'un vin blanc puis d'un rouge avant un champagne d'une marque digne de nos retrouvailles et qui sera ouverte lors de notre échange de vœux. Que je suis heureux de me retrouver avec ma famille rassemblée !

Pendant le repas, la conversation est à bâtons rompus ; M., V. et Mt. évoquent des événements qui se sont produits au cours de cette année, surtout les plus récents : je ne participe pas – pas encore – à leurs échanges mais note que la « crise » s'est accentuée, que le plein d'essence coûte moins cher par suite de la chute des prix du pétrole, que la tension avec la Russie s'accroît *via* l'Ukraine ou encore que la popularité du Président de la République n'est pas très haute. Et j'ai pu échapper à toutes ces nouvelles qui ont fait le quotidien de tous et la charge des présentateurs d'émissions d'information ! Je m'en sens content… et détaché.

Le repas dure longtemps en raison à la fois de son menu et de tout ce que nous avons à nous dire. On me pose des questions sur ma vie ici et mes ressentis auxquelles je réponds sobrement. Je me rends bien compte que ma démarche n'est pas comprise ou, plutôt, qu'à regarder les éléments de mon cadre de vie, il est difficile d'y voir les intérêts que j'y ai trouvés.

Quand je déclare que je réponds de façon superficielle et rapide, c'est évidemment volontaire afin de protéger ce qui a fait la richesse, surtout, et parfois les doutes croisés dans mon quotidien. Je ne peux m'empêcher, toutes proportions gardées, d'établir un rapprochement avec l'attitude des soldats qui ne veulent pas parler, à leur retour, des horreurs qu'ils ont rencontrées à la guerre mais surtout, plus généralement, des personnes qui ont vécu des événements peu communs et gardent pour eux leurs souvenirs et leurs impressions, un peu comme s'ils pensaient qu'ils ne pouvaient être compris.

Le jour décline déjà. Il est 16 heures et le temps est venu de quitter les lieux qui ont été mon cadre de vie si longtemps. Je préfère ne pas déménager aujourd'hui, si ce n'est emporter quelques denrées périssables et des papiers importants dont mes deux manuscrits…

Et puis, comme il est possible qu'il y ait une suite à mon séjour, une grande partie de ce qui se trouve ici y demeurera. J'arrête l'éolienne et le petit réfrigérateur, et tous trois chargés de quelques paquets nous quittons la cabane que je ferme de sa serrure symbolique.

Nous gagnons le chemin et, conforme à mes habitudes lorsque je m'éloigne d'une personne ou d'un lieu apprécié, je me retourne plusieurs fois vers ce qui fut d'abord un rêve fort difficile à réaliser puis une réalité qui m'a contenté et apporté au-delà de ce que j'avais espéré. Je sais maintenant que ma vie érémitique s'achève aujourd'hui mais que j'en sors différent et plus riche de ses apports.

La voiture est là ! Ma voiture ! Le retour au monde a commencé…

Hommages

Aux membres de ma famille ligniéroise et tout spécialement

À ma grand-mère Simone Ferault,

À mon grand-oncle et à ma grand-tante Henri et Yvonne Billard,

qui ont puissamment contribué à me faire découvrir, connaître et aimer Lignières-la-Doucelle et sa région.

Remerciements

À Nahid Movahedi, économiste rural, ma remarquable assistante, à qui je dois à nouveau reconnaissance pour m'avoir permis de mener à son terme cet ouvrage,

À Gaëtan Nocq, pour avoir mis tout son talent dans la création du fond de couverture de ce livre.

Table des matières

Récits, Mémoires, Témoignages aux éditions L'Harmattan

Dernières parutions

ATOUT-CHŒUR
Un demi-siècle de direction chorale – Entretiens avec Jacqueline Heinen
Heinen Jacqueline, Rebut Jean-Louis
Après avoir dirigé des chœurs, dont nombre qu'il a créés, et enseigné la musique à Genève, Jean-Louis Rébut, passionné de chant grégorien et polyphonique, est Maître de Chapelle en Bourgogne. Quand il dirige, il partage avec choristes et public l'histoire des musiciens et l'expressivité des écoles flamande et italienne. Il livre ici les qualités essentielles pour un chef de chœur, la satisfaction retirée de ses tournées à l'étranger, la fierté d'avoir vu certains élèves devenir des solistes renommés ou suivre sa trace.
(Coll. Graveurs de Mémoire, 12.50 euros, 108 p.)
ISBN : 978-2-343-05667-8, ISBN EBOOK : 978-2-336-37026-2

FLEURIS LÀ OÙ DIEU T'A SEMÉ
Histoire d'une vie
Dhejju Mgr Léonard
Le récit de Mgr Léonard plonge ses racines dans la foi chrétienne que l'enfant a rencontrée dès les premières années de sa scolarité, grâce aux missionnaires Pères Blancs qui ont fondé en Ituri l'Église Catholique, dans laquelle il est devenu prêtre puis évêque. Le lecteur cheminera avec lui tout au long des péripéties de son histoire jusqu'au grand drame peu connu, qui a profondément blessé les populations de l'Ituri ces dernières décennies.
(Coll. Graveurs de Mémoire, série Récits de vie / Afrique centrale, 25.00 euros, 256 p.)
ISBN : 978-2-343-05044-7, ISBN EBOOK : 978-2-336-36865-8

UN REGARD DE HAUTE-BRETAGNE
Une enfance à la Roche aux fées
Beuchée Laurent
Laurent Beuchée évoque dans ce livre les faits et anecdotes qui ont jalonné son parcours d'élu local et d'exploitant agricole. C'est son attachement au monde rural et son goût du partage qui l'ont poussé à écrire ce recueil fait de pensées, d'interrogations, rassemblant ses convictions et ses doutes sur notre société et sur la vie.
(Coll. Rue des écoles, 19.50 euros, 212 p.)
ISBN : 978-2-343-05033-1, ISBN EBOOK : 978-2-336-36857-3

LE SOURIRE DU PÈRE
Un souvenir d'enfance à la Libération
Duhameaux-Lefresne May
64 ans après la Libération, l'auteur est partie fouiller les Archives à Lille, Roubaix et Lewarde à la découverte de l'action héroïque de l'ingénieur en chef des mines de charbon du Nord-Pas-de-Calais. Elle n'a jamais oublié l'instant où, à six ans, sur le balcon de l'Hôtel de ville de Béthune, elle vit son père se tenir à côté d'un inconnu, le général de Gaulle. Malmenée par la vie, elle n'a jamais pu élucider le mystère de cette apparition jusqu'au jour où elle se lança dans cette quête de vérité.
(Coll. Rue des écoles, série Récits, 16.50 euros, 160 p.)
ISBN : 978-2-343-05471-1, ISBN EBOOK : 978-2-336-36977-8

LES TRIBULATIONS D'UN TECHNOCRATE EUROPÉEN
Récit
Renauld Patrick
«Je suis là pour promouvoir et défendre des valeurs européennes comme la légalité, l'état de droit, le respect de la dignité humaine par exemple». Combattre l'obscurantisme européen et oriental à coups d'utopies. Ce récit est l'histoire d'un mec, technocrate mais pas complètement. C'est l'histoire d'une Europe qui défend la dignité et la justice, qui est fière et encore respectée pour cela dans les pays du Proche Orient.
(21.00 euros, 212 p.)
ISBN : 978-2-343-05436-0, ISBN EBOOK : 978-2-336-36868-9

L'AVENTURE DES SURFS
Souvenirs d'un groupe vocal malgache
Rocky A. Harry Rabaraona
L'auteur de ce récit a fait partie du groupe mythique originaire de Madagascar, les Surfs, qui fit carrière jusqu'en 1971, date de leur séparation. En tournée avec Sheila pour trente spectacles, ce groupe vocal formé de quatre frères et deux sœurs Rabaraona, va connaître le succès aux côtés des nombreuses stars de la chanson française des années 60. C'est leur histoire et celle de l'un des protagonistes qui nous est racontée ici enrichie des anecdotes les plus savoureuses.
(Coll. Graveurs de Mémoire, 28 euros, 286 p., novembre 2014)
EAN : 9782343047560 EAN PDF : 9782336362618

IL FAUT QUE JE RACONTE
Conversations avec son fils, Pierre Aron - Récit
Edith Aron
Une vieille dame octogénaire et devenue aveugle raconte à son fils aîné sa vie au sein d'une famille juive de Berlin, au XXe siècle, entre fuite, émigration en France, misère, lutte pour la survie, nouvelle guerre, occupation, fuites répétées, arrestation, camps en France, père et mari morts en déportation, suicide de sa mère, assignation à résidence et enfin libération, en 1944. Une femme pour qui le combat continuera au service de ses enfants, des personnes déplacées et des jeunes rescapés du désastre jusqu'à ce que l'épuisement l'oblige à arrêter.
(Coll. Rue des écoles, 33 euros, 454 p., novembre 2014)
EAN : 9782343040899 EAN PDF : 9782336362144

UN JEUNE BRETON DANS LA GUERRE
Raymond Jaffrézou
Dans ce récit relatant les souvenirs de guerre d'un jeune garçon vivant avec ses parents dans une ferme du bocage breton, on sent que le jeune spectateur a vécu intensément les événements qu'il rapporte. Il veut les faire partager et laisser un témoignage poignant de ce que fut réellement la guerre 1939-45 dans son terroir natal des Côtes-d'Armor. Il insiste sur la dureté de l'existence, les privations, la peur, le rationnement, sans omettre les exactions des occupants et des résistants.
(Coll. Graveurs de Mémoire, 16,5 euros, 164 p., décembre 2014)
EAN : 9782343045450 EAN PDF : 9782336362786

LES SEIGNEURS DU CHÂTEAU
Souvenirs d'un réfugié hongrois en Alsace
Georges Ferdinandy – Texte révisé par Marc Sénéchal
Le premier soulèvement contre l'empire soviétique, la révolution hongroise de 1956, aura bientôt 60 ans. Après l'échec de la révolte, quatre-vingts jeunes Hongrois trouvèrent asile à Strasbourg. Avec les yeux de la maturité, c'est leur histoire que relate l'auteur, un ancien du Château de Pourtalès. Comment ont-ils vécu ces premières années d'exil ? Que sont-ils devenus ? Tout au long de cette chronique, on découvre peu à peu le portrait de ces jeunes dont le sort s'est joué ces années-là le long du Rhin.
(Coll. Graveurs de Mémoire, 19 euros, 194 p., novembre 2014)
EAN : 9782343047225 EAN PDF : 9782336362076

VALEUREUX PAYSANS DU HAUT BOCAGE VENDÉEN
Ces géants qui m'ont précédé
Marc Girard
En évoquant la vie de ses ascendants, François et Francis, l'auteur nous dépeint des paysans rudes et généreux, des hommes humbles et dignes, des travailleurs vaillants et infatigables, rivés à cette terre du Haut Bocage vendéen. C'est là, en effet, aux Landes-Génusson, une petite cité du canton de Mortagne-sur-Sèvre située entre Les Herbiers et Montaigu, qu'ils vécurent l'un et l'autre tout au long du XXe siècle, au lieu-dit Le Plessis.
(Coll. Rue des écoles, 15 euros, 174 p., décembre 2014)
EAN : 9782343043814 EAN PDF : 9782336363073

UNE VIE
Fernand Sage, notre Papé
Jean Le Bot, Pierre Sage
Fernand Sage a vécu les formidables transformations de la société française à travers les grands progrès technologiques et deux guerres mondiales. Avec le regard de Jean Le Bot, il nous devient familier tant les diverses anecdotes, demeurées 60 ans après intactes dans la mémoire de l'auteur, semblent avoir eu lieu hier. Du bassin d'Arcachon au Havre de Rothéneuf, en passant par Verdun, Hédé, Paramé et Saint-Malo, ce témoignage offre de nombreuses images de la France d'autrefois.
(21 euros, 170 p., novembre 2014)
EAN : 9782343045870 EAN PDF : 9782336362410

VOL AU-DESSUS DES BIDONVILLES
Parcours d'une femme des Aurès à Paris (1957-2010)
Akila Hadjadj
«Voici le journal d'une femme d'aujourd'hui, riche d'une expérience peu commune, ayant traversé plusieurs vies contrastées. C'est l'histoire d'une petite fille algérienne de 6 ans née sous le signe de la baraka, dont l'enfance insouciante fut brutalement interrompue par une guerre cruelle et un exil déboussolant» (Extrait de la préface de Catherine Serrurier).
(Coll. Rue des écoles, 17 euros, 172 p., novembre 2014)
EAN : 9782343039626 EAN PDF : 9782336360171

LES CAHIERS D'IDA
Mémoires d'une jeune femme juive, de la Pologne à la France dans la première moitié du XXe siècle
Ida Spitzberg
Traduit du yiddish par Jean Spector
La voix de sa grand-mère Ida c'était le yiddish ; en lui remettant ces cahiers, écrits semble-t-il d'une traite et sans ponctuation, son petit-fils, Daniel Haber, croit avoir compris qu'Ida, cachée à Varenne, en 1944, son mari déporté, recherchée sans cesse par les polices française et allemande, avait été saisie par une sorte d'urgence d'écrire tout ce qu'elle pouvait avant d'être arrêtée. Grâce à cette traduction son passé redevient héritage, un dernier cadeau inestimable.
(22,5 euros, 272 p., octobre 2014)
EAN : 9782343030203 EAN PDF : 9782336358376

CHEZ LA TARDIVE, UNE AMITIÉ INACHEVÉE
Régions : Auvergne, Champagne, Languedoc-Roussillon
Gérard Quesor
J'ai écrit ce livre pour oublier le regard que Pierre, mon copain d'enfance, m'a adressé du fond de son lit d'hôpital où je lui rendais une visite longtemps différée. Je savais, et il ne l'ignorait sans doute pas lui aussi, que c'était une des dernières. Tous deux fils de la guerre nous resterons amis jusqu'à sa mort dramatique.
(Coll. Graveurs de Mémoire, série Récits de vie / France, 25 euros, 304 p., octobre 2014)
EAN : 9782343040875 EAN PDF : 9782336358864

GRANDEURS ET SERVITUDES SCOLAIRES
Itinéraire passé et réflexions présentes d'un professeur
Andrée Walliser
Comment l'évolution de l'enseignement en France, des lendemains de la guerre à nos jours, peut-elle être appréhendée à travers un parcours à la fois banal et singulier d'élève, d'étudiante et de professeur ? Une scolarité commencée dans une ville de province et poursuivie à l'Université de Strasbourg fait revivre une époque trop souvent idéalisée, puis, de nombreuses expériences pédagogiques en tant que professeur permettent d'élaborer une fresque contrastée du système éducatif.
(Coll. Graveurs de Mémoire, 20 euros, 208 p., octobre 2014)
EAN : 9782343043258 EAN PDF : 9782336358895

LES MASQUES SONT SILENCIEUX
Chronique familiale au fil du xxe siècle – Récit romancé
Martine Merlin-Dhaine
Ce récit romancé est l'histoire d'une famille du Nord de la France, sur trois générations, au travers des parcours de vie noués aux grands mouvements de l'Histoire qui ont marqué cette région. C'est Anne, enfant de cette lignée, qui questionne les absents pour tenter de suivre au plus près ces fragiles humains de bonne volonté ballottés dans les tourmentes du xxe siècle.
(Coll. Rue des écoles, 20,5 euros, 238 p., octobre 2014)
EAN : 9782343043586 EAN PDF : 9782336358994

DU MAQUIS CREUSOIS À LA BATAILLE D'ALGER
Albert Fossey dit François - De la Résistance à l'obéissance
Christian Penot
Préface de Laurent Douzou ; postface de Guy Pervillé
Nous découvrons ici le parcours atypique d'Albert Fossey. Destiné à la prêtrise, sa personnalité et la Seconde Guerre mondiale ont bouleversé son parcours. Engagé dès 1941 dans la résistance creusoise, il en devient chef militaire en 1944 et sera fait Compagnon de la Libération. Son entrée dans l'armée professionnelle remet en cause ses choix d'avant-guerre. Devenu officier parachutiste, il connaîtra tous les champs de bataille de l'Indochine à l'Algérie jusqu'à sa mort en 1958.
(Coll. Graveurs de Mémoire, 33 euros, 328 p., septembre 2014)
EAN : 9782343041742 EAN PDF : 9782336356716

ENTRE DEUX LONGS SILENCES
Récit
Galatée Dominique Hirigoyen
Au fil des pages de ses souvenirs d'adolescente solitaire, rêveuse et révoltée, l'auteure évoque la relation avec sa mère, rendue plus difficile par sa perte d'autonomie et son entrée tardive en maison de retraite, et celle avec son père, timide et réservé, dont la réminiscence est à la fois douloureuse et lumineuse. Elle met ainsi en avant la préoccupation partagée par de nombreux adultes qui doivent gérer la fin de vie parfois complexe de leurs parents.
(Coll. Rue des écoles, 24 euros, 292 p., septembre 2014)
EAN : 9782343042411 EAN PDF : 9782336356310

GILBERT PÉROL
Un diplomate non conformiste
Huguette Pérol
Si les écrits de Gilbert Pérol, ici réunis et présentés par son épouse, méritent de retenir l'attention, c'est d'abord parce que cet ambassadeur de France accomplit ses missions en un temps où se produisaient dans le monde de grands évènements, mais aussi parce que ce «diplomate non conformiste» était un homme libre, aussi exigeant envers lui-même qu'attentif et accueillant aux autres. Il contribua au développement des relations entre la Chrétienté et l'Islam. Son message reste d'une grande actualité.
(Coll. Graveurs de Mémoire, 30 euros, 312 p., septembre 2014)
EAN : 9782343038094 EAN PDF : 9782336353265

Achevé d'imprimer par Corlet Numérique - 14110 Condé-sur-Noireau
N° d'Imprimeur : 940200 - Novembre 2019 - Imprimé en France